조선명장전 2

조선명장전 2 을지문덕·연개소문·김유신·강감찬·곽재우

초판 1쇄 인쇄 2020년 11월 10일
초판 1쇄 발행 2020년 11월 15일

지은이   최익한
엮은이   송찬섭
펴낸이   이영선
책임편집   김종훈

편집   이일규 김선정 김문정 김종훈 이민재 김영아 김연수 이현정 차소영
디자인   김회량 이보아
독자본부   김일신 김진규 정혜영 박정래 손미경 김동욱

펴낸곳 서해문집 | 출판등록 1989년 3월 16일(제406-2005-000047호)
주소 경기도 파주시 광인사길 217(파주출판도시)
전화 (031)955-7470 | 팩스 (031)955-7469
홈페이지 www.booksea.co.kr | 이메일 shmj21@hanmail.net

ISBN 979-11-90893-36-7 93910

이 도서의 국립중앙도서관 출판예정도서목록(CIP)은 서지정보유통지원시스템 홈페이지(http://
seoji.nl.go.kr)와 국가자료공동목록시스템(http://www.nl.go.kr/kolisnet)에서 이용하실 수
있습니다.(CIP제어번호: CIP2020045965)

조선명장전 2   을지문덕
         연개소문
         김유신
         강감찬
         곽재우

최익한 지음 ㅣ 송찬섭 엮음

서해문집

이 책은 최익한의 《조선명장전》 가운데 이순신李舜臣을 제외한 을지문
덕乙支文德, 연개소문淵盖蘇文, 김유신金庾信, 강감찬姜邯贊, 곽재우郭再祐
등 5명을 함께 묶어서 만들었다. 삼국시대부터 고려, 조선에 이르기까
지 대표적인 명장들을 포괄하고 있으므로 우리나라 전쟁사의 흐름을
이해할 수 있다.

최익한은 1949년 《역사제문제》에 성해成海라는 필명으로 〈조선명
장론〉을 연재할 때 을지문덕, 연개소문, 강감찬, 이순신 등 4명을 다루
었다. 을지문덕, 강감찬, 이순신은 예부터 최고의 지휘관으로 꼽았고,
연개소문은 유교이념으로 볼 때는 불충의 인물이나 신채호가 연개소
문을 '조선 역사 4000년 이래 최고의 영웅'이라고 평가했듯이 한말 이
후 높이 부각된 인물이다.

그 뒤 최익한은 내용을 보완해 《조선명장전》을 저술하면서 김유신
과 곽재우를 추가했다. 먼저 김유신은 김부식의 《삼국사기三國史記》에
서 최고의 인물로 꼽혔고, 정조의 〈명장찬名將贊〉에는 을지문덕, 강감

찬, 이순신 등과 함께 포함되었지만, 근대 이후 외세를 불러들여 고구려, 백제를 멸망하게 했다는 점에서 평가가 낮아졌다.

최익한이 북한체제에서 김유신을 포함한 것은 매우 힘든 결정일 수 있다. 그 때문인지 김유신의 서문이 가장 길었는데, 동족 국가인 고구려와 백제를 침해했다고 보는 것은 '봉건적 명분론'에 지나지 않는다고 보았고, 삼국은 경쟁국가로서 상쟁하는 가운데 신라가 삼국통일을 성취했으며, 이를 위해 정치적·군사적으로 최대의 책임을 가지고 능력을 발휘했다고 김유신을 재평가했다.

곽재우는 국가의 정규지휘관이 아니었기에 이전 시기에는 선정되기 어려웠을 수 있다. 오히려 최익한은 인민의병을 구성해 큰 역할을 했다는 점을 높이 평가했다.

최익한은 이 책을 저작하는 데 매우 공을 들였다. 특히 고대의 비중이 크기 때문에 지명에 대한 고증에도 큰 힘을 기울였다. 《삼국사기》등 우리나라와 중국의 사서들을 폭넓게 활용했고, 그 자신의 학문적 역량으로 독자적인 고증도 했다. 곧 언어학적인 방법론에 입각한 지명의 고증은 일제시대 이후 신채호를 비롯한 당시 많은 학자가 시도한 일반적인 추세였다.

1950년대에도 나름대로 언어학적인 방법론에 입각한 지명고증이 널리 행해졌기 때문에 최익한도 그와 같은 당시의 연구경향을 반영했다고 볼 수 있지 않을까 여겨진다. 여기에는 직접 답사를 다니면서 고증하고 직접 들은 이야기도 포함되었다. 한자로 된 지명일지라도 본디 그곳에서 불린 우리말 이름도 상당수 찾아서 병기한 것도 그 같은 성과였다.

최익한은 제한된 고대 사료를 꼼꼼히 분석하고 역사적 상상력도 상당히 담았다. 특히 고구려의 경우 《수서隋書》, 《당서唐書》를 꼼꼼하게 해석해서 고구려의 입장에서 분석했다.

가령 을지문덕의 수隋나라에 대한 승리를 분석하면서 "그들의 위대한 승리는 한 걸음 나아가 전쟁을 반대하고 평화를 애호하는 적국의 인민에게 그들을 침략 전쟁의 도구로 삼는 폭군의 지배에서 탈출케 하는 데 거대한 방조를 주었다"라고 주장했듯이 패배한 적국에서 전쟁이 가지는 의미도 폭넓게 놓치지 않고 담았다.

그리고 연개소문이 당나라에서 도교문화를 받아들인 것도, 무력 준비는 물론이고 문화에서도 적의 장점을 섭취해 국민의 교화 사업에 공헌하려고 했다고 해석했다. 전쟁과 영웅을 중심에 두면서도 무력과 문화 양 측면을 모두 다루었다.

최익한이 말했듯이 이순신 외에는 이 시기까지 연구가 충분하지 못한 가운데 이처럼 여러 인물을 상세히 서술한 것은 대단한 성과이다.

그도 일정한 사료에 기초해 극히 필연적인 상상과 이해를 도출하고 결코 과장된 태도를 취하지 않았다고 했다.

'필연적인 상상'이란 무엇일까? 역사가 본디 사료와 해석으로 이루어졌다고 한다면, 사료와 사료를 연결하는 과정에서 빈 부분에 대한 '역사적 상상력'을 발휘하는 것은 역사해석에 도움이 된다고 생각한다.

수, 당, 요 또는 삼국 간의 외교정책에 대해 자세히 서술한 점도 상상력을 높였다. 심지어 거란, 돌궐 등 주변 국가와 벌인 교섭도 빠트리지 않았는데, 이 점도 현재 우리에게 주는 시사점이 크다.

다만 위 인물들이 '명장'임을 강조하기 위해 해석이 지나친 경우도 있다. 연개소문이 영류왕榮留王을 살해한 것에 대해 영류왕이 온건파(비겁한 연파), 미온적인 친당파에 속해 투항주의적 방향으로 나아가려 했기 때문이었다고 합리화했다. 그리고 봉건국가였던 고구려가 종래 지방분권체제에서 중앙집권체제로 전환되었으며, 그것을 사회발전의 과정으로 보았다. 또한 당唐 태종이 연개소문을 자기와 양립할 수 없는 유일한 적수로 규정했다는 점도 과장일 듯하다.

여당전쟁에 대한 해석에서도 지나친 점이 보인다. 가령 백암성전투에서 항복한 것으로 기록되었는데, 최익한은 거짓 항복이라고 칭하면서 적의 공세를 늦추고 응원군이 오기를 기다렸으나 지체되어 점령되었다고 하거나, 비사성은 매우 험준한 성인데 적을 업신여기고 방심해 함락되었다고 해석하거나, 연개소문 사후 아들 간의 정권 다툼을 소인배의 이간과 적국의 간첩 모략에 동요되었다고 하는 등의 해석은 근거가 부족하다.

또한 발해의 건국을 강조하기 위해, 당나라 침략에 의한 고구려의 멸망을 몇 개 도성都城이 강점된 것에 지나지 않는다고 해석한 것과 연개소문이 종래 귀족민주주의적인 부족협의 및 공선제도公選制度의 미풍유속을 파괴했다고 한 점도 지나친 듯하다.

최익한은 사회주의자이기도 했고 1948년에 월북했던 당시의 상황 때문인지 역사적 평가에서 소련의 역사와 비교하는 기술이 곳곳에서 눈에 띈다. 몇 예를 들어보자면, 을지문덕의 퇴각 작전을 스탈린의 전술과 비교한다거나 안시성의 승리를 스탈린그라드의 승리와 비교했으며, 김유신의 삼국통일을 러시아 모스크바의 역사적 공적과 비교했다. 임진왜란 때 각 지방에서 발발한 의병운동을 인민전쟁으로 규정하면서 '조선 민족이 스탈린적 규정에 해당한, 근대 민족의 형성에 대한 맹아적 형태였음을 의미한다'고 주장했다. 이렇게 현대사와 비교하는 기술은 다소 지나치다고 할 수 있지만, 우리 역사에 대한 애국적 입장을 드러내는 평가로 이해할 수 있다.

한 책 속에 다섯 명장을 포함했으므로 각각 간략하게 서술할 수밖에 없지만 이 인물들에 대해서는 어느 책에 못지않게 제대로 담았다고 생각한다. 김유신을 제외하면 아직도 이들 명장에 대한 연구서가 많지 않은 상황이어서 더욱 의미가 있을 듯하다. 지금 봐서도 탁월한 견해들이 돋보인다.

마지막으로 이렇게 귀중한 책이 발간될 수 있었던 경위를 간단히 소개하고 싶다. 이 책은 그간 국내에는 존재 자체도 알려지지 않았다. 연전에 한국근현대사 자료 수집을 하는 박현철 님(국민건강보험 근무)이 파주의 한 고서점에서 구했는데, 서점 주인의 말로는 핀란드에서 한국학을 연구하던 고송무(1947~1993) 선생이 불의의 사고로 돌아가신 뒤 그

분의 집에서 흘러 나왔다고 한다. 그는 아마도 핀란드나 이웃 국가에서 이 책을 구했을 것이다. 평양에서 발간된 책이 지구를 한 바퀴 돌아 남한에서 우연히 발견되었으니 남북의 현실을 증언해 주는 셈이기도 하다. 늦었지만 발간을 통해 그 고마움을 표현하고 싶다. 고대사와 관련된 내용에 대해서는 임기환(서울교대), 전덕재(단국대) 선생님이 검토하고 좋은 의견을 주셨다. 각주의 상당 부분은 두 분의 도움으로 이루어졌다. 그 밖에도 많은 연구자들의 도움을 받았음을 밝힌다. 마지막으로 작업을 도와주신 정윤화(고려대 박사과정), 이선아(성균관대 박사과정) 두 분께도 감사드린다.

2020년 11월
송찬섭

을지문덕

연개소문

김유신

강감찬

곽재우

일러두기

1 이 책은 《조선명장전》(민족보위성 군사출판부, 평양, 1956)을 활용해 새롭게 편집했다.
2 원본의 표시 가운데 일부는 우리 출판 관행에 맞춰 수정했다.
3 괄호 안의 설명은 모두 원본 그대로이다.
4 원본의 한자는 그 뜻을 이해하는 데 불편함이 없는 경우 가급적 제외했고, 필요한 경우 한글과 병기했다.
5 각주는 모두 엮은이가 작성했다. 역사적 사실에 대한 보완이나 뜻이 어려운 한자 용어를 설명했다.
6 우리말 표기는 두음법칙 등 현행 맞춤법을 따랐다.
7 외래 인명과 지명은 외래어표기법에 따랐으나, 특히 중국 관련 지명 가운데 일부는 이해를 돕기 위해 한자 발음 그대로 두었다.
8 오타는 수정하고 원문을 밝힐 필요가 있을 때는 각주에 기재했으나 큰 의미 없는 오타는 각주 없이 고쳤다.
9 비속어(놈, 대가리) 등은 원본을 따라 그대로 두었다.
10 책이나 문집 표시는 《 》로 하고, 책의 편명이나 시 제목은 〈 〉, 강조나 인용은 " ", ' '로 바꾸었다.
11 인명을 이름으로만 표기했을 때는 성도 보완했다(예: 춘추는→김춘추는, 문덕장군→을지문덕 장군).
12 지명에도 인칭대명사를 사용해 어색한 사례는 대명사를 삭제했다.
13 표현이 의심되는 부분은 《력사제문제》에 연재한 〈조선명장론〉을 통해 확인했다. 《조선명장전》에서는 고유명사를 중심으로 한자 표기를 한 반면, 〈조선명장론〉에서는 대부분의 용어를 한자로 표기해 내용 확인에 크게 도움이 됐다.

이 책은 과거 1천 수백 년 동안 무수히 출현하였던 영용英勇한 선조 중에서 고구려 을지문덕乙支文德, 연개소문淵蓋蘇文, 신라의 김유신金庾信, 고려의 강감찬姜邯贊과 임진조국전쟁 시기의 이순신李舜臣, 곽재우郭再祐 6인의 명장의 전기를 쓴 것이다. 끝에 임진조국전쟁과 그 전쟁에서 영웅적으로 투쟁한 여러 장병의 전모에 관한 개사를 첨부하여 그들의 열렬한 애국정신과 위대한 전투업적을 간명히 또는 체계적으로 연구·논술하려 하였다. 이는 일면으로는 영웅 조선의 유구한 군사적 전통을 천명하며 타면으로는 오늘날 조국의 통일 독립을 위하여 싸우는 인민들에게 하나의 고귀한 병감으로 제공하려는 것이다.

이 위대한 장군들은 자기의 생명과 모든 것을 국가와 인민에게 바치고 강포한 외적의 침략에 대항하여 주관적으로는 조국의 자유 독립을 위하며, 객관적으로는 동방 여러 인민의 평화와 안전에 위대한 공훈을 수립하였다. 이 중요한 관점에서 그들이 어느 시대, 어느 계급에 속하였던 것을 불문하고 우리는 그들에게 무한한 광영을 드리지 아니할 수 없는 것이다.

특히 우리 선조는 유구한 국가 수호 과정에서 두 개의 역사적 특징을 가지고 있었다. 하나는 세계 어느 문화 민족에서도 보기 드물 만큼 평화와 자유를 애호하였기 때문에 남의 국토와 인민을 침해하는 전쟁은 거의 한 번도 일으킨 적이 없었으며, 다른 하나는 육지로, 바다로 극히 빈번한 외적 침략을 받을 때마다 항상 영웅적으로 싸워서 적을 격퇴하였으므로, 이 가열하고 장구한 시련과 경험에서 조국방위에 대한 전략전술이 비상히 발달되었다.

그들은 실지 전투에서 항상 소수의 군대로써 적의 우세를 제압하였으며 견인불발한 지구전을 펼쳐 적의 속전속결 방침을 파탄시켜서 최후의 승리를 거두었다. 이는 참으로 우리 영용한 선조들의 전쟁 역사에서만 많이 볼 수 있는 특이한 실례들이다.

이제 다시 한 번 강조할 것은 레닌 선생이 일찍이 간파한 바와 같이 '모든 전쟁에서 승리는 결국 전쟁에서 자기들의 피를 흘리는 대중의 정신 상태가 결정하는 것이다'. 우리 영용한 선조들은 외적의 침략을 격퇴하는 마당에서 무엇보다도 먼저 당시 인민들의 의분심을 고도로 고무하고 인민들의 애국적 역량을 옳게 조직하여 정의의 승리를 틀림없이 얻었던 것이다.

그들은 조국보위전쟁을 인민전쟁으로 인식한 동시에 인민 장군의 성격을 훌륭히 발휘하였다. 시인 푸시킨은 나폴레옹 1세의 대침략을 격퇴한 러시아 사령관 쿠투조프' 장군을 '인민의 영수'라고 부르고 '신성한 영예'라고 찬미하였다. 이와 같이 우리도 강포한 외적들의 침략으로부터 조국을 구출하고 따라서 동방 제국의 평화와 안전에 기여한 을지문덕, 연개소문, 김유신, 강감찬, 이순신, 곽재우 장군들과 임진조국전쟁에서 영용 무비하게 투쟁한 여러 영웅에게 또한 '인민의 영수', '신성한 영예'를 외쳐 마지아니하는 바이다.

1952년 8·15 7주년 기념일

저자 최익한 씀

---

1   러시아의 군사령관. 본명은 Mikhail Illarionovich Golenishchevkutuzov(1745~1813). 1812년 나폴레옹의 러시아 침공을 격퇴한 장군.

을지문덕

서언 〈을지문덕 장군전〉에 대하여

을지문덕 장군의 위대한 전투사적은 지금 주로 《수사隋史》에서 참고하거니와, 이 《수사》는 수나라 사람들의 손으로 작성되지 않았고 장군의 승리와 수양제의 패전의 결과로 산출된 당나라시대에 기술되었으므로, 수양제의 침략 전쟁이 전연 실패로 마친바 그 실지 상태가 단편적으로나마 어느 정도로 반영되어 있다.

이는 당조唐朝가 수조隋朝의 실패를 지적 폭로함으로써 자기 왕조의 성립을 합리화하기 위함이었다. 만일 수당의 교체가 그처럼 급속히 되지 않고 따라서 장군의 전적이 수나라 사람들에 의해 기술되었다면 그것은 후래 당나라 침략을 격멸하던 연개소문의 전투 업적과 같이 대부분 몰각되거나 위조되고 말았을 것이다.

말할 것도 없이 당시 장군의 반수전쟁反隋戰爭은 동양 역사에서 처음 보는 대규모 전쟁이었으니 장군의 전투 업적은 그 범위와 효과에서 정의의 필승과 침략의 필패를 가장 진리적으로 증명했을 뿐만 아니라, 이른바 군사적 견지에서도 그의 신묘하고 탁월한 전략 전술은 일찍이 그 유례를 보지 못한 위대한 명장의 면모를 전형적으로 보여 주었다. 장군에 대한 상세한 기록이 거의 인멸되어 버린 오늘에도 그의 위대한 인상은 우리 민족의 두뇌에 오히려 뿌리 깊게 남아 있다.

본론 〈을지문덕 장군전〉의 주지는 장군의 구체적 사적을 연구 고증하며 장군의 전투적 공적과 전략적 체계를 요령으로 해설해 장군에 대한 국민적 상식을 적으나마 도와주려는 데 있다. 그러므로 일정한 사료에 기초해 극히 필연적인 상상과 이해를 도출했다. 결코 과장된 태도를 취하지 않았다. 독자 대중의 많은 평정'을 바란다.

---

1   評定(평가해 바로잡음)을 가리키는 듯.

01 | 우리는 을지문덕 장군과
그의 전략 및 전공을
어떻게 인식할 것인가?

1300여 년 전 우리 조국의 위대한 명장인 을지문덕 장군은 봉건 대제국의 폭군暴君[2]인 수양제隋煬帝와 그가 인솔한 수백만 대군에 대항해, 침략을 물리치고 조국을 수호했으며 인민을 외적의 포로와 학살에서 구출함으로써 그들에게 평화와 자유를 보장해 주었다.

장군의 위대한 전투 공훈은 그 지위와 의의가 참으로 깊었다. 상고시대부터 석노石砮(돌로 만든 살촉)와 호시楛矢(싸리나무로 만든 화살)를 제조 사용해 용감한 이름이 세상에 높았던 대궁족大弓族(夷 자는 大弓人의 합자)[3]은 고구려라는 국가를 형성 발전시켜 가는 행정에서 주위 여러 종족의 침범이 일찍부터 잦았다.

약간의 예를 들면 8대 신대왕新大王 때(168) 한漢의 현도 태수玄菟太守 경림耿臨이라든지 11대 동천왕東川王 때(246)[4] 위魏의 관구검毌丘儉이

---

2 원문에는 '포군暴君'이라고 표기되어 있고 이편이 더 정확하지만 현재 사전적 정의에 따라 폭군으로 표기했다.

2 원문에는 '포군暴君'이라고 표기되어 있고 이편이 더 정확하지만 현재 사전적 정의에 따라 폭군으로 표기했다.
3 이러한 해설은 중국 《설문해자》에 나온다.

라든지 16대 고국원왕故國原王 때(342) 전연前燕의 모용황慕容皝 등은 우리 고구려에 적지 않은 모욕과 침략을 가했으므로, 그들에 대항해 명림답부明臨答夫,[5] 밀우密友,[6] 유유紐由, 왕제王弟 고무高武[7]와 같은 선조들의 장렬한 전투 업적이 없지 않았다. 그러나 이들의 전투 공적으로써 을지문덕 장군이 수양제 침략을 섬멸 격퇴한 대승리와 비교하기에는 아직 빈약하다.

그러므로 당시 수양제의 침략에 대해 패수浿水 (대동강), 평양 살수薩水 (청천강) 등지에서 전개된 고구려의 대승리는 그의 성격으로나 효과로나 또 영향, 모든 점에서 서로 비교할 만한 역사적 사건을 구태여 찾아본다면, 중국의 역사에서 유명한 동진東晉의 전진前秦에 대한 비수淝水 (안휘성安徽省에 있음)전투(383)[8] 같은 것은 오히려 문제 밖이고, 오직 고대 서양에서는 페르시아(波斯)의 왕 크세르크세스 400만 대군에 대한 그리스(希臘) 인민의 살라미스 전승[9]이 있으며, 근세 동양에서는 임진조국전쟁 당시 일본의 수천 척 함대에 대한 이순신 장군의 한산도, 명량

---

4 《삼국사기》,《삼국지三國志》〈위서魏書〉〈제왕방기齊王芳紀〉,《자치통감》 등에는 246년에 한 차례,《삼국지》〈위서〉〈관구검전〉 및 〈동이전〉,《북사北史》〈고려전〉 등에는 244년과 245년에 두 차례 침입했다고 기술되어 있다.
5 고구려 신대왕을 추대해 최초의 국상을 역임한 관리로서, 172년에 후한 현도 태수 경림의 침입을 물리쳤다.
6 조위曹魏의 유주자사幽州刺史 관구검의 고구려 침입으로 동천왕은 수도인 환도성丸都城을 함락당하고 남옥저로 피신했는데, 이때 밀우 등이 결사대를 조직해 추격병을 저지함으로써 동천왕을 무사히 피신하게 했다.
7 고구려 미천왕의 아들이며, 고국원왕의 아우. 342년(고국원왕 12) 모용황은 군대를 이끌고 고구려를 침공했다. 모용황이 이끄는 주력부대 4만은 남도로 나갔고, 따로 장사長史 왕우王寓 등이 군사 1만 5000명을 이끌고 북도로 쳐들어왔는데 고무는 북도를 지켜 이들을 궤멸했다.
8 383년 전진의 부견苻堅이 대군을 이끌고 쳐들어오자 동진이 비수에서 물리쳤다.
9 기원전 480년 그리스 함대 사령관 테미스토클레스가 페르시아 함대를 유인해 살라미스섬 근처에 있는 좁은 해협으로 끌어들여 대승을 거두었다.

및 노량 등지에서의 계속적인 대섬멸이 있다.

그러므로 을지문덕 장군의 승리는 그것이 한편으로는 외적 침략자의 난포한 기도를 분쇄할 수 있는 정의의 승리의 모범을 보여 주었으며, 다른 편으로는 우리 선조들이 그 어떠한 외적의 침략일지라도 능히 그것을 물리치고 조국의 자유와 독립을 굳게 지킬 수 있는 능력과 전통을 자손만대에 부식해 주었다. 장군의 위대한 공적은 일천 수백 년이 지난 오늘에도 우리 인민의 가슴에 깊이 새겨져 있으며 동시에 장군의 영예는 평화와 자유와 독립이 있는 한에는 항상 빛나면서 있을 것이다.

그러나 장군에 관한 사료는《수서》,《자치통감資治通鑑》등 중국 사가들의 손으로 된 사적 이외에 우리의 기록은 거의 전하지 않고,《삼국사기》의 여수麗隋 전쟁에 관한 기사도 대개《수서》등에 의거해 간단하고 불충실하다. 이는 민족 천추의 유감이다.

장군의 성은 을지乙支이며 위지蔚支라고도 했다(《자치통감》에서). 그러나 을지, 위지는 본디 성이 아니고 '위치' 즉 윗사람이란 뜻의 고구려 관명官名인 듯하다.[10] 평양 부근에 거주하던 돈頓 씨의 족보族譜에 의하면 돈 씨는 을지문덕의 후손이며 '을지'는 관명이요 성이 아니라고 했으니, 돈의 자훈字訓이 우리말의 '문득'으로서 문덕文德의 자음字音을 취한 것을 보아 문덕은 이름이 아니고 씨성氏姓이었던 것이 증명된다.

---

10 《자치통감》에는 을지문덕을 위지문덕蔚支文德이라고도 표기했다. 현재 연구는 지支, 치 등이 우두머리를 뜻하기는 하지만 을지가 관등으로 쓰였다고는 보지 않는다. 또한 을파소 등 을 씨 성을 가진 인물이《삼국사기》에 보이므로 을 씨 계통일 수도 있다는 주장도 있다. 다른 자료가 없어서 정확하게 알 수는 없다. 또 중국 당나라 위지경덕蔚支敬德의 사례를 고려하여 선비족 출신이라는 주장도 있다. 고구려는 다민족 국가로서 다양한 계통의 주민집단을 구성했다는 점을 고려하면 을지문덕의 출신을 따지는 것은 중요하지 않다.

또 '을지'는 고구려 관명인 '울적(鬱析)'과 《진서晉書》〈숙신씨전肅愼氏傳〉의 숙신사신肅愼使臣 '을력지乙力支'와 동시에 고구려의 제일 높은 벼슬인 '머리치(莫離支)'와도 동어이역同語異譯인 듯하다.

장군의 세계世系는 미상하나 평양 석다산石多山[11] 농가의 아들이라고 우리 기록들은 말하고 있으며, 또 그가 국가를 위해 몸을 아끼지 아니하고 인민을 굳게 단결시켜 외적을 대항하는 데 항상 인민 장군적 성격을 표시했으므로 장군은 귀족적 가계가 아니고 평민 출신이었던 것을 짐작할 수 있다.*

장군의 전사戰史를 통관하면 장군은 자기편의 안전으로써 적편의 피로에 대응하며, 자기의 소수의 군대로써 적군의 다수를 제승制勝하는 것을 원칙적 비결로 했다. 이

* 장군이 우경선생宇敬先生과 녹족부인鹿族夫人에 관계된 전설이 있다.[12] 현재 안주읍 칠불사七佛寺 부근에 안치된 석상石像은 장군의 유상遺像이라고 전해진다.[13] 또 평안남도 평원군平原郡 서쪽 불곡佛谷 산중 절벽 위에 천연적으로 된 다섯 석굴石窟이 있는데 이는 을지문덕 장군이 소시에 글을 읽고 검술을 배우던 곳이라는 유적과 전설이 있다.

---

11   《삼국사기》〈을지문덕전〉에는 그의 세계를 알 수 없다고 했고, 조선 후기 홍양호의 《해동명장전海東名將傳》에는 "을지문덕은 평양 석다산 사람이다"라고 했다. 《여지도서輿地圖書》상 〈평안도 평양 방리조〉에 따르면 평양은 4부로 나뉘었는데 의흥부에 석다산방이 있었다. "인조 때 동지사가 황후 책립에 대한 조서를 받들고 석다산에 하륙했다"[《승정원일기》21책(탈초본 1책)〈인조 6년 4월 19일〉]는 기록으로 봐서 항구가 있는 곳으로 보인다.

12   우경선생과 녹족부인에 관한 설화는 이돈화의 글(〈전사상의 최대통쾌!, 살수대합전의 기화〉, 《별건곤》8, 1927년 8월 17일)에 실려 있다.

13   칠불사는 안주성 북쪽 성 밖에 있는 절이다. 전설에 의하면 옛날 수나라군이 청천강에 이르러 강을 건너려 했으나 배가 없었다. 이때 강변에 문득 승려 7명이 나타나더니 그중 6명이 옷을 걷고 건너갔다. 이를 본 수나라군대는 물이 얕은 줄로 알고 마구 건너가다가 모두 빠져 죽어 강이 차고 넘쳤다. 이 일이 있은 후에 그 승려들의 공적을 기리고자 이곳에 절을 짓고 절 이름을 칠불사(평안남도 안주읍 북쪽 백상부 밑에 있는 절)라고 했다. 그리고 절 앞에는 7개의 바위에 그 일곱 승려의 형상을 새겨서 배열해 놓았다(《동국여지승람東國輿地勝覽》권52). 녹족부인도 이와 관련된 설화다.

는 당시 장군의 현실 조건이 더욱 이것을 요구한 까닭이었다. 그러나 이러한 전략은 장군의 창견創見이 아니고 400여 년 전 영용한 선조인 명림답부의 전략적 원칙을 실행했던 것이다. 이제 장군의 전략적 전통을 이해하는 데 독자의 참조가 될 듯해 이하에 조금 설명하려 한다.

신대왕 때 한나라 현도군 태수 경림이 대군을 인솔하고 와서 고구려를 침범하니 당시 조정에서는 출전出戰과 수성守城 어느 것을 먼저 하느냐 하는 의논이 벌어졌다. 대다수의 의견은 적이 제 편의 군사가 많은 것을 믿고 우리를 경시하니 만일 우리가 곧 출전하지 않으면 그는 우리를 비겁하다 하고 금후에 자주 와서 침범할 것이며, 또 우리나라는 산은 험하고 길은 좁아서 이야말로 한 사람이 관문에서 막으면 만 사람이 당할 수 없는 것이니 적병이 비록 많으나 우리에게 어찌할 것이냐? 하며 먼저 나가 싸우기를 주장했다.

그러나 당시 국상國相인 명림답부는 이것을 반대하고 다음과 같이 주장했다.

한은 나라가 크고 인민이 많으며 이제 강병을 가지고 멀리 와서 싸우려 하니 그의 예봉銳鋒은 당할 수 없다. 군사가 많은 자는 싸워야 하고 적은 자는 지켜야 하는 것은 병가兵家의 상도常道이다. 지금 적이 군량을 1000리 밖에서 운반하니 그것은 능히 지구持久할 수밖에 없다. 우리가 참호를 깊이 파고 성을 높이 쌓고 청야淸野(인민, 식량, 축류, 일체 물화를 성내 또는 산중에 반입해 전야와 촌락을 씻은 듯이 비워서 적이 약탈할 수 없게 하는 것)를 해서 기다리고 있으면 적은 한 달 이내에 기아에 못 견뎌 그냥 돌아갈 것이니, 이때 우리는 정병精兵으로써 맹렬하게 반공격을 가하면 성공할 수 있다.

－《삼국사기》

　명림답부는 이와 같이 선수후공先守後攻의 방침을 세우고 적이 고 군심입孤軍深入하게 해 기아와 피로에 못 견디게 하며 그들이 할 수 없 이 스스로 퇴각함을 기다려, 불과 수천의 기병으로 적군을 좌원坐原[14] 까지 추격해 한 명도 남기지 않고 전부 섬멸했다.

　이 청야, 수성, 퇴각 및 반공反攻은 그 후 고구려의 외적 침입에 대 한 전쟁에서 하나의 전통적 전략이 되었고, 을지문덕 장군뿐만 아니라 연개소문과 고려의 강감찬도 모두 이를 잘 계승해 승리를 얻었다.

14　요동 지역의 지명. 명림답부는 전공으로 이 지역을 식읍으로 받았다(《삼국사기》 권16 《고구려본기》).

02 | 당시 고구려의 발전과
수나라와의
관계

우리 민족의 명장인 을지문덕 장군의 전적을 서술하려 하는 데 우리는 그가 처해 있던 그의 조국 고구려의 역사적 환경을 먼저 간단히 말할 필요가 있다.

삼국시대에 동일한 고조선 종족의 분파로서 고구려, 신라, 백제가 삼분 각립해 있었다고 하나, 그들의 국력으로 보나 판도로 보나 고구려는 우리 고대 국가의 대표적 존재였다. 신라와 백제는 삼국시대 그 전성 시기에도 우리 조선 반도의 남반부를 둘로 나누어 가졌을 뿐이지만, 고구려는 부여扶餘의 계승자로서 장백산 서쪽과 압록강 유역을 중심으로 하여 그 세력을 사면으로 확장해 오면서 반도의 과반부를 차지했을 뿐만 아니라 만주, 연해주의 광범한 지역을 점차로 통일해 일대 강국을 건설했다.

고구려는 이와 같이 생장 발전하는 과정에서 안으로는 말갈靺鞨, 숙신, 예맥濊貊, 옥저沃沮, 읍루挹婁 등 잡다한 서북동 세 방면의 족속들을 차례로 통합하고, 밖으로는 요동遼東, 요서遼西의 벌판에서 한, 위, 진晉,

오호五胡, 육조六朝 등 이족들의 계속된 침범을 끝끝내 격퇴했으므로, 조국을 수호하는 영웅한 전통은 인방 한족漢族의 통치계급들에게 커다란 위압을 주었었다.

을지문덕 장군의 시대는 고구려 말엽으로 국가 발전의 과정은 신라, 백제와 함께 벌써 5~6세기의 역사를 가지게 되었으며, 문화 정도는 당시 서북에 있는 낙후한 족속 즉 거란契丹, 선비鮮卑, 돌궐突厥 등을 훨씬 지나서 노대한 한족과 어깨를 겨누기에 부끄럽지 않았다.

산업은 목축과 농업 및 어업을 주로 하며 만주 지방에서는 대두와 고량과 속粟 등을 대량으로 재배하고 반도 북부에서는 논벼(畓稻)를 재배했다. 금, 은, 동, 철, 궁시弓矢, 가축, 수피 및 곡물 등 물화로써 중국, 돌궐, 거란, 일본, 백제, 신라 등 여러 나라와 더불어 호시互市와 교역이 성행했으며, 따라서 요하遼河 좌우와 발해渤海 및 황해 연안에는 도시의 발달이 상당히 진행됐다.

문자는 한자를 일찍부터 사용하고 일용 기록은 가음假音 사용법을 발견한 지 이미 오래되어 종래 단군檀君 동맹東盟(東明)[15] 및 소도蘇塗 등 국신신앙國神信仰의 형식 이외에 유교와 불교가 성행했으므로, 불교의 사원 강좌와 유교의 대학 경당扃堂(서당과 같다) 등을 통한 경사송독經史誦讀과 문예 창작과 서사연습書射練習은 귀족 및 관리 계급과 일부 평민에게 상당히 보급되었으며, 회화, 조각, 음악, 건축, 비탑碑塔 및 능묘陵墓 등 미술 작품은 웅장 미려한 특색을 표현했다.

경제체제는 농노, 노예 및 자유민의 생산 기초 위에 머무르고 있었

---

15 고구려에서 매년 10월에 열린 제천의식.

으나, 부족과 군대제도 등에 원시공동체의 유속은 아직 남은 바가 많아서 각 부 각 족의 협조 단결로써 외적을 대항하는 데 강력했다. 병제는 자세한 것은 알 수 없으나 수륙 양군이 구비됐던 것은 확증되며, 대개 징병제로서 필요한 지대에는 둔전제屯田制를 실행했다.

기술騎術과 사술射術은 한족, 기타 어느 종족보다도 우수했고 무기 특히 강노强弩와 독시毒矢를 잘 제조해 '대궁大弓'족의 전통을 지켰으며, 조선造船과 항해술은 당시 발해와 황해를 경비하고 중국의 산동, 강남과 일본열도에 서로 교통 무역했던 것을 보아 상당히 발달되었다. 인민의 체격은 강건하고 전투에 대단히 용감해 항상 적국을 위압했다.*

이를 종합해 말한다면 고구려는 대체로 부강한 국가였다. 중국의 한, 진, 위, 오호 역대 이래 고구려와 한족의 지리적 밀접은 충돌과 침략의 기회를 일층 용이하게 했거니와, 을지문덕 장군의 시대에 와서는 양국의 정세가 종래보다 훨씬 첨예한 대립을 표시했다.

16대 미천왕美川王 때(300~331)에 소위 한사군의 강점 지역을 거의 회수해 수백 년 동안 한족 지배계급들의 군사적 및 상업적 기지였던 곳을 국내에서 소탕했으며, 19대 광개토왕廣開土王 때(391~412)에 서북으로 후연後燕과 상쟁하고 거란을 정복해 요하 유역과 열하熱河[17]

* 이때부터 200년 전 광개토왕릉비문廣開土王陵碑文(현재 만포 건너편 집안현輯安縣[16]에 있음)에 "왕이 몸소 수군을 이끌고(王躬率水軍)"라 했으며, 당시 수양제의 선전포고문에 "이에 거란의 도당을 겸병兼倂하며 수나라의 해상 병영을 공략한다"고 했으니, 고구려의 수군이 벌써부터 특설되어 활동이 상당했던 것을 알 수 있다.

16　輯安縣은 청말, 일제시기에 사용했고 그 뒤에 集安으로 고쳐서 지금은 集安으로 쓰고 있는데, 원문대로 사용한다.
17　지금의 허베이성 청더(承德).

지방까지 광범한 영토를 확보했다.[18]

그러나 한족은 그동안 자기 내부의 분열과 혼란으로 대외 확장에 힘쓰지 못하던 육조시대를 지나 이제 중국의 남북을 통일한 수나라의 시대에 이르렀으니 고구려와 수나라의 양대 세력은 동아의 천지에서 뚜렷하게 대립하지 않을 수 없었다. 그러면 고구려와 수나라의 종래 관계는 어떠했던가?

고구려 25대 평원왕平原王(고탕高湯) 32년(수문제 개황開皇 10, 590)에 수문제隋文帝(양견楊堅)는 남조南朝인 진陳나라(중국 육조의 최후 왕조)를 평정했는데, 평원왕은 수문제의 회유와 위협을 돌아보지 않으며 군량과 군비를 충실히 해 국경 방위에 태세를 강화했다.

다음 영양대왕嬰陽大王(고원高元, 590~618)은 평원왕의 장자로서 왕위에 올랐는데, 그는 비범한 군주로서 제세안민濟世安民을 자기 임무로 했다 한다. 그도 수나라의 침략이 머지않은 것을 알고 대내 대외적 정책을 자주적으로 수립하기 위해 현명하고 지혜와 재능이 있는 인사들을 적당한 지위에 등용했는데, 이 중에 강이식姜以式, 을지문덕과 왕의 아우 고건무建武 등은 일찍부터 왕의 신임을 얻었다.

그리고 무기를 제조 수리해 중국인[19] 기술자들을 초빙하고, 수나라의 군사 내용을 탐지하기 위해 밀사를 수나라의 관계官界와 민간에 보내서 많은 보수를 주고 다수한 노수弩手(사수射手)와 기사들을 사 왔으며, 방첩진防諜陣을 엄밀히 하되 수나라의 사자가 국교라는 미명으로

---

18 '열하까지 고구려가 영역을 확장했다'는 기술은 광개토왕이 후연의 숙군성宿軍城을 공격한 기사를 가리키는 듯하다. 현재의 연구는 광개토왕대의 서쪽 경계선은 대략 랴오허강 일대로 보고 있다.

19 원문에는 '중군인'이라고 돼 있으나 오타로 보인다.

국내 정세를 탐지하려는 기회를 절대로 방지했고, 수나라의 일관한 침략적 기도를 부절히 폭로 지적하고 국경의 방비를 가일층 강화했다.[*]

이는 물론 고구려를 침략하려는 구실로 만든 말이지만, 그 가운데서도 당시 고구려가 외적의 침략을 방비하는 애국적 활동의 일면을 반영한 것이었다.

고구려의 국방 대책은 이미 충실했다. 요서 국경 일대에서 수나라의 소규모적 침범이 벌써 개시된 동시에 교만하고 위협적인 언사로써 왕에게 공납과 칭신을 강요했다. 왕은 그의 9년 2월에 먼저 말갈병靺鞨兵 만여 명을 파견해 요서 지방에 침공하는 수나라군대를 소탕함으로써 그들의 횡포한 요구에 대답했다.

수나라 황제(양견)는 크게 분노해 한왕漢王(양량楊諒)과 왕세적王世績을 행군원수行軍元帥로 하고 주라후周羅睺를 수군총관水軍總管으로 하여 수륙군 30만을 인솔하고 동년 6월에 고구려에 대한 침략적 군사 행동을 개시했다.

그러나 《수서》에 의하면 양량의 육군은 임유관臨渝關(지금 산해관)을 나서서 유성柳城에 이르러 장마로 행군이 곤란하고 군량 운반이 계속되지 못할 뿐더러 부대 내에 질병이 유행해 무수한 군사가 사망했으며, 한편 주라후의 수군은

* 수문제는 개황 17년에 고구려왕(《수사》에 평원왕 탕이라 했으나 영양대왕 고원이 벌써 즉위한 지 8년)에게 준 서한에 다음과 같이 썼다. "이전 해에 귀국은 우리나라에 사람을 비밀히 파견해 백성을 재리財利로써 움직이게 하고 노수를 모집해 귀국으로 도망하게 하니 이는 무기를 수리하고 좋지 못한 일을 하고자 함이 아닌가… 때로 우리나라가 사절을 보내어 외국을 원문하는 것은 본디 그에게 인정人情을 묻고 그에게 정술政術을 가르쳐 주려는 것인데, 왕은 그들을 공관空館에 안치하고 방수防守를 엄가해 그들의 이목을 막아서 아무 질문도 못하게 했다… 또 기병騎兵을 자주 보내어 변인邊人(수나라의 국경 장병)을 살해하며 간모奸謀를 여러 번 부려서 꿈적하면 맹랑한 말을 지어낸다…"(《수서》 권81 《열전列傳》 46 〈동이고려東夷高麗〉).

동래東萊 해구海口(산동반도山東半島)에서 출항해 바다를 건너 고구려의 수도 평양을 향하다가 풍랑에 표몰되었으므로 9월에 수나라의 수륙군이 모두 귀국하니 사망한 자가 10분의 8~9라 했다.

이 수륙 30만 대군의 사망 원인에 대해 수나라 사람들은 위에서 말한 바와 같이 천후와 시기의 자연력에 전적으로 귀인[20]하고 고구려의 국방 활동에 대하여는 하등의 언급이 없었으니, 이는 자기들의 패전한 내용을 고의로 은폐한 것이었다.

당시 우연한 자연재해보다도 고구려군대의 청야, 수성 및 기습 전술이 극히 강력한 체제로 진행된 반면에 적이 예상한 약탈과 점령이 전연 여의하지 못하므로 기아와 질병은 불가피의 결과였으며, 또 그 수군은 고구려 수군의 해항 방어전으로 상륙하기 전에 일정한 타격을 받은 것으로 인정된다.

수나라의 이번 패전은 침략의 괴수 양견의 재기 불능을 결정지었으며 그 반면에 고구려의 부강한 무력을 실증적으로 선전해 주었다. 수나라 유현劉炫이 《무이론撫夷論》을 지어 고구려는 치기 어려운 나라이므로 무마책撫摩策을 쓰는 것이 좋다고 한 것도 이때의 일이었다.*

* 《대동운해大東韻海》와 《서곽잡록西郭雜錄》에 《수서》 및 《삼국사기》가 몰각한 강이식의 성명이 보였으며, 또 《서곽잡록》에는 강이식이 임유관 전선에서 병마원수兵馬元帥로 활동했다 한다. 이는 단재 신채호의 《조선사朝鮮史》 9편 〈고구려 대수전역高句麗對隋戰役〉에도 이미 언급돼 있다.

---

20 歸因. 원인의 귀착을 말함.

03 | 수양제의 침입과 을지문덕 장군의 방어 계획

수양제(양광楊廣)는 자기 부친 문제(양견)를 죽이고 왕위를 탈취해 호탕방종豪蕩放縱하기가 짝이 없었다. 호화롭고 음란(淫逸)한 생활로 유명한 봉건 군주로서는 동서고금에 수양제와 프랑스 루이 14세를 들 수 있다.

수양제는 소위 중국 천자로 자기 아비가 창건한 왕조를 깔고 앉아서 남방의 임읍林邑(안남安南),[21] 적토赤土(섬라暹羅)[22]에 복종하게 했고, 북방의 돌궐(내몽고)과 서방의 토곡혼吐谷渾(청해靑海 및 사천四川성 송번현松潘縣 지방),[23] 고창高昌(신강新疆)[24] 등에 입공入貢하게 했으며, 서역의 여러 종족을 호령해 교역을 열게 했다. 그들의 말을 빌린다면 '사이팔만四夷八蠻'이 모두 내조했다.

그러나 문화 민족의 명예를 한족과 서로 다툰 고구려는 일방에 웅

21 　베트남 여러 왕조가 사용하던 지리적 명칭이었다.
22 　원문에는 적사赤士로 잘못 표기됨. 지금의 타이.
23 　토욕혼이라고 읽는다. 5세기 이래 서역 일대의 강국이다.
24 　중국 한나라 말기부터 서방으로 이주한 한족이 5세기 중엽에 투루판(吐魯番) 지방에 세운 식민 국가.

거하고 내치외교와 국방 강화에 전력을 다해 수나라의 침략적 기세에 완전히 대비했으며, 또 수나라가 우리 민족의 생존과 발전을 방해 내지 파괴할 수 있는 요구 즉 조공, 칭신 같은 굴욕적 조건을 단연히 거절했다.

고구려는 수나라가 장래 할 침략에 대항하기 위해 근친 족속인 말갈은 물론이요 서북으로 돌궐, 거란과도 서로 긴밀히 통했다. 백제百濟와의 교섭은 이하 적당한 곳에서 조금 자세히 설명하겠지만 종래 서로 침공하던 관계를 중지하고 공수동맹攻守同盟의 신밀약을 맺었으며, 돌궐에 관하여도 당시 고구려의 밀사가 돌궐왕인 계민啓民에게 가서 연결하다가 때마침(수나라 대업大業 3, 607) 계민을 유림楡林(산서성山西省 영하寧夏)에 와서 방문한 수양제에게 발견되어 계민을 당황하게 했다.

거란에 관해서는 전기 수문제의 서한 중에 "말갈을 강제하고 거란을 봉쇄한다(驅逼靺鞨, 固禁契丹)" 또는 후일 수양제의 고구려 출병 조서詔書 중에 "이에 거란의 도당을 겸병했다(乃兼契丹之黨)" 등등의 문구를 보아도 이때 거란이 고구려에 복종했던 것을 알 수 있다.

당시 고구려가 수나라의 압박과 간섭을 받는 여러 족속을 비밀히 또는 공공연히 연결해 수나라 침략을 반대하는 공동 전선을 광범히 기도한 것은 틀림없는 사실이었다. 일찍이 병마도원수兵馬都元帥로서 강남의 진나라를 격멸하고 무훈을 자랑한 수양제는 허영과 교만이 발톱부터 머리끝까지 뻗쳤으나 고구려의 이러한 태세는 그에게 커다란 시위가 되지 아니할 수 없었다.

이와 같이 고구려의 독립과 부강은 수나라 침략자들의 질시의 대상으로 되었다. 그래서 수제 양광은 고구려에 대한 정복을 최대의 국책으로 삼았다. 그는 진시황秦始皇의 만리장성과 함께 2대 공사로 유명한 3500리 대운하를 개통했다(천진 부근 즉 하북성 통주에서 시작해 황하를 횡단하고 절강성 항주만까지 관통되었는데 종래 또는 수문제 시대의 부분적 개착을 연결 완성한 것).

속학적인 평론가들은 흔히 말하기를 이 운하는 수제 양광이 호화로운 선유船遊 생활을 하기 위해 개착했다고 하나 그것은 옳지 못한 견해다. 사실 이 운하 개통은 당시 중국의 남북통일을 확보하고, 당시 봉건사회에서 현물 조세租稅를 운반하고 강남에서 나는 쌀을 북쪽으로 공급하는 데 편리하게 하며, 또 유사할 때에는 군대, 군비 및 군량의 국내적 이동을 민속히 할 뿐더러 해운상 적군의 위협과 천후의 불리 등을 회피할 수 있는 유력한 조건을 만든 것이었다. 수제의 이 운하 공사는 고구려를 침략하기 위한 예비 공작의 중요한 하나이었다.

수제는 고구려에 대한 침략을 내정한 다음 대업 6년(610)에 국내 부민富民에게 출자를 강요해 10만의 군마를 보충하고 군수 물자를 검열하며 일제 개신했다. 그는 일찍이 유주총관幽州總管 원홍사元弘嗣를 동래 해구에 보내어 병선 300척을 새로 만들게 했는데, 이때 공인들은 감독관의 채찍[25] 밑에 밤낮으로 물 가운데에서 종사했으므로 그들의 허리 아래 구더기가 생겨서 병사자가 10분의 3~4라 했다.

이듬해(611) 4월에 강남, 회남淮南의 수수水手(배를 운전하는 사람) 1만 명, 노수 3만 명 및 배찬수排鑽手(찬鑽은 소모小矛인데 배찬수는 창을 쓰는 군사) 3만 명을 징발해 수군을 증가하고, 5월에 하남河南, 회남에 명령장을 내려 병거兵車 5만 승乘을 지어 군복, 군갑, 군막 등을 싣고, 7월에 강남,

---

25   원문은 챗죽.

회남에서 민부民夫와 선박을 징발해 여양창黎陽倉 등의 저장미를 탁군涿郡(하북성)으로 운반하게 하니, 강과 바다에는 배가 찼으며 육상에는 인마가 깔렸다. 이로써 국내 인민은 생업을 거의 희생했다.

수제-침략의 괴수 양광은 강도江都(강소성 양주)에서 대운하를 이용하여 '용주龍舟'를 타고 북행해서 동년 4월에 탁군의 임삭궁臨朔宮에 이르러 사방의 병사와 군량을 명년 정월 이내로 이곳에 집합하게 하니, 이것이 실로 1년의 시일을 허비했다. 그리고 그는 단壇을 모아 천신, 지신, 기타 여러 귀신에 제사하고 군사의 대오 편성과 기호記號, 복색과 진격 방향에 대한 모든 것을 친히 지휘했다.

수양제는 이듬해 즉 고구려 영양대왕 23년(수양제 대업 8 임신. 612) 정월에 군대 전부의 동원을 명령했다. 군대는 좌우 각 12군 합계 24군으로 나누고 각 군단에 상장上將, 아장亞將은 1명씩 두었으며, 100명 1대隊 11단團으로 편성된 기병 40대와 각 단 편장編將 1명을 가진 4개 단으로 편성된 보병 80대를 매 군에 배속했으며, 그 외 치중輜重 산병散兵도 4개 단이 있었다. 그리고 복장과 기식旗飾은 각 단이 빛을 달리했다. 그리고 그는 출병의 방향을 다음과 같이 정했다.

좌 12군은 누방鏤方, 장잠長岑, 명해溟海, 개마蓋馬, 건안建安, 남소南蘇, 요동, 현도, 부여, 조선朝鮮, 옥저, 낙랑樂浪의 길(道)로 나가며, 우 12군은 점제黏蟬,[26] 함자含資, 혼미渾彌, 임둔臨屯, 후성侯城, 제해提奚, 답돈錫頓, 숙신, 갈석碣石, 동이東暆, 대방帶方, 양평襄平의 길로 나간다.

26　원문에는 '점대'로 되어 있음. 점제현은 낙랑군에 소속된 현 가운데 하나.

이 24군의 길의 지명은 한나라 시대 군현의 옛 명칭을 많이 사용했으나 반드시 **지리적 순서**(강조는 최익한)에 의한 것이 아니고 응당 자기들이 24군을 구별하는 일종의 기호인 듯하다.[27] 이 24군이 비록 진군의 길은 다르나 당시 고구려 수도 평양을 총 집중의 목적지로 한 것은 동일했다. 이 병원兵員의 총수는 113만 3800인데 200만이라 가칭하고 운수 공급 등에 종사하는 병원은 또한 백 수십만에 달했으니 합계 약 300만의 대군으로, 당시 고구려군대의 거의 10배나 되는 거대한 숫자였다.[28]

이 24군의 진행에 대해서는 수양제 자신이 또한 절차節次를 주어 40리씩 사이를 두고 하루에 1군씩을 출발하게 하니 40일 만에야 군대 전부가 탁군에서 출발했다. 대열들은 머리와 꼬리를 서로 잇대고 북과 호각의 소리는 서로 들리고 깃발들은 960리나 뻗쳤다. 그리고 수양제 자신의 부대는 최후위가 되어 전군을 통제하며, '어영御營(임금의 진영)'을 중심으로 한 12위衛 3대坮 5성省 9시寺(관서)는 내외 전후좌우에 분속하니 이것이 다시 80리를 뻗쳤다.

이상의 제군은 합계 30군이며 전 연장은 1040리였다. 그리고 우익위右翊衛 대장군 내호아來護兒는 강남, 회남의 수군과 군량선을 인솔하고 바다를 건너 육군과 평양에서 회합할 목적으로 동래를 출발했는데 선척船隻이 또한 수백 리나 뻗쳤다 한다.

---

27 여기서 24군에 명명된 지명은 일종의 역사적인 지명이 허구로 붙여졌다. 최익한이 지명을 24군을 구분하는 기호로 파악한 점은 탁월한 안목인 듯하다.

28 역사 기록에서 수나라 군대 중 군량 수송 등을 담당했다는 백 수십만 명이 넘는 인원은 고구려 원정군이라기 보다는 수나라 국내에서 보급을 담당한 인원으로 추정된다.

이와 같은 수륙 병진의 태세는 그가 '선전포고'에서 말한 "발해를 덮어서 우레처럼 진동하고 부여를 지나서 번개같이 쓸어버린다"는 호언장담이 어느 정도로 그럴 듯한 외관으로 보이게 했다. 그 출병의 규모는 고대 세계 전쟁사에서 역시 페르시아 크세르크세스의 그리스 침입에서 볼 수 있던 장관과 서로 백중伯仲을 다툴 만한 대규모 동원이었다.

수양제가 이와 같이 국력을 기울여서 동원한 것은 그의 위세를 필요 이상으로 과장하려는 것이 결코 아니라, 그의 부왕父王 양견의 30만 대군이 교전의 제일보에서 여지없이 부서진 것을 보고 고구려의 부강한 실력은 자기 나라의 전력이 아니면 승리하기 어렵다는 것을 명확히 인정한 까닭이었다.

이제 수양제 양광의 출병 이유에 대해 정확히 설명하면 다음과 같다.

첫째로 고구려의 부강을 수나라가 크게 시기하고 공포[29]하는 바이었으며, 둘째로 전기 부왕 양견의 참패를 자기 왕조의 위신상 반드시 보복하지 않을 수 없었으며, 셋째로 신라 사절의 청병請兵 운동과 양광의 총신寵臣 배구裵矩[30]의 종용이 대단히 유력했다. 즉 신라 진평왕眞平王은 고구려의 공세에 견디지 못해 수년 전부터 사절을 자주 보내어 수나라의 출병을 백방으로 유도했으며, 동시에 양광도 신라를 고구려 침략 전쟁에 이용하기 위해 출병을 약속했다.

그리고 배구는 고구려의 요동이 본디 기자箕子의 봉지封地이며 한

---

29 恐怖. 두려워하다.
30 ?~627. 수당 대의 학자.《동번풍속기東藩風俗記》외에《서역도기西域圖記》3권 등을 지었다.

사군의 고지故地란 것과 문제가 성공하지 못한 것은 그때 대장 양량이 실책한 탓이라는 것을 강조하고, 또 《동번풍속기》 30권(그중 《고구려풍속기》 1권)을 저작해 평양의 가려佳麗와 개골산皆骨山(금강산金剛山)의 영수靈秀함을 묘사해 순유巡遊에 열광하는 양제의 허영심을 불러 일으켰다. 이것은 수양제의 고구려 침략에 대해 적지 않은 자극이 되었다.

수나라군대의 대규모 침입에 대해 고구려의 항전 체제는 을지문덕 장군의 지도하에서 어떻게 진행되었던가? 수나라 사람들의 기록들은 이것을 전적으로 감추었고 우리 기록은 거의 인멸되어 버렸으나, 적의 전공이 극히 강대 호탕한 것으로 보아 또는 적의 최후 패전의 상태로 보아 고구려의 방어 태세가 어떠했는지를 대개 측정할 수 있다.

첫째 동원한 수량과 능력에 대한 기록이 없으나 후래 신라의 최치원崔致遠은 고구려와 백제가 전성기에 강병 백만으로써[31] 남으로 오월吳越을 침범하며 북으로 유연幽燕, 제로齊魯를 흔들었다고 했으며, 발해의 대문예大門藝[32]는 고구려가 전성기에 군사 30만으로 당나라를 대항했다 했으니, 을지문덕 장군 당시의 고구려에서 상비병이 100만은 과다하나 30~40만은 가능한 정도였을 것이다. 그러면 최전선인 요서 지방에 수만 명, 요동 각 성에 10여만 명, 평양, 기타 내지에 약 10여만 명, 해안 위수군이 수만 명, 남으로 신라 방비에 수만 명이 각각 필요했을 것이니 합계 30여만의 군대가 출동했을 것이다. 이 30여만 밖에 양말粮秣,[33] 운수 등의 인원은 따로 수만을 가산했을 것이다.

---

31 원문에는 '강병 백방'으로 잘못 기재됐다.
32 발해 시조 고왕(대조영)의 둘째 아들이자 2대 무왕의 동생.
33 양식과 말먹이.

둘째 병력을 배치하는 데 수륙군을 적당히 배치하되 수군은 요동 반도의 비사성卑斯城[34] 부근과 압록강의 입구와 패수 입구 같은 해안 요새에 병선과 함께 각각 포치되었을 것이다. 그리고 해상에서 적의 수군을 요격邀擊하는 것보다 필요한 경우에는 육상으로 유도해 그 군대와 양선粮船의 연결을 절단하고 개개 격파의 전술을 취할 것을 지시했을 것이다.

셋째 전 전선에서 청야, 수성의 2대 전략을 근간으로 하고 회피, 지구, 유도, 기습 등의 전술을 자유자재하게 사용해 적의 속전속결의 방침을 파탄되게 하고 적의 병력을 분산 소모할 것을 원칙으로 했을 것이다.

넷째 적의 유생[35] 역량에 대한 공격보다도 적의 양말 및 물자 수송에 대한 차단, 소각, 탈취 등의 작전을 더욱 실행해 적의 기아와 피로를 촉진할 것을 주로 했을 것이다.

다섯째 적은 비록 수백만의 대군이라 하나 대개는 훈련이 부족하고 사상성이 결여된 오합지졸이며 또 침략 전쟁의 수행을 위해 농민과 농량을 가혹히 징발했으므로, 그들은 동원과 운수의 도중에 벌써 도주해 '군도群盜'로 전환하거나 고구려군대에 투항한 자가 적지 않았다. 그들은 무리한 침략 전쟁에 성심과 용기를 가질 수 없었다. 고구려 장병들은 적의 이와 같은 약점을 간파했고 자기들의 군기軍紀와 병력에 대한 자신력이 강했으며 더구나 조국 방위와 자기 생존을 위한 투쟁

---

34 卑沙城, 卑奢城 등으로도 쓴다. 주로 卑沙城을 사용하지만 원문대로 두었다.
35 有生. 살아 있는 군사를 뜻한다.

정신이 왕성했으므로, 그 지휘자들은 인민의 단결력과 애국 사상을 고무 추동하기에 주력을 기울였을 것이다. 이는 다른 조건에 비해 제일 중요하다.

이러한 몇 가지가 당시 고구려의 작전 계획의 윤곽이었을 것이다. 그리고 작전을 실행하는 데 원래 상무적尚武的이며 일부는 사렵射獵 생활을 계속하는 종족으로서 유리한 지리적 조건에서 방어전을 여행하는 것이 인민에게 과도한 피로를 주기에는 이르지 아니했을 것이다.

또 적군이 직선으로 진행하는 요서, 요동 일로에서 적은 약탈과 노략 등의 만행으로써 자기들의 군수 물자를 보충하기가 곤란했을 것이며, 그로부터 떨어진 광막한 지역들은 대개 피해가 없었을 것이다. 그 반면에 고구려의 군대는 육상 마소와 강해의 선박이 운수의 편의를 보장했으므로 적과 벌인 지구전에서 생긴 교통 차단의 우려는 대단하지 않았을 것이다.

이와 같이 유리한 모든 점은 영양대왕과 을지문덕 장군 같은 영웅들이 정치 군사에 당국[36]해 요령 있게 통제하고 지도하는 데서만이 승리를 가져올 수 있었다.

을지문덕 장군은 당시 대신이며 대장으로서 전선 전체에 대한 총지휘관이었으며, 왕의 아우 고건무는 응당 수도 방어의 책임을 받았던 것으로 추정된다. 그 밖에도 명장과 책사가 얼마든지 있었을 것이나 《삼국사기》와 《수서》는 모두 침묵을 지키고 있다.

---

36 當局. 국면에 직접 몰두하는 것을 말함.

04 | 요동성에서의 강고한 수성전과 패수, 평양에서의 적의 수군에 대한 섬멸적 타격

침략의 원흉인 수양제는 전군을 인솔하고 고구려 국경을 침범해 동년 (612) 3월에 요수遼水(요하)의 서쪽 강안에 이르니 요서의 벌판은 벌떼 같은 적군으로 채워졌고 기치와 창검의 수풀은 하늘을 잇대었다.

이때 을지문덕 장군은 총지휘관으로 요동까지 출동했다. 요서 전선에서는 적병이 너무나 많고 또 첫 서슬이 날카로우므로 고구려군대는 예정 전략대로 정면충돌은 피하고, 미리 고구려 및 말갈 부대의 일부를 요수 부근의 요소와 어두운 곳에 특별히 배치해 적의 배후에서 연락, 보급 및 수송을 방해 또는 차단하는 데 노력케 했다.

그리고 주력부대는 요수의 동편 언덕으로 퇴각해 적군을 유도했다. 이에 적군의 도하 작업에 대한 유리한 조건을 일체 제거한 다음에 강물을 끼고 일대 항전을 결행하기로 했다.

적군의 선봉의 대부대는 요수의 서편 언덕에 집결해 진을 치고 일거에 요수를 건너서려 했으나 고구려군 방어 작전은 대단히 견고했으므로 수양제의 기도는 일단 좌절되었다. 공부상서工部尚書 우문개宇文愷

는 수양제의 명령을 받아 세 갈래의 배다리(三條浮橋)를 만들어 동편 언덕에 인접하게 했는데, 한 길 나머지쯤 모자랄 즈음에 그 언덕 위에서 대기하고 있던 고구려군은 화살과 돌멩이를 빗발같이 퍼부어 적을 역습하니 적병의 용감한 자는 다투어 가면서 물에 들어서 접전했다.

그러나 고구려군은 유리한 지세를 이용해 공격했으므로 적병은 언덕 위에 오르지 못하고 그냥 사상한 자가 많았다. 적의 맹장 맥철장麥鐵杖[37]은 선봉이 되어 결사적으로 언덕 위에 뛰어올랐으나 고구려군의 맹렬한 사격을 받아 즉사하고 전사웅錢士雄,[38] 맹금차猛金叉[39] 이하 수많은 적장이 모두 전사하니 적군은 드디어 서편 언덕으로 퇴각했다.

적은 1회 도하작전이 실패했으므로 배다리를 끌고 서편 언덕에 퇴각했다가 2일간이나 걸친 2회 도하 작업에서 막대한 사상자를 내고 겨우 성공해 적의 대군이 드디어 요수를 건넜다. 고구려군은 돌격과 기습으로 격전한 다음에 전술상 거짓 퇴각했다. 적이 이번 도하에 성공한 것은 요컨대 고구려군이 적의 예봉을 될 수 있는 대로 피하고 2차에는 퇴각을 단행해 적을 깊은 곳으로 유인한 뒤에 기아와 피로로써 적을 골려 죽이려는 것이었다.

적의 제군은 요수를 건너 요동의 제일 요새인 요동성遼東城(현금 요양현遼陽縣)을 나아가 포위하고 맹공격을 가했다. 그러나 수성에 본래 유명한 고구려군은 철벽같이 고수하고, 가끔 강화교섭을 하겠다는 풍문을 적군에게 전파해 적의 긴장을 늦추는 동시에 적의 병력을 성 밑에

---

37 좌둔위대장군左屯衛大將軍이라고 한다(《수서》, 〈제기제사帝紀第四 양제하〉 8년조).
38 무분랑장武賁郎將이라고 한다(《수서》, 〈제기제사 양제하〉 8년조).
39 《삼국사기》에는 "호분랑장虎賁郎將 맹차孟叉"라고 기록되었다(《삼국사기》 권20, 《고구려본기》8).

얽매어 두며, 적의 작전이 굼뜨고 민첩하지 못한 약점-예를 들면 수양제가 후방에서 전방의 일체 작전을 간섭하는 것-을 타서 방어에 기민하고 때로는 적군에게 반격을 주며 다른 여러 성도 이 요동성과 호응해 견고한 수세를 취했다. 이때 수양제는 무분랑장 염비閻毗에게 요동성 밑에 가서 항복을 선유하게 했는데 성안에서 난발하는 화살에 염비가 탔던 말이 꺾여 돌아갔다.

수제는 수개월이나 요동성 공격을 성공하지 못하고 초조한 나머지 그의 여러 장군을 독책督責하고, 사죄赦罪, 면역免役이라는 발령을 선포해 요서, 요동의 인민을 회유하며 그들의 적개심을 깨뜨리려고 했으나 아무런 효과도 없었고, 요동성을 중심으로 하는 전선은 교착 상태에 빠지면서 고군심입한 적군은 모두 좌절 징후가 보이었다. 요동 일대의 전선이 이와 같이 지리하고 판갈이가 나지 아니함에 따라 육상 적군의 피로가 심해져 가는 한편, 해로로 온 적군은 평양성 아래에서 전군 패멸의 경우에 이르렀다.

전기 적의 수군 대장 내호아는 수백 리나 뻗친 식량선과 강동, 회남 수군을 인솔하고 먼저 패수(대동강) 입구에 도달하니, 고구려군은 역시 예정 전략대로 적의 육군이 와서 수군과 협동하기 전에 개별적으로 격파하기 위해 정면 교전을 잠깐 피하고 육상으로 유도하기에 주력했다.

내호아는 무모하게도 식량선과 수군을 몰아 강을 거슬러 올라서 평양에서 60리 되는 곳에 오니, 고구려군은 강물이 옅고 좁은 악조건을 이용해 강의 양편 언덕에서 바로 교전해 한바탕 격전한 끝에 거짓 퇴각했다. 적은 고구려군이 너무나 무력하다고 인정하고 한숨에 평양을 진격하려고 했다. 내호아의 부총관 주법상周法尙은 이것을 심히 위험한 일로 생각하고 육상 제군이 모두 약속대로 도착함을 기다려 수륙 병진 하자고 했으나 내호아는 듣지 않고 정병 4만을 골라 패수로 쫓아 평양 성 밑에 이르렀다.

이때 영양대왕의 아우 고건무는 천재일우의 좋은 기회로 생각해 미리 나곽羅郭(외성外城) 내 빈 절에 정병을 매복해 두고 내성을 굳게 닫 아 놓고, 다만 적군의 이목을 끌어 그 진용을 혼란하게 할 수 있는 금, 은, 비단 같은 귀중한 물품들을 외곽의 내외 점포들에 진열해 두고 짐 짓 약해 보이는 군사들을 시켜 적과 교전하다가 거짓 패배해 내성에 들 어오게 했다. 내호아는 이 모략에 빠져서 군사를 데리고 승리의 기세로 외곽을 깨뜨리고 들어와서 곧 화려한 진열품에 유혹되어 아무 기율도 없이 노략질하기에 여념이 없었다.

이 틈을 타서 복병은 돌연히 일어나고 고건무가 직접 모집한 결사 대 500명은 적군을 습격해 섬멸전을 가하니 적장 내호아는 겨우 몸을 빼서 도망하고 적군의 살아 간 자는 불과 수천 명이었다. 고구려군대는 적군의 배들이 대 있는 곳까지 추격해 군량 및 무기를 무수히 탈취했으 며 적의 부장 주법상은 오히려 진용을 정돈해 기다리고 있으므로 고구 려군은 더 추궁하지 않았다. 내호아는 해포海浦에 돌아가서 감히 그곳 에 유진해 장차 와서 회합할 육상 제군을 응접할 용기도 잃어버렸다.

내호아 수군의 중요한 임무가 군량을 운반하는 데 있었던바 식량 선이 이처럼 피해를 당했으니 금후 평양에 총집합하는 적의 제군은 최 대 악조건인 기아를 이미 숙명적으로 약속했다.

이번 패수, 평양에서 대승리를 하는 데 용감하게 활약한 고건무 장 군은 을지문덕 장군에 다음가는 명장이었으며 뒷날에 영양대왕을 이어

영류왕이 되었다. 세상에서는 영류왕 또는 건무왕으로만 알고 그의 이러한 전력에 대해서는 흔히 모르고 있으니 이는 심히 유감된 일이다.*

* 영양대왕의 아우 고건무에 대한 기사는 《수서》(권64 《열전》 29) 〈내호아전〉에 "요동의 전역에 내호아가 누선[40]을 거느리고 창해를 지항해 패수에서 들어가서 평양에서 60리 되는 곳에 고려(고구려)군과 서로 만나 진격 대파하고 평양에 승승직지乘勝直至해[41] 그 외곽을 깨뜨리고 이에 군사를 놓아 크게 약탈하면서 점차로 대오를 잃었다. 고원의 아우 고건무가 결사의 무사 500명을 모집해 맞아 치니 내호아는 그만 퇴각해 해포에 와서 진을 치고 기회를 기다리다가 우문술宇文述 등의 패배를 듣고는 곧 회군했다"라고 나온다. 그리고 《자치통감》(권181 《수기양제隋紀煬帝》 상하) 중에 〈고이考異〉라는 책에 가로되 "《북사》에 이르기를 내호아가 고려를 격파하고 고원의 아우 고건무를 죽이고 이에 성외에서 부영郭璧을 격파하고서 제군을 기다렸다 하나 이는 무근한 사실이므로 이제 《수서》와 《혁명기革命紀》를 좇는다"고 했다.

40 누선樓船은 충루層樓가 있는 큰 배를 가리킨다. 주로 전쟁 때 사용한 데서 수군을 이르는 말로도 사용되었다.
41 승세를 타고 곧바로 이르렀다는 뜻.

05 | 을지문덕 장군의
장거리 유도 전술과 평양성에서
적 육군의 곤궁

상술한 바와 같이 적의 육상 대군은 요동 평야에서 교착되거나 패잔되었으며 수양제의 수군과 식량 운송선들은 평양, 패수의 사이에서 여지없이 참패되었다. 그러나 장차 평양을 진격할 적의 육군은 평양에 이르기 전까지는 이 수군의 참패를 예상도 못했고 또 알지도 못했다. 이는 적의 연락이 민활하지 못한 까닭이 있지만 그보다도 을지문덕 장군의 해륙 차단 전술이 가장 주밀했던 까닭이다.

수양제는 이때 요동 제 성에 대한 공세가 이처럼 지리멸렬함에도 전기 24군 중 우수한 병력인 9군 즉 9개 군단을 선택해 급속히 전진하게 하니, 즉 좌익위左翊衛 대장군 우문술은 부여의 길로, 우익위대장군 우중문宇仲文은 낙랑의 길로, 우익위대장군 설세웅薛世雄은 옥저의 길로, 우둔위右屯衛장군 신세웅辛世雄은 현도의 길로, 우어위右禦衛장군 장근張瑾은 양평의 길로, 우무위右武衛장군 조효재趙孝才는 갈석의 길로, 탁군 태수 겸 검교좌무위檢校左武衛장군 최홍승崔弘昇은 수성遂城의 길로, 검교우어위 호분랑장 위문승衛文昇은 증지增地의 길로 각각 진출해 모두 압록강 서편 언덕에 일단 집합한 다음에 급속히 강을 건너 평양을 총진격하게 했다.

그런데 우문술 등은 요서의 여하瀘河(그 후 연주燕州, 현금 봉천성 의주義州), 회원懷遠(금주錦州 부근 영원寧遠 또는 광녕廣寧) 두 곳에서 출발할 때에 매 사람 매 말(馬)에 각각 100일간의 식량과 갑창甲槍, 의복, 무기, 화막火幕 등을 배급하니, 그 중량이 인당 3석石 이상이었기 때문에 병졸들은 무거운 짐을 감당하지 못하고, 또 식량을 내버리면 군법에 당장 죽게 되므로 그들은 할 수 없이 군막 밑에 남모르게 구덩이를 파서 지고 가야 할 군수품들을 묻어 버렸다. 그래서 적군은 중도에서 식량이 벌써 부족했다. 이는 치중과 같이 마필이 고구려군과 말갈군의 기습으로 많이 탈취당한 까닭이었다.

이때 적의 9군의 최고사령관인 우중문은 대군을 영솔하고 낙랑의 길을 향해 오골성烏骨城(봉황성)에 이르러 감히 침범하지 못하고, 파리한 말과 나귀 수천 필을 가려서 군대의 뒤에 두어서 치중을 운전하게 하고 굳센 놈들을 전기戰騎로 사용해 앞길을 타개했다. 고구려군은 그와는 정면 교전을 피하고 후방의 치중부대를 습격해 식량 운송을 방해 차단하는 정책을 강행했다.

《수서》〈우중문전〉에는 고구려군대를 반격해 크게 패배케 했다 하나 믿지 못할 말이며, 위에서 말한바 인당 3석 이상의 중량을 군사들이 지고 간 것을 보아 적군의 치중부대가 도처에서 전멸의 상태에 빠졌음을 넉넉히 짐작할 수 있다.

을지문덕 장군은 3차 퇴각 지점을 다시 압록강으로 정하고 적의 9군을 여기까지 유인했다. 그는 신묘한 지략과 신축자재伸縮自在[42]하는 군사 예술을 구비한 장군으로 100만의 적군을 조종하기를 그야말로 떡 주무르듯했다. 조국의 원수에 대해 을지문덕은 필승의 방책을 확립했다. 적을 쳐서 이기자면 반드시 적의 내정을 여실히 알아야 할 것이므로, 그는 국왕의 명령을 받아 대담하게도 적군 총사령관 우중문을 압록강 적진 중에 찾아 가서 화의를 청하는 체하면서 적의 내용의 허실을 살펴보았다. 그는 적군이 멀리 와서 피로하고 양식이 결핍되어 기아 상태에 있는 것을 잘 알게 되었다.

그때 적장 우중문은 미리 "고구려왕과 을지문덕이 오면 반드시 붙들어 두라"는 수양제의 밀령을 받고 을지문덕 장군을 잡으려 했으나 그들은 을지문덕 장군의 외교술에 마취되었고, 또 적의 위무사慰撫使 유사룡劉士龍이 말하기를 을지문덕을 붙잡으면 오히려 대국의 신의를 떨어뜨릴 뿐 아니라 고구려의 반감과 반격을 격화한다고 굳이 말렸으므로 우중문은 을지문덕을 그냥 보냈는데, 곧 후회해 급히 사람을 달려 보내어 "의논할 일이 있으니 다시 와 달라"고 을지문덕을 꾀었으나 그는 그것이 거짓말인 줄 알고 듣지 않고 바로 압록강을 건너 돌아왔다.*

* 수양제는 나중에 패배해 돌아간 뒤에 을지문덕을 놓아 보낸 죄로 유사룡의 목을 베어 국내에 선포했다.

적장들은 을지문덕을 놓아 주고 내심으로 불안을 느꼈다. 우문술은 군량 결핍을 이유로 회군하기를 주장하니 우중문은 노여워하며 "그대가 10만 대군을 가지고도 소적小敵을 쳐부수지 못하면 무슨 면목으로 황제를 대하랴?" 했다. 우문술 등

---

42 아무런 제한 없이 마음대로 늘리고 줄인다는 뜻.

은 총대장인 우중문의 말을 부득이 좇아서 여러 장군과 함께 날랜 기병(輕騎)을 거느리고 압록강을 건너 을지문덕을 추격했다.

을지문덕 장군은 적군이 기아에 빠져 있는 실정을 목도했으며 또 내호아의 수군과 식량선이 패수와 평양에서 전멸된 것을 보고 다시 4차 퇴각 지점을 평양으로 정해 적을 국내로 깊이 유도하려 했다. 그래서 압록강을 건너 적의 선봉장인 양의신楊義臣과 하루 동안에 일곱 번 교전해 일곱 번 다 거짓 퇴각하니 적군은 승승장구乘勝長驅의 기세로 쫓아왔다. 을지문덕 장군은 미리부터 청야 전술을 여행勵行한 위에 초토焦土 전술도 사용해 적을 방어하기 곤란한 길옆의 영책營柵을 모두 소각해 적이 손발을 붙일 곳이 없이 했다. 적은 살수(청천강)를 건너 평양성에서 30리쯤 되는 곳에 진을 쳤으나 성책城柵과 숙사를 얻지 못하고 산을 의지해 가영假營을 했다.

을지문덕 장군은 적이 이미 사지에 들어왔음을 알고 될 수 있는 대로 우리는 피 한 방울을 흘리지 않고 적군을 그냥 말려 죽일 계획을 세웠다. 을지문덕 장군은 거짓으로 화평 교섭을 의미하는 백기 하나를 평양성 위에 꽂고 다시 사람을 보내어 말하기를 "우리는 곧 화평 교섭을 준비하기 위해 토지와 인구의 문부文簿를 검사하고 정리하는 중이니 귀군이 5일만 성외에서 기다려 주면 곧 성문을 열고 맞아들이겠다"고 했다.

그때 적군은 내호아의 수군이 이미 전멸한 줄을 모르고 그들이 와서 협조하기만 고대하는 까닭으로 을지문덕의 요청을 거짓 응락했으나 5일이 지나도 성중에서는 아무런 통지도 없었다. 우문술은 자주 약속 이행을 재촉했으나 종시 소식이 없었다가 10여 일이 지나서 우문술은 할 수 없이 제군을 지휘하고 성 밑에 나아가서 공격의 태세를 취하면서 약속을 이행하지 않는 이유를 물은즉, 을지문덕 장군은 사람을 시켜서 회답하기를 "너희 수군과 식량선들이 전멸을 당하고 패잔병은 퇴각했으니 너희들이 이제 다시 기다려 무엇하랴?" 하니 성 위에는 고구려의 전기戰旗가 일시에 삼엄하게 꽂히면서 화살과 돌멩이가 비 오듯 하고 각처에 대기하던 군대들이 출동해 갑자기 습격할 자세를 보였다.

우문술 등은 그제야 을지문덕에게 전적으로 농락당한 줄을 깨달았다. 그들은 자기들의 수군과 식량선이 이미 전멸된 줄도 이제야 확실히 알게 되었다. 그 반면에 평양성이 험고한 동시에 방어전의 태세가 강력해 감히 접근해 침범할 수 없고 또 자기 장병들이 기아와 낙담으로 도저히 싸울 수 없었다. 나아가 싸우자니 힘이 없고 물러가자니 면목이 없어서 그들은 어찌할 줄 몰랐다.*

* 위에 말한바 이 평양성 위에 거짓 항복 깃발을 꽂았다는 것, 5일간을 약속한 것, 식량선의 패퇴를 통고한 것 등등의 사실은 《자치통감》이 인용한 《혁명기》와 〈고이〉에 기재되었는데, 이것을 보아 당시 전 전선에서의 기절묘절한 전투 광경이 얼마나 풍부했던가를 대개 짐작할 수 있으며, 《수서》의 등사에 지나지 않는 《삼국사기》가 너무나 사실을 소략한 것을 유감으로 생각하지 않을 수 없다.

06 │ 살수전투의 대승리와 적 주력부대의 전멸

을지문덕 장군은 적장들이 이 진퇴양난의 고경에 빠져 있는 줄을 잘 알았고, 또 그들이 자기 발로 걸어서 무덤 속으로 들어가게 하기 위해 최후로 한마디의 구실을 짐짓 던져 주었다. 그것은 무엇이었는가?

신기한 꾀는 천문을 연구하고(神策究天文),

묘한 계산은 지리를 궁통하도다(妙算窮地理),

싸워 이겨서 공이 이미 높으니(戰勝功旣高),

만족한 걸 알아 그만 그칠지어다(知足願云止).

을지문덕 장군은 이와 같은 한시 한 편을 지어서 우중문에게 보내어 그를 야유하면서 빨리 회군하기를 권고했다.*

* 지금 전하는 조선인의 오언 한시 중에 고구려 승려인 정법사定法師 의 〈영고석詠孤石〉43 다음으로 을지문덕 장군의 이 시가 제일 오래되었다.

---

43 《해동역사海東繹史》권47과 《대동시선大東詩選》권1에 전한다. 《대동시선》에 따르면 정법사는 "고

그러나 거만한 우중문은 이 시를 받고 을지문덕을 회유하는 뜻으로 회답했다. 을지문덕 장군은 다시 우중문에게 사자를 보내어 거짓 화의和議를 청하고 "만일 당신이 회군하면 나는 우리 임금을 모시고 귀국 황제의 행재소行在所에 가서 서로 만나겠노라" 했다. 이는 을지문덕 장군이 적군이 빙자해서 퇴각할 수 있는 구실을 주며 적국에게 극도로 불리한 기회를 만들어서, 자기편은 아무런 희생도 내지 않고 적을 일격에 섬멸해 버리려는 심산이었다.

　　적의 사령관들은 을지문덕 장군의 이 권고를 유일한 구실로 해 그것을 듣는 체하면서 방형진方形陣을 치며 총퇴각을 단행했다. 을지문덕 장군은 적군이 퇴각하는 길녘[44]의 여러 요소에 미리 대기해 두었던 복병에게 적군의 사면을 노려서 공격하게 하니 적군은 싸우면서 달아나다가 7월(임인일壬寅日)에 살수에 이르렀다.*

　　총퇴각하는 적의 대부대는 평양에서 약 200리를 전진해 가장 불리한 지점인 살수에 도달했다. 여

* 《수서》(권65 《열전》 30) 〈설세웅전〉에 "요동의 전역에 설세웅이 옥저도군沃沮道軍의 장수가 되어 우문술과 함께 평양에서 패배하고 백석산白石山에 돌아와서 유진하니, 고구려군이 백여 겹으로 포위하고 사면에 화살이 빗발같이 날렸다. 설세웅은 약한 군대로써 방형진을 치고 정예한 기병 200명을 가려서 먼저 침범하니 고구려군이 조금 물러가므로 곧 반격해 드디어 포위를 뚫고 돌아왔으나, 군대의 전사자 수가 너무 많아서 마침내 파면당했다" 하니, 설세웅이 백석산에서 포위당한 것도 이 적군이 평양에서 총퇴각했던 당시의 일이었다.

구려의 승려인데 일찍이 후주後周로 들어가서 그곳 표법사標法師를 종유從遊했다"고 한다. '영고석'의 내용은 다음과 같다(《해동역사》 권47).
"형석은 하늘에 우뚝 솟고/ 평호는 사방으로 틔었네/ 바위 뿌리는 언제나 물결에 씻기는데/ 나무 끝은 우거져 바람에 나부긴다/ 잔잔한 물 위에는 그림자 잠기고/ 자욱한 노을 속에 붉은 봉우리/ 군봉 밖으로 홀로 솟아서/ 흰 구름 사이에서 으즛하구나(逈石直生空 平湖四望通 巖限恒灑浪 樹杪鎭搖風 偃流還淸影 侵霞更上紅 獨拔群峰外 孤高白雲中)."

44　원문에는 길역으로 표기되었음.

기서 을지문덕 장군의 적에 대한 최대 섬멸전이 장렬하게 전개되었다. 고구려군은 적군이 살수를 반쯤 건너기를 기다려 맹렬한 습격을 가하니, 적의 우둔위장군 신세웅은 전사하고 적군은 기아와 피로에 아무 전투력도 없어서 걷잡을 수 없이 붕괴해 물에 빠져 죽고 화살과 돌에 맞아 죽고 서로 짓밟혀 죽은 자가 부지기수였으며, 남은 장병들은 제가끔 도망했다. 처음에 그처럼 위력을 자랑하던 적의 대군은 일조에 수포로 화하고 말았다. 이것이 우리 조국의 전쟁 역사에서 유명한 을지문덕 장군의 '살수대전승'이다.*

패전한 적군은 살수에서 1일 1야 동안에 450리를 달음질해 압록강에 다다랐다. 이들에 대한 고구려군의 공격이 얼마나 유효했던가를 또한 상상할 수 있다. 그때 적의 장군 왕인공王仁恭은 후위가 되어 겨우 고구려군의 추격을 차단했다 한다.

전기 적장 내호아는 패수에서 패퇴한 후에 빈 배만 타고 해상에서 두류하다가 우문술 등 패전의 보도를 듣고 그만 귀국했다 한다. 사마광 司馬光의《자치통감》주설에 의하면, 이때 내호아의 식량선이 패수에서 먼저 패퇴하지 않고 우문술 등의 제군을 성원했다면 우문술의 살수 패전이 없었으리라 했으니 이는 어느 정도 절실한 말이다. 세상 사람은 우문술 등이 살수에서 대패한 것만 알고 내호아가 평양에서 대패한 사실은 잘 모르고 있으니 이는 그 결과만 알고 원인을 모르는 것이라 할 수 있다.

처음 적의 9군이 요동에서 출발할 때에는 30만 5000명이라는 거대한 군대였던 것이 살수 대패를 겪고 요동에 돌아간 것은 겨우 2700

이었다. 그리고 내어 버리고 잃어버린 자재와 무기 및 군수품은 헤아릴 수 없을 만큼 막대한 수량이었다.

이 9군 이외 적의 10여 군과 어영 6군은 전기 요수 도하작전 이래로 요동성 및 기타 성들을 포위 공격했으나 하나도 성공하지 못했고, 다만 일시 점령한 것은 요수 서편 언덕에 있는 무려라武厲邏(요빈탑遼濱塔[45]의 부근 고구려가 도하장을 경찰하는 병참)뿐이었다. 그리고 3월부터 7월까지 4~5개월 동안 요하 동서에서 고구려군의 방어전 및 기습전과 말갈병의 후방 유격으로 적병은 무수히 사상됐고 오직 호분랑장 위문승의 패잔군 수천이 수양제를 보호해 동년 9월경에 동도東都[46]로 돌아왔다 했다.

요서에 '발착수渤錯水'[47]가 있는데 이는 물이 아니라 요수 부근에 유명한 200리 진창이며 또 요택遼澤[48]이라고도 부른다. 후일 당태종唐太宗의 〈요택매골조遼澤埋骨詔〉[49]를 보면 당시 수나라 군사가 이 요하 좌우에서 얼마나 많이 쓰러졌던가를 알 수 있으며, 이는 또한 당시 고구려군이 이 요택의 지리적 조건을 교묘히 이용해 요격 및 추격을 얼마나 효과적으로 실행했던가를 증명한다.

수양제는 신흥 대제국의 병력과 물력을 전부 동원해 무모한 침략

---

45   지금의 랴오닝성遼寧省 선양시沈陽市 신민현新民縣.
46   낙양을 가리킴. 본디 수나라의 수도는 장안이었으나 낙양으로 이전했다.
47   원문에는 착발수로 잘못 표기되었음.
48   요하 좌우 일대의 습지를 말한다.
49   조칙 내용은 다음과 같다(당태종 19년 4월).
      "詔曰: 頃者隋師渡遼, 時非天贊, 從軍士卒, 骸骨相望, 徧於原野, 良可哀歎. 掩骼之義, 誠為先典, 其令並收瘞之《구당서舊唐書》권199상《열전列傳》149상〈동이東夷〉)." 최익한은 이 조칙에 대해 〈요택매골조〉라는 이름을 붙였지만 자료에는 〈수예정요사졸조收瘞征遼士卒詔〉라고 나온다(《당태종문집》 권325 〈전당문 全唐文〉).

전쟁에 사용해 인민을 도탄에 쓸어 넣고, 또 대제국의 황제 자신이 직접 전투에서 지휘해 남의 나라를 강도의 발굽으로 밟아 버리려 했으나 결국 미증유의 패퇴로 마쳤다. 고구려의 무강한 역사적 전통과 애국 정신을 가지고 있는 장병들과 인민이 거족적으로 단결해 조국 호위에 영웅적으로 분투했으며, 이 위에 당시 영양대왕의 현명한 통제와 을지문덕 장군의 탁월한 군략이 확고부동하게 서서 있었으므로 수백만을 자랑한 적의 대군은 결국 돌을 때리는 달걀처럼 저만 깨지고 말았다. 이번 승리는 고구려의 강대한 위력을 세계적으로 확증했다.

이번 전쟁에서 특기할 것은 고구려가 백제를 연결해 신라를 견제하는 데 외교적으로 성공했다는 점이다. 신라 진평왕은 고구려의 위압에 고통을 느끼고 전년(임신 즉 진평왕 33)에 사자를 수나라에 보내어 고구려를 치기 위해 출병하기를 청하니 수양제는 허락했다. 또 그가 침략 전쟁을 하기 직전에 백제 무왕武王(부여장夫餘璋)은 미리 고구려와 내통하고 사자를 수나라에 보내어 짐짓 고구려를 공격하기를 청하니, 양제는 백제에게 고구려의 내정을 탐지해 달라고 부탁했으나 백제는 도리어 수나라의 출병 기일 및 기타 비밀을 고구려에 알려 주었고, 수나라 군대가 요수를 건너올 때에는 자국의 국경선에 군대를 집중해 수나라 군대를 성원한다고 표시했으나 실상은 수나라군대를 방어했으며, 또 신라를 견제해 신라의 고구려 후방 침입과 수나라와 작전 연락을 할 수 없게 했다. 후에 나당동맹唐羅同盟에 대항해 연개소문이 여제연합麗濟聯合을 결성한 것은 을지문덕 장군의 외교적 전통을 계승한 것이었다.

07 | 수양제의 2차, 3차 침입,
고구려의 연속 승리와
수나라 왕조의 멸망

이번 전쟁에서 섬멸적인 패배를 당하고 돌아간 수양제는 그 패전의 책임을 우중문, 우문술 등 제 장군에게 전가해 그 관직을 빼앗고 감옥에 가두었다. 그러나 이것으로서는 도저히 자기의 실패를 변호할 수 없었다. 허영과 횡포로 화신한 그는 일패도지一敗塗地한 자신의 위신과 자기 왕조의 퇴세를 만회하기 위해 침략의 막을 다시 열려고 했다.

이듬해(영양대왕 24, 수나라 대업 9, 613) 정월 즉 수양제가 1차 침략을 개시한 후 1주년만이었다.

양제는 전국의 군대를 탁군에 재차 집중하게 하고 요동고성遼東古城(현재 하북성 영평부永平府, 즉 고구려 태조가 요동과 요서를 차지한 뒤에 한나라 요동에서 이 땅에 옮겨 설치한 것)[50]을 수축해 이곳에 군량을 저축하게 했다. 양제는 여러 장군의 전번 패전은 군량이 결핍한 까닭이요 싸움을 잘못한 죄가

---

[50] 최익한의 이러한 고증이 어디에 근거한 것인지 알기 어렵다. 《삼국사기》《고구려본기》〈태조왕 3년조〉에 요서에 10성을 쌓았다는 기사가 있는데 이를 가리키는 듯하다.

아니라고 국내에 포고하고 우문술 등에게 다시 관직을 돌려주고(우중문은 이미 사망) 재차 고구려 침략을 계획하게 했다. 그리고 내호아에게 수군을 편성하되 민정民丁을 모집해 '효과군驍果軍'이라 하여 군대의 수량을 보충하게 했다.

그러나 수나라의 인민은 전번 동원 때에도 고구려의 무강을 겁내며 또 침략 전쟁이 자기들에게 아무런 이익을 가져올 수 없는 것을 깨닫고 도망한 자가 많았거늘 하물며 크게 패전한 나머지에 어찌 죽으러 가기를 좋아할 리가 있으랴? 그들은 자기 손발을 일부러 끊어서 병역을 면한 자가 많으며 소집에 응하는 대신에 "요동에 가서 부질없이 죽지 말라"는 노래도 지어 유포해 전쟁을 반대했다.

수양제는 신하들의 간언도 듣지 않고 또 전쟁 후 백성이 극도로 피폐해 각지에서 봉기하고 있는 국내 정세도 불고하고, 동년 4월에 자신이 요수를 건너 우문술과 양의신 등을 보내어 주력부대를 인솔하고 평양으로 향하게 하며, 왕인공에게 부여의 길로 나가서 신성新城(《자치통감》 주에 신성은 남소성南蘇城의 서쪽에 있다 하니 지금 심양 부근인 듯)[51]으로 진행하게 하며, 설세웅에게 답둔踏頓의 길로 향해 오골성[52]에 이르게 했다. 그러나 작년에 요동을 강점하지 못하고 평양을 진격했던 것이 실책이라 하여 이번에는 먼저 요동 각 성을 점령하기에 힘을 집중했다.

이때 고구려에서는 작년 전쟁에 큰 희생이 없이 미증유의 승리를 얻어서 사기는 극히 왕성하고 민심은 더욱 굳게 단결되었으며, 또 적의

---

51 현재의 연구에서 신성은 중국 랴오닝성 푸순시 고이산성에 비정한다.
52 오골성은 중국 랴오닝성 펑청시 봉황산성에 비정한다.

패주로 대량 획득한 물자, 무기, 차마, 포로 및 투항자들은 고구려의 군용에 막대한 보급이 되었다. 이번 적의 재차 침략에 대해 을지문덕 장군의 방어 전략은 원칙적으로 전번과 다르지 않으나 적이 작년과 같이 무모하게 유도되어 고군심입하지 않을 것을 예상하고 이번에는 요동 각 성과 해안 군항들을 수비하기에 더욱 만전을 기했다.

적의 명장 왕인공의 대군이 신성에 이르니 고구려군 수만은 잠깐 성외에서 성을 등지고 대항해 싸우다가 곧 성에 들어가서 굳게 지키며 적군을 성하에 늘키었다.[53] 수양제는 다시 여러 장군에게 명령해 요동성을 일제히 공격하게 하니 이곳에는 일찍이 없었던 장렬한 공방전이 다시 전개되었다.

적은 비루飛樓,[54] 당운제撞雲梯(높은 사다리), 지도地道(성 밑을 파서 들어가는 것) 등으로써 성의 사면을 공격하고, 양제가 보낸 베전대(布袋)[55] 백여만 개에 흙을 담아 쌓아 놓고 그 위에 넓이 30보나 되는 큰 길을 내는 소위 '어량대도魚梁大道'[56]를 만들어 성을 점령하려 하며, 여덟 바퀴를 달아 굴리는 누차(八輪樓車)로 성벽에 육박해 사격을 감행했으나, 지혜와 용기를 구비하고 또 전투의 경험을 가진 성중의 장병은 임기응변을 기묘하게 하여 20여 일이 지나도 조금도 동요하지 않았다.

이때의 요동성의 성주가 누구였는지 알 수 없으나, 후일 당태종 침략 군대의 철통 같은 장기간의 포위를 장렬하게 격퇴한 안시성주安市城

---

53 늘키다는 "시원하게 울지 못하고 꿀꺽꿀꺽 참으면서 느끼어 울다"는 뜻. 아마도 아무 대응도 하지 못하는 처지를 비유한 듯하다.
54 나는 것처럼 높이 세운 누각.
55 원문에는 '배전대'라고 잘못 표기했다.
56 높이가 성벽보다 조금 더 높은 어량(물고기를 잡는 장치)처럼 생긴 길쭉한 담벼락.

主와 함께 전쟁사에서 그 유예를 자주 볼 수 없는 수성 명장이었다.

이와 같이 을지문덕 장군의 지휘로 영용하게 진행하는 수성전은 지속되어 적군의 사상을 무수히 낼 즈음에, 수나라의 중신인 예부상서 禮部尚書(외무상과 교육상을 겸한 상) 양현감楊玄感이 동년 6월에 여양黎陽(지금 하남성 준현濬縣)에서 반란을 일으켰다는 보도가 군중에 도달하자 양제는 크게 황겁해 전투할 용기를 잃어버리고 각 부대에 일제히 퇴각명령을 내렸다. 그들은 물자, 무기 및 공격 기계 등을 산더미처럼 내버리고 밤 중에 남모르게 아무 질서도 없이 퇴주했다. 고구려군은 요수까지 추격해 섬멸을 가했다.

이와 동시에 적장 내호아는 동래 해구에 와서 수군을 거느리고 재차 바다를 건너서려 했으나 자신 없던 즈음에 양현감의 군대가 낙양을 공격한다는 급보를 듣고 그만 회군했다.

양현감[57]이 누구인가 하면 오랜 귀족의 아들로서 독서와 빈객을 좋아하고 양제의 신임을 얻어 벼슬이 예부상서에 이르렀으며 금번 2차 고구려의 침략을 위해 여양에서 군수 운송을 감독하고 있었는데, 그는 양제가 전번 크게 패배하고 돌아온 뒤로 국내 민심이 그에게서 이탈하는 것을 보았고 또 금번 출병은 양제의 패신망국을 촉진하는 행동으로 인정했으므로, 이 기회를 타서 "임금이 무도해 백성을 생각하지 않으므로 천하가 소동하며 요동에서 죽은 자가 수 만 명이다. 이제 그대들과 함께 기병해 인민을 구제하겠다"고 군중에게 선언하고 드디어 '반

---

57 ?~613. 중국 수나라 때 활약한 정치가이자 무장. 수양제를 옹립하는 데 최고 공로자인 재상 양소楊素의 맏아들로, 613년 양제가 고구려를 공격하고 있을 때 낙양 근처에서 반란을 일으켰으나 곧 진압되자 자살했다.

란'을 일으키니 이에 호응 궐기하는 자가 광범하고 다수했다.

이때 양제를 수종해 온 병부시랑兵部侍郎 곡사정斛斯政은 양현감과 친밀한 관계로 불안을 느껴 동년 6월에 고구려 사령부에 와서 투항하고 고구려군을 도와 백애성白厓城[58]에서 수나라 장군 염비를 대항해 싸웠다. 고구려는 곡사정을 통해 수나라의 내란 정세를 잘 알고 적군을 몰아 추격해 적의 후군을 크게 섬멸했다.

수양제의 2차 침략이 또 실패로 돌아감에 따라 수나라 왕조는 파멸의 위기에 빠진 반면에, 고구려의 무강한 국위는 을지문덕 장군의 영명과 함께 동방 제국에 떨쳐졌다.

그러나 이와 같이 실패를 거듭하면서도 침략의 미몽迷夢에 오히려 사로잡힌 폭군 수양제는 다시 3차 출병을 계획했다. 그래서 이듬해(614) 2월 즉 2차 출병 후 1주년 만에 3차 출병을 개시하기 위해 그는 자기 신하들에게 문의하니 아무도 감히 말하는 자가 없었다. 양제는 독단적으로 전국 군대를 다시 징발해 여러 길로 진출하게 하고 3월에는 친히 탁군에 와 있다가 7월에 회원진懷遠鎭에 이르렀다.

전기 양현감의 반란은 비록 평정되었으나 국내는 벌써 크게 소란해 도처에 기아와 빈궁에 빠진 농민과 군인은 반군叛軍과 '거도巨盜'로 전화하고, 도로는 많이 통하지 못해 응소[59]하는 군인들도 약속을 지키지 않았다. 이뿐만 아니라 전기 고구려와 상통하던 돌궐은 수나라를 이반하고 중국에 침입할 태세를 보였다. 그리하여 수양제의 3차 침략은

---

58 보통 白崖城으로 쓰는데 여기서는 원문대로 두었다.
59 應召. 소집에 응한다는 뜻.

전연 불가능해졌다.

이때 내호아는 수군을 인솔하고 바다를 건너 요동반도 해안의 비사성에 와서 격전한 다음에 평양으로 향했다 하나, 실제는 자기 편의 육군과는 연락이 단절되었고 또 고구려군의 방어전이 강화했으므로 자신과 능력이 없어져서 양제의 명령대로 그만 회군했다.

그리고 고구려도 계속 응전하기에 피로가 없지 않았으며 적세를 자멸하게 하기 위해 예의 전술로 거짓 화의를 청하고 수양제의 요구로 적의 반신叛臣인 곡사정을 적진에 호송했다. 수양제는 진퇴양난의 궁경에 빠져 있던 판에 이것을 구실로 8월에 회원진에서 회군하고 거만한 여습餘習으로 고구려왕을 입조入朝하라고 했으나 왕과 을지문덕 장군은 일소에 부치고 말았다.

그러면 수나라군대의 전후 4회(수나라 문제 1회, 양제 3회) 침략은 무엇을 결과했던가? 침략에는 '패신망국敗身亡國' 네 글자뿐이었다. 이듬해(대업 11, 615) 8월에 양제는 안문雁門에 가서 돌궐에 포위를 당하고 나서는 병부상서兵部尚書 번자개樊子蓋의 권고로 돌궐을 토벌하기에 전력하기로 하고 요동의 전역은 정지할 것을 국내 국외에 선포했다. 그러나 때는 이미 늦었다. 이 뒤 3년이 지나지 않아(618) 수나라의 왕조는 영원히 사라지고 말았다.

반면에 고구려는 수나라의 강대한 침략 군대를 계속 섬멸한 위대한 승리를 기념하는 대건물인 '경관京觀'60을 요동에 세워서 국민의 애

---

60 고구려 때 전공戰功을 기념하기 위해 상대편 전사자의 유해를 한곳에 모으고 흙을 덮어 만든 큰 무덤이라는 설도 있다.

국심을 고무하며, 따라서 한인漢人, 백제, 신라, 거란, 돌궐, 일본 등 모든 이웃 나라와 종족을 위압했다. 이 수나라군대의 패퇴에서 후일 당태종의 침입에 이르기까지 만 30년 동안, 조국의 전쟁 승리의 위업이 빛나게 살아 있는 동시에 커다란 내우와 외환이 없었으므로 고구려의 부강은 그 역사에서 이른바 황금시대를 출현하게 했다.

후일 당나라의 침략적인 대군을 계속 분쇄해 버린 연개소문의 절세적인 위훈도 요컨대 이 을지문덕 장군의 위대한 승리를 공고한 전통으로 했다.

08 | 결론

중국 민족의 역사에서 수양제는 진시황, 한무제와 함께 대외 침략을 일삼았으므로 중국 사람들의 논평과 같이 '궁병독무窮兵瀆武(필요 이상으로 전쟁을 하고 무력을 남용하는 짓)'한 폭군이었다.

이는 동양적 봉건전제주의를 본질로 한 군국주의의 범죄자였다. 수양제 양광의 패신망국의 비참한 말로는 오로지 고구려 침략의 실패에서 얻은 결과였다. 그는 영용 과감한 고구려의 군대와 인민에게서 섬멸적 패배를 3차례나 거듭하는 동안에 자기 나라 인민의 전반적 이탈을 야기했으며, 관중關中(섬서성)에서 일어난 당나라의 이연李淵, 이세민李世民의 부자에게 왕조를 빼앗기고 강도[61]에서 두류하다가 마침내 그의 부마 우문화급宇文化及(우문술의 아들)에게 피살되고 말았다.

이리하여 우리 명장 을지문덕에게 영도된 고구려의 인민과 병사들은 침략을 반대하고 조국을 보위하는 전쟁에서 절대 우세한 적을 능히

---

61 江都. 현재 난징 부근.

분쇄해 그로써 재기 불능케 했을 뿐만 아니라, 그들의 위대한 승리는 한 걸음 나아가 전쟁을 반대하고 평화를 애호하는 적국의 인민에게 자기들을 침략 전쟁의 도구로 삼는 폭군의 지배에서 탈출케 하는 데 거대한 방조를 주었다.

그리고 수양제와 을지문덕 장군의 전쟁적 관계를 정당히 이해하는 사람이면 반드시 근세 세계사 가운데서 이와 절실히 유사한 실례를 연상하게 될 것이다. 그것은 무엇인가? 즉 고구려 원정에 실패한 수양제의 말로가 모스크바 원정에 실패한 프랑스 나폴레옹 1세의 말로와 같다고 하면, 동시에 고구려를 수양제의 침략에서 구출하고 교전국·중국 인민에게 반수운동을 촉발한 고구려의 을지문덕 장군은 러시아를 나폴레옹 군대의 총칼에서 구출하고 따라서 유럽 인민에게 반나폴레옹 전쟁을 촉진한 러시아 명장 쿠투조프[62]와 다르지 않다고 할 것이다.

그 기본적인 전략에서도 이 두 장군이 서로 흡사했다. 자기의 주력은 확보하고 적의 역량만을 소모하게 해서 타도하기 쉽게 만들고 적이 할 수 없이 퇴각하게 한 다음에 적을 완전히 또는 최후로 분쇄해 버린 것이다. 시대와 민족의 구별이 현격함에도 이 두 장군의 전략적 사상이 이처럼 일치한 것은 대단히 흥미 있는 사실이다.

레닌은 클라우제비츠[63]가 그 노작 가운데서 마르크스주의적 견지에서 정당한 명제 즉 "어떤 불리한 조건에서의 퇴각은 진공과 마찬가

---

62 1745~1813. 러시아의 군사령관. 원문에는 꾸뚜조브라고 표기돼 있다. 본명은 Mikhail Illariono
    vich Golenishchev-Kutuzov. 1812년 나폴레옹의 러시아 침공을 격퇴했다.
63 1780~1831. 카를 필리프 고틀리프 폰 클라우제비츠Karl Phillip Gottlieb von Clausewitz는 프로이센
    왕국의 군인이자 군사 사상가.《전쟁론》의 저자. 원문에는 클라우제비취라고 표기돼 있다.

지의 합법적 투쟁 형태"라는 것을 확충했음에 대해 그를 칭찬했다.

　이러한 견지에서 스탈린도 잘 조직된 반공은 진격의 흥미 있는 형태로 생각했다. 스탈린은 군사과학의 논평에서 "고대 파르자[64]인들도 벌써 이러한 반공을 알았으므로 그들은 로마군의 사령관 크라스[65]와 그 군대를 자국 내에 깊이 끌어들인 후에 반공을 가해 로마군을 패배하게 한 것"이라고 하며 또 "우리나라 천재적인 쿠투조프 사령관도 이것을 매우 잘 알고 있었던 것"이라고 하여 높이 평가했다.

　만일 우리도 을지문덕 장군의 전략과 고구려 역대 여러 사령관의 전승사를 옳게 이해한다면, 그들이 가끔 적의 대군을 자국 내에 깊이 끌어들인 후에 기민하게 반공해 섬멸적 타격을 가한 것이 군사 예술상 얼마나 천재적이며 흥미 있는 진격의 형태였던가를 잘 인식할 수 있다. 특히 을지문덕 장군의 살수 섬멸전은 세계 반공전의 역사에서 가장 우수한 모범임을 우리는 또한 인식하지 아니하면 안 될 것이다.

　끝으로 한 가지 사실, 그러나 중대한 사실을 지적할 것은 무엇인가 하면 을지문덕 장군은 위대한 전략가인 동시에 정치가였다. 모든 기록이 그의 전략을 단편적으로 암시하는 것 이외에 아무런 구체적인 사실이 없으나, 그가 당시 고구려의 군사상 총사령관이었을 뿐만 아니라 정치상 현명한 대재상大宰相으로서 부강한 고구려의 황금 시기를 조성한 주동적인 인물인 것을 보아 더욱 증명된다.

64　파르티아제국.
65　마르쿠스 리키니우스 크라수스Marcus Licinius Crassus(기원전 115년경~기원전 53년). 로마 공화정의 군인이자 정치가였다. 로마는 기원전 53년 메소포타미아를 침공했으나 카레전투에서 파르티아의 수레나스 장군에게 대패했는데, 로마군 최대의 참패 가운데 하나로 기록된 이 전투에서 지휘관 크라수스 부자가 전사했다.

또 그가 적장에게 보낸 시편을 보면, 그것이 비록 20자의 단시이나 웅혼전아雄渾典雅한 기상은 장군의 인격을 방불케 하며 또 장군의 병서, 도서道書 등에 관한 지식을 반영했다. 또 그 시의 격조가 그 시대 육조 시풍 특히 '영명체永明體'[66]를 표시한 것으로 보아 장군은 문학적 소양 또한 깊었다고 짐작할 수 있다. 그러므로 장군은 문무겸전文武兼全한 위인이었음을 우리는 판정하기에 주저치 아니한다.

끝으로 또 한 번 더 강조할 것은 장군의 전기에서 우리 인민이 얻을 바가 크다. 수양제의 침략 군대를 격퇴하고 조국의 자유와 독립을 고수한 을지문덕 장군의 위대한 애국 사상과 탁월한 전략적 전통은 현하 미영 제국주의 침략자들을 반대해 조국 해방 전선에서 영웅적으로 싸우고 있는 우리 장병들의 용기를 고무 격려하며 승리에 대한 자신심을 확고케 해 주고 있다. 이는 1천 수백 년이나 되는 세대의 거리로써 조금도 저해되지 않는다.

---

66 중국 제나라 무제 연간에 유행한 시의 문체. 시가의 창작에 기교를 중시해 가지런한 대구, 화음의 청각적인 아름다움 등 형식의 아름다움을 추구했다. 그러나 형식상 요구가 지나치게 까다로워 이러한 규칙을 지켜 시를 짓기 어려웠다. 무제의 영명 때에 성행했기 때문에 영명체라 한다. 최익한은 한시에 밝았는데 을지문덕이 우중문에게 보낸 시를 영명체라고 판단한 듯하다.

《삼국유사三國遺事》에 〈고려(고구려)고기〉의 일단을 다음과 같이 인용했
다.[67]

　　수양제가 대업 8년 임신에 30만 병을 거느리고 바다를 건너와서 공격했
　　으며 10년에 고려왕이 표문表文을 보내 화친을 칭하려 하니, 그때에 한
　　사람이 소노小弩를 자기 품속에 가만히 지니고 표문을 가진 사신을 따라
　　가서 양제 있는 배 가운데에 이르렀다. 양제가 그 표문을 들고 읽는 기회
　　를 타서 그는 품었던 활을 내어 쏘아 양제의 가슴을 맞혔다. 그래서 양제
　　가 회군하려 하며 자기 신하더러 일러 가로되 내가 천자로서 친히 소국을
　　치다가 이기지 못했으니 만대에 부끄러워 할 바이다….

　　《수서》등 중국 기록들에는 상기한 사실을 볼 수 없으니 당시 중국

67　《삼국유사》권3《홍법興法》, 〈보장봉로보덕이암寶藏奉老普德移庵〉

지배계급의 어용 사가들이 이런 것을 숨겼음은 물론이다.

당시 고구려 당사자들이 몇 번이나 거짓 강화하는 가면을 취한 전술과 조국을 사랑하는 인민이 적개심에 불탔던 사실들을 비교 참조해 볼 때 이는 있을 수 있는 일이다. 그리고 이 사실이 있었다면 그 시기는 아마 고구려에서 곡사정을 압송하고 수양제가 최후로 패퇴했던 때였을 것이며, 따라서 수나라 대업 10년 갑술의 10월경이 아니라 7월경이었을 것이다. 10월경에는 양제가 벌써 동도에 돌아간 때였다.

'양煬'의 글자에는 '호내원례好內遠禮', [68] '거례원위중去禮遠違衆', [69] '역천학민逆天虐民'[70]이란 세 개 의미가 포함되어 있다. 이는 수양제 양광이 죽은 뒤에 '양제'란 시호를 뒷사람이 준바 그의 평시의 악덕을 평정한 것이다.

---

68 여자를 좋아하고 예를 멀리한다.
69 예를 내치고 중신을 멀리한다. 원문에는 '거례위중'이라고 써 있다.
70 하늘을 거스르고 백성을 해친다.

연개소문

서언

고구려의 2대 조국 전쟁 역사에서 연개소문은 을지문덕과 함께 쌍벽적인 존재였다. 요컨대 연개소문은 을지문덕의 위대한 건승의 전통과 위력을 계승했던 것인 만큼 침략을 반대하는 전쟁에 관한 자신과 경험은 을지문덕에 비해 유리했을 것이다.

이 반면에 그의 상대자인 당태종은 수양제와 같은 폭군이 아니고 문치와 무략이 당나라 사람의 이른바 백왕百王에 뛰어났으며, 게다가 지혜와 용맹이 우수한 신하가 다수히 전선에 참가했으니 이 점에서 연개소문은 을지문덕보다 불리한 형편에 처했다.

그러나 연개소문은 이러한 난점을 돌파하고 천하무적을 자랑하던 동양 대제국의 침략 군대를 계속적으로 분쇄해 조국 보위를 성과적으로 수행했으니, 이것이 을지문덕 장군과 함께 연개소문 장군이 우리 민족의 영웅적 영예를 천추에 누리는 정당한 이유이다.

연개소문 장군에 관한 사료도 우리 손으로 된 기록은 거의 없어져서 전하지 않으며, 《삼국사기》는 대부분이 신구 《당서》에 의거했다. 당나라 군대의 패전 사실들을 당나라 사가들은 고의로 은폐 또는 날조했기 때문에, 연개소문 장군의 신묘 발특¹한 작전 방략과 그의 지휘 밑에서 영용하게 분투한 고구려 인민의 애국적 의기²는 전연 말살되었다. 그러나 그의 대적자가 당태종뿐 아니라 당고종唐高宗, 이적李勣, 소정방蘇定方 등 명물들인 만큼 그들이 계속적으로 패전한 상태는 곧 장군의 위대한 승리의 내용을 여실히 증언한다.

그러나 노예 윤리와 사대주의가 유행하던 시대에 연개소문은 한 개 시역자弑逆者이며 호전好戰주의자로 소위 춘추필법春秋筆法의 부당

---

1 拔特인 듯. 《맹자》〈공손추장구〉 상, "有若曰 豈惟民哉 麒麟之於走獸 鳳凰之於飛鳥 太山之於邱垤 河海之於行潦 類也 聖人之於民 亦類也 出於其類 拔乎其萃 自生民以來 未有盛乎孔子也"의 집주에서 발특기야拔特起也(발은 특출나게 일어나는 것이다)라고 한 표현을 활용한 듯하다.
2 義氣인 듯. 정의감에서 우러나오는 기개.

한 낙인을 받고 있었다. 당나라 인사와 신라의 사당론자事唐論者[3]들은 서로 화응해 그를 국제적으로 모욕하고 중상하며 그의 조국 방위 전쟁의 위훈을 될 수 있는 대로 깎아 버렸다. 이제 그를 조국 수호의 위대한 영웅으로서 또는 강대한 당나라 침략 군대를 계속적으로 격파한 탁월한 전략가로서 옳게 인식하고 천명하려면, 무엇보다도 당나라 사람들의 오만 자태한 편견과 우리나라 옛날 선비들의 비열한 사대事大 맹종적 사상을 그의 사료에서 정확히 청소하는 것이 우리의 선결 문제가 될 것이다.

본편 〈연개소문 장군전〉은 〈을지문덕 장군전〉에 대해 일종의 자매편으로 볼 수 있으니 독자들이 아울러서 읽어 주기를 바란다.

---

3   원문에는 '事黨論者'로 잘못 기재됐다. 당을 섬긴다는 뜻으로 보인다. 이에 대비해 연개소문은 항당론抗唐論을 주장했다고 한다.

01 | 고구려의 종래 국제적 관계

당시 고구려의 국가 발전 과정이 이미 수세기의 장기간을 지나서 문화와 무력은 동양 제 민족 역사에서 우수한 지위를 점했으며, 또 수나라의 거대한 침략 군대를 4차례(598~614)나 격퇴한 후 고구려의 부강은 전성기에 달했다.

여수전쟁이 끝난 지 4년(618)에 개죽음을 당한 수양제를 뒤이은 말왕末王 공제恭帝는 당나라의 이연(당고조)에게 왕조를 빼앗겼으며, 그 반면에 고구려의 영양대왕은 승리와 정의의 광영 속에서 세상을 떠났고 (양제는 전년에 피살됐고 을지문덕이 서거한 해는 미상), 대왕의 배다른 아우 고건무가 왕위를 계승했으니 이는 즉 영류왕이었다. 그는 일찍이 수양제 1차 침략 시에 평양, 패수의 사이에서 적의 장군 내호아의 4만 수군을 일거에 섬멸한 전역에서 기공奇功을 세운 명장이었다.

수나라 침략을 격퇴한 고구려의 미증유한 승리의 위력은 첫째 한족에게 고구려에 대해 크게 두려워하게 했으며, 둘째 서북의 거란, 돌궐과 남방의 백제, 신라와 해외의 일본까지 모두 고구려의 위풍에 눌리

게 했다.*

이때 중국에서는 수양제가 고구려 침략에서 여지없이 패배했으므로 그 국내 인민은 크게 '반란'했으며, 그중 괴웅魁雄 이연(장래 당고조), 이세민(장래 당태종) 부자는 수나라의 신하로서 관중[5]에서 일어나서 수나라 대신에 당제국唐帝國을 건설했다(618).

16년간 장기 항전을 겪은 고

* 《일본서기日本書紀》의 〈스이코(推古)천황〉 26(618)년조에 "8월 계유삭. 고구려가 사신을 보내어 지방 산물을 선사하고 말하기를, 수양제가 30만 병을 일으켜 우리를 치다가 도리어 우리에게 패했으므로 포로 정공貞公, 보통普通 2명과 고취鼓吹, 노弩, 포석抛石 등 10종과 토산물과 낙타 1필을 보냈다"했으니, 이는 고구려가 전승의 위세를 해외에 선전하기 위해 전리품 일부를 일본에도 보낸 것이다.

또 이는 수양제가 1차 침략 직전(수나라 대업 4, 608)에 문림랑文林郎 배세청裵世淸[4]을 백제의 남쪽 바닷길로 일본에 보내어 그에게 고구려의 배후를 견제케 하려던 것에 대한 보복적인 국교였을 것이다.

구려도 국력 휴양이 필요했으므로 신흥한 당나라에 대해 사신 교환과 화평 공작을 게을리하지 않았거니와 이보다 당나라는 처음에는 고구려의 실력을 높이 평가하고 수양제의 실패를 깊이 경계해 고구려와 친선을 도모했다.

당나라 고조 이연은 일찍이 시신侍臣들에게 자기의 소감을 말하기를, 고구려가 신하로 자처하기를 강요하는 것은 수나라의 실패를 본받는 것이며 또 자기 존대의 헛된 이름만을 얻는 것이니, 금후 고구려를 '불신不臣의 예'[6]로써 대우할 것을 조서로 공포해 피차가 안심하고 교

4　배세청은 607년 견수사로 파견된 오노노 이모코(小野妹子)와 함께 답례사로 왜국에 파견되었다. 문림랑은 수대 문산계文散階의 하나. 원문에는 문림랑과 배세청 사이에 잘못 쉼표를 쳐서 마치 인명처럼 보인다.

5　중국 산시성 관중 분지를 가리킨다. 동쪽의 함곡관函谷關, 남쪽의 무관武關, 북쪽의 소관蕭關, 서쪽의 산관散關 등 네 관문의 중앙에 위치해서 얻은 이름이다.

6　자신을 섬기는 신하는 아니지만 예로써 대우한다는 뜻.

제하도록 해야 한다고도 했다.

그러나 온언박溫彥博, 배구 등 악신들은 당고조의 화평적인 교제정책을 반대했다. 배구는 일찍이 수나라의 총신으로서 양제를 그릇 인도하던 침략적 이론으로 다시 당나라 정책을 그르치려 했다. 즉 고구려의 요동은 기자의 나라며 한나라의 현도군玄菟郡이며 위, 진晉 이전에는 봉역封域 안에 가까이 있었으므로 그 나라 임금을 불신의 예로 허여할 수 없고, 또 고구려를 동등국으로 대우하면 이는 중국의 존엄을 모든 다른 이적夷狄에게 보일 수 없다는 것이었다. 이 침략 이론은 결국 다음 당태종의 허영심을 자극해 2의 수양제로 만들었다.

그러나 당나라는 초기에 그 국력으로나 고구려와 국교 개시를 최대의 다행으로 알고, 당고조는 고구려 영류왕 5년(당나라 무덕武德 5)에 왕에게 서한을 보내어 수나라의 실책과 양국 통화通和의 필요를 강조하며 양국 포로 교환을 청구했다. 그리하여 고구려가 당나라에 돌려보낸 한인漢人의 수는 수 만 명에 달했으며 당고조는 이를 크게 기뻐했다.

그리고 영류왕 7년에 당나라는 도사道士와 천존상天尊像[7] 및 《노자경老子經》을 고구려에 보내니, 국왕 이하 도인道人, 속인俗人 청강하는 자가 수천 명이라 했다. 이때 당나라의 형식주의로서는 고구려왕을 신례臣禮로 대우한다는 의미로서 역서曆書와 책봉장冊封狀을 보냈으나, 고구려 조정은 이것을 한족 통치계급의 일종의 관용적 외교 문서로만 인정해 구구히 교계較計[8]하지 않았고 조공칭신朝貢稱臣 같은 것은 절대

---

7   도교의 최고신을 형상화 한 것.
8   서로 견주어 따져 보고 살핌.

로 하지 않았다.

그러나 고구려는 이 신흥한 당나라에 대해 항상 경각심을 놓지 않았다. 영류왕 10년(627)에 이세민이 자기 형제를 손수 쏘아 죽이고 부왕 이연을 협박해 황제의 지위를 빼앗은 이후 돌궐을 격파하고 그 추장 힐리頡利[9]를 사로잡았으며, 또 고구려에 교섭해 전기 수양제 침략을 격파하고 그 승리를 표창한 일종의 전승 기념관인 '경관'을 헐어 버릴 것과 수나라군대 전사자들의 해골을 매장해 줄 것을 요구했으니, 이는 고구려의 독립과 화평을 위협하는 첫걸음이었다. 왕은 크게 우려해 만전의 준비로서 즉위 14년에 국민을 동원해 장성을 쌓으니,[10] 동북은 부여성부터 서남은 발해 연안까지 연장이 1000여 리며 그 공사는 16년의 긴 시일을 요했다고 한다.[11]

* * *

당시 우리 조선 반도 남부의 정세는 어떠했던가?

고구려가 서남으로 항상 한족과 전쟁을 계속하고 반도 남방의 발전에 전력하지 못한 관계로 신라, 백제 양국은 의연히 고구려의 남진을 방해하고 있었다. 그중 신라는 진흥대왕眞興大王 때에 와서 고구려 남평양인 한성漢城을 공략하고 북한산주北漢山州를 설치함으로써 국세를

---

9   돌궐의 왕 힐리가한頡利可汗(620~630 재위).
10 《삼국사기》 기록에 의하면 당이 경관을 파괴하기 이전에 장성 축조가 시작되었기 때문에 이미 고구려는 당의 침공에 대비하고 있었다.
11 이른바 고구려 천리장성인데, 현재 장성유적이 잘 확인되지 않아서 그 실체를 놓고 논란이 분분하다. 요하를 따라 구축한 장성이었다는 견해, 기존의 산성을 연결하는 장성이었다는 견해 등이 있다.

일변했다. 종래 반도 동쪽 일각에서 남해를 돌아 중국과 교통하려면 반드시 백제의 차단을 받지 않을 수 없었는데, 이제는 북한산주 서쪽 일대의 한강 입구와 인천, 남양南陽 등 여러 항만을 점령했으므로 직접 서해를 건너 중국에 들어갈 수 있으며, 또 항해 부대는 항상 정예한 승군僧軍 조직을 가졌다.

신라인이 한번 중국을 직접 왕래하게 되자 신라 진평왕은 일찍이 수양제에게 고구려 원정을 간청해 그의 내락을 얻었으나 여수전쟁 시에는 고구려의 방비와 백제의 견제로 꼼짝을 못하고 있었다가, 당나라 왕조가 일어나매 신라는 다시 신흥 당조의 병력을 빌려 좀 더 가까운 백제부터 먼저 공략하려 했으니, 이는 일찍이 수나라를 이용해 고구려를 쳐부수려던 종래 정책을 새로운 정세와 전략으로 변경한 것이었다.

특히 여수전쟁 이래로 고구려와 백제는 공수동맹을 맺은 반면에 신라와 백제의 관계는 일층 험악해져 서로 싸우지 않은 해가 별반 없었다. 당나라 황제 이세민은 신라의 보고로 조선 삼국 관계의 미묘성을 가장 잘 간파하고 신라를 지지해 조선에 무력간섭하는 동시에 신라에 고구려의 배후를 견제할 것을 기도했다.

이 모든 불리한 환경 속에서 고구려로서도 일층 방심하지 못할 것은 신라 세력의 강화였다. 신라는 진흥대왕 이후 진평, 선덕善德 양왕 시대에 경제와 문화가 바야흐로 크게 발전한 한편, 김춘추金春秋(장래 신라의 태종太宗 무열왕武烈王), 김유신 등 절세의 영걸들이 정치, 외교, 군사 각 방면에서 민활한 수완을 발휘해 당나라와 관계를 긴밀히 해 고구려를 동서 협공하려는 전략을 조직하기에 노력하고 있었다.

02 | 연개소문의 정변과
그의 항당정책

이미 간단히 논급한 바와 같이 고구려는 군사상, 외교상 대단히 불리하고 고립된 상태에 빠져 있었다. 그러므로 당시 고구려 조정의 많은 사람은 자기들의 목전의 안전을 위해 또는 회유와 위협을 겸용하는 당나라의 외교 술책에 끌려서 조공칭신을 조건으로 하는 굴종을 부끄러워할 줄 모르고 국가의 독립과 영예를 보존하는 고구려의 원칙적 국책을 그르치려 했다. 이는 결국에 고구려의 국민 전체를 적의 노예로 바치자는 것이었다.

이것을 철저히 반대하고 일어난 사람은 연개소문이었다. 그는 어디까지나 항당론抗唐論을 강경히 주장하고 대신 동료들의 비열한 태도를 배척했으므로 그에 대한 그들의 시기와 위구는 날로 심했다. 여기에는 또한 신라의 이간, 매수 등등 외교 공작이 틈을 타서 들어왔을 것도 사실이었다.

당시 국왕인 영류왕은 전기 평양, 패수 전투에서 수나라의 수군을 격파한 명장이었으나 당시 을지문덕 장군 일파의 정수론征隋論에는 반대했으며, 또 당나라와 관계에서 조정에 강연强軟 양파가 분립되었는데 왕은 연파의 지지자였다. 후일에 왕이 연개소문에게 살해되매 당태종은 왕이 생전 "조공을 계속했다(朝貢不絶)"고 과장한 동시에 적신賊臣에게 피살된 것이 심히 슬프다고 성명했으니 이는 물론 기만적 선전을 위한 논법이겠지마는, 하여간 왕은 강경한 항당론자가 아니고 일종 미온적인 친당론자였던 것을 짐작할 수 있다. 그리하여 저 비겁한 연파는 왕을 둘러싸고 기회를 엿보아 장차 연개소문을 죽이고 투항주의적 방향으로 나라를 인도하려 했다.

이 비열한 음모를 탐지한 연개소문은 국가적 견지로나 자기 개인적 입장으로나 저들에게 일대 철퇴를 내리지 않을 수 없었다. 영류왕 25년(642) 10월에 그는 자기 부내 군사를 소집해 관병식을 거행하겠다고 선언하고, 성남의 어느 적당한 장소에 주식을 풍부하게 차려 놓고 각부 대인大人(고구려 5부 족장)과 동료 대신들을 관병식에 초청해 놓고, 이에 소집한 군사에게 자기 주장을 반대하는 자 100여 명을 당장에 도살하게 하고, 곧 궁중에 들어가서 왕을 두 토막으로 베어 개천에 던지고 왕제의 아들 장臧을 세워 왕을 삼고(고구려의 마지막 왕 보장왕寶藏王), 자기는 정치 군사의 대권을 한 손에 장악해 모든 국사를 전제하고 전국에 호령해 독재관의 위력을 발휘했다.

《삼국사기》[12]에 의하면 영류왕 25년 정월에 왕은 서부대인西部大人 연개소문[13]에게 전기 14년에 시작한 장성의 공사를 감독하게 했다 하

---

12 원문에는 약칭으로 《史記》라고만 기재됐다.
13 연개소문의 출신 부에 대해서 중국 사서에는 이설이 있다. 《신당서》에는 연개소문의 아버지를 '동부대인'이라고 기록하고 있으며, 《구당서》에는 '서부대인 개소문', 《자치통감》에는 영주도독 장검의 장계

니, 어림컨대 왕은 이것을 기회로 연개소문을 조장에서 외방에 내어 보내서 정권에 간섭하지 못하게 했으나 연개소문은 도리어 이 기회를 이용해 부대 병권을 강화하고 드디어 정변을 단행했다.

* * *

연개소문은 이와 같이 정치와 군사의 모든 권리를 자기 한 몸에 집중한 다음에 대외정책에서는 나당 추축에 대항해 백제와 연결을 강화했다. 이제 잠깐 고구려와 백제의 종래 관계를 고찰해 보기로 하자.

백제는 원래 고구려와 동일한 부여 족속 즉 동종의 나라였지마는 고구려 장수왕長壽王이 평양에 수도를 옮기고(427) 남방 발전에 주력하므로, 이에 구축된 백제는 문주왕文周王 때에 한산漢山에서 웅진熊津(공주)으로 도읍을 옮기고(475) 항상 신라와 협조해 고구려를 대항했다. 그러다가 신라가 강화해 고구려에서 한산 지방을 탈취하매 백제 성왕聖王은 다시 남부여로 옮기고(538) 이후부터는 고구려와 연결해 신라를 고립되게 했다. 이는 고구려의 입장으로서도 대단히 유리했다.

전자 수양제가 고구려에 1차 침입하기 직전에 백제 무왕은 고구려와 내통하고서 사신을 보내어 수제에게 고구려를 공격하기를 청하니, 수제는 이를 믿고 백제에게 고구려의 내정을 탐지해 달라고 했으나 백제는 도리어 수나라의 출병 기일 및 그에 관한 비밀을 고구려에 알려

를 이용하여 '동부대인 천개소문'이라고 기록하고 있다. 《삼국사기》는 《구당서》의 기록을 딴 듯하다. 이 기록들을 전반적으로 검토하면 연개소문의 출신 부는 '동부'일 가능성이 높다.

주었고, 수나라군대가 요수를 건너올 때에는 자기 국경에 군사를 집결해 수나라군대를 원조한다고 선언하나 실상은 수나라를 방비한 동시에 신라의 고구려 후방 충격

* 대야성은 지금 경상남도 합천군陜川郡이다. 영류왕 25년(642) 즉 말년 8월에 백제 의자왕義慈王은 장군 성충成忠을 보냈는데, 성충은 신라의 대야성을 공격하고 동시에 김춘추의 사위이자 성주인 김품석金品釋과 그의 처자 및 기타 장군 다수를 죽였다.

을 견제했다. 이는 위대한 명장 을지문덕의 백제에 대한 외교정책의 현명한 이면을 보여 준 것이다.

영웅 연개소문도 요컨대 선배의 이러한 외교정책을 답습했다. 그는 자기 정권을 확립한 다음에 일면으로는 곧 닥쳐오는 당나라의 침략에 대비해 국방을 강화하고 타면으로는 백제와 더욱 연결해 신라를 견제하려 했다. 실례로서 연개소문이 정변에 성공하자 신라는 대야성大耶城의 치욕*을 보복하기 위해 즉시 김춘추를 고구려에 보내어 종래 적대적 관계를 잊어버리고 신라의 백제 공격에 원조해 줄 것을 청했으니, 이는 고구려, 백제 동맹 대신에 신라, 고구려 동맹을 새로 체결하자는 것이었으나 연개소문은 이것을 거절하고, 도리어 백제를 도와 신라 서부의 고을들을 빼앗아 한강 유역의 옛 땅을 회복하려 하고 따라서 신라가 바다로 당나라와 교통하는 길목인 당항성黨項城(지금 남양만南陽灣인 듯)을 침공해 해상 통로를 봉쇄하려 했다.

이때 신라 영걸 김춘추가 고구려에 가서 곤란을 받자 거북과 토끼가 서로 꾀던 실화를 이용한 일도 있었으나 어쨌든 연개소문 장군은 김춘추의 영특한 인품을 인정하고 사관舍館과 접대에 몸소 특별히 예우했으며, 고구려, 신라 양국이 백제를 반대하는 전선을 조직하자는 김춘추의 요청에 대해 그는 고구려, 신라, 백제 삼국이 당나라를 반대하

는 동맹을 결성하자고 권고했다.[14] 그러나 김춘추는 백제에 깊은 원한이 있어서 동의하지 않았으므로 천재일우인 양 거두회담은 파열로 돌아가고, 나중에 삼국의 역사는 상호 투쟁을 일삼다가 결국 당나라의 침략을 유리케 한 결과에 떨어지고 말았다. 만일 이때 연개소문의 주장대로 두 영웅의 합의 밑에서 삼국이 반당동맹을 결성하고 대외적으로 일치 행동했다면 조선의 장래는 더욱 발전적인 국면을 타개했을 것이다.

연개소문의 반당 전선을 위한 외교 공작은 백제뿐만 아니라 멀리 서북 여러 종족에도 손을 뻗쳤다. 거란(내몽고 동쪽과 흥안령 부근에 위치한 동호東胡의 일종), 돌궐(내몽고)의 여당은 물론이요 설연타薛延陀(서몽고), 토욕혼吐谷渾 등에도 밀사를 보냈으며, 철륵鐵勒(외몽고)과는 말갈을 통해 교섭했는데 만일 당나라가 고구려를 침범할 때에 철륵은 당나라의 후방을 공격하겠다는 것을 약속했다.

---

14 연개소문이 삼국이 당나라에 반대하는 동맹을 결성하자고 한 내용은 역사 기록에서는 확인되지 않는다.

03 | 고구려와 당나라의 교전 직전의 정세

연개소문은 정치상 독재를 실시하고 그의 반당정책은 국민에게서 지지받았으며, 나라를 다스리는 데에 인민을 잘 휴양하게 하고 병사를 잘 훈련했으며, 문화정책은 당나라와 경쟁해 교화 방면에서 신교의 자유를 허용했다. 보장왕 2년(643) 3월에 그는 왕에게 다음과 같이 건의했다.

> 유儒, 불佛, 도道 삼교는 솥발(鼎足)과 같아서 하나도 없어서는 안 될 것인데, 이제 우리나라에 유교와 불교는 성행하나 오직 도교가 미약하니 이는 천하 교술을 널리 섭취하는 방침이 아니니, 원컨대 이제 사절을 당나라에 보내어 도교를 수입해 우리 사람을 가르쳐야 할 것입니다.

왕은 이 말을 대단히 옳게 여겨 서한으로 도교를 보내 주기를 청하니 당태종은 《도덕경道德經》과 도사 숙달叔達 등 8명을 보내왔다. 왕은 그들을 불사佛寺에 두었다. 이는 연개소문이 당나라 문화를 수입하는 것을 국내의 필요로 생각했다는 뜻이며 동시에 교당交唐정책에도 중대한 의의를 가졌다.

첫째 당나라를 대항하자면 무력 준비는 물론이지만 문화에서도 적의 장점을 섭취해 국민의 교화 사업에 공헌해야 할 것.

둘째 당태종과 같이 인민에게 신교의 자유를 인정하는 것은 지배 계급의 통치에 대한 인민의 불평과 항쟁의 세력을 분산 완화하는 데 유효한 것.

셋째 고구려 국내에 유교와 불교는 기성세력으로 존재해 연개소문의 정책에 그들의 반대와 논의가 없지 아니했으므로 새로 도교의 세력을 조장해 자기를 지지하는 정치적 지반을 쌓으려는 것.

넷째 도교의 부주도참符呪圖讖과 산천진제山川鎭祭와 천신숭배 등의 형식은 부여와 고구려의 종래 풍속과 신도神道에 대해 유교, 불교보다는 융합성이 더 풍부해 고구려 국가를 수호하는 데 필요하다고 인정한 것.

다섯째 당나라는 유교, 불교보다도 도교를 오히려 더 숭상해 국교로 삼으니 그에게 도교 파송을 청구하는 것은 당태종의 고구려에 대한 감정을 완화할 수 있는 것.

여섯째 구교求敎의 기회를 이용해 왕래하는 문화 사절이 적국의 정치적 구사적 내용을 탐지할 수 있을 것.

이 모든 것이 연개소문의 명민한 두뇌 속에 응당 타산되었을 것이다. 이때 "불교사원을 도관道舘으로 만들고 도사를 존대해 유교 학자들의 윗자리에 앉혔으며 도사들은 국내 유명한 산천을 순력하여 진제鎭祭했다"《삼국유사》). 이것은 연개소문의 도교에 대한 정책의 일단을 말한 것이었다.

그러나 당태종은 고구려의 외교술에 도취되고 말기에는 너무나 간교했다. 그는 고구려를 침략할 것을 한 개 숙명으로 생각했으며, 연개소문을 자기와 양립할 수 없는 유일한 적수로 규정했다.

첫째로 소위 사이팔만이 모두 조공하는 그때에 오직 고구려가 문화와 무력이 대단히 강성해 당나라에 항쟁하는 것이 자기 위신에 대한 최대의 위협이었으며, 둘째로 고구려를 4회나 침략하다가 모두 실패한 수나라를 대신한 당나라로서는 고구려를 정복하지 못하면 자기 제국의 위신을 세울 수 없으며, 셋째로 신라와 멀리 결탁해 고구려와 백제를 개개 격파한 다음에 신라도 없애 버리고 한무제漢武帝의 4군 설치의 정책을 답습해 다시 동방의 우려가 없게 하려는 것 등 이러한 몇 가지 필요로 당태종은 연개소문의 존재를 일차적으로 타도하려 했다.

그러나 당태종은 연개소문이 절세한 영걸이란 것과 고구려의 군사적 수비가 강고하다는 것을 잘 알고 있었다. 그뿐 아니라 그는 먼저 자기 국내의 치안에 주력해 정치 조직과 군제 편성과 문화 장려 등 모든 방법에 이르기까지 10여 년간 많은 성적을 올리기에 성공했다.

그리하여 당태종은 보장왕 2년(642)에 그의 신하 장손무기長孫無忌[15]의 충고를 좇아서 연개소문의 '죄악'을 성토하는 출병을 잠깐 보류하고, 무력의 준비에 전력하며 사자를 보내 봉책封冊 등 형식으로써 무마책을 쓰고 연개소문의 정치적 실패를 대기하고 있었다. 그의 희망은 즉 연개소문의 정변이 반드시 고구려 자체의 파탄과 인민의 반항을 초래

---

15 ?~659. 당나라 초기의 대신으로 태종의 집권을 도운 인물. 태종의 부인 문덕황후의 오빠다.

하는 것이었다. 그러나 그의 희망과는 정반대로 연개소문의 정권은 날로 강화되며 그의 강경한 항당정책은 인민의 공고한 단결로써 지지되고 있었다.

* * *

그러나 당시 국제적 정세는 고구려와 당나라 사이에 폭발할 수 있는 위기를 시시각각으로 촉진하고 있었다. 이는 신라의 외교적 전술이 극히 효과적인 까닭이었다. 보장왕 2년(신라 선덕여왕 10) 9월에 신라는 당나라에 사자를 보내어 말하기를 "백제가 우리 40여 성을 빼앗고 다시 고구려와 연합해 신라가 당나라로 교통하는 길을 차단하려 한다" 하고 응원병을 보내기를 간청했다.

당태종은 고구려, 백제의 연합으로 신라가 약화되는 것은 곧 당나라가 고구려를 침략하는 데 불리한 조건으로 인정했다. 그리하여 이듬해 즉 보장왕 3년 정월에 당나라는 사농승司農丞이란 관직에 있는 상리현장相里玄奬을 보내어 "신라는 왕자를 볼모(質子)로 보내고 조공을 계속하니 고구려와 백제는 신라 치기를 중지하라. 만일 다시 치면 명년에 당나라는 출병해 고구려를 칠 것이다"라고 위협했다. 상리현장이 이 사명을 가지고 고구려 국경에 들어서는 때에 연개소문은 벌써 군사를 거느리고 신라의 두 성을 격파했다. 보장왕은 그를 소환하고 상리현장은 신라를 치지 말라고 권유했다.

그러나 연개소문은 "우리가 신라와 틀리게 된 것은 벌써 오래전부터의 일이다. 이전에 수나라군대가 우리나라를 침범했을 때에 신라는 이 기회를 타서 우리 땅 500리와 그 성읍을 모두 탈취했으니 우리 국토를 돌려주지 아니하면 우리는 공격을 그칠 수 없다"고 했다.*

연개소문은 이렇게 당제의 침략적인 염치없는 간섭을 강경히 거절했다. 그리고 그 뒤에 고구려 국정을 정찰하러 온 당나라 사신 장엄蔣儼을 굴방 안에 가두고 창검으로 위협하며 돌려보내지 않았다(나중 전쟁이 끝난 뒤에 비로소 돌려보냈다).

* 수나라군대가 고구려를 침범할 때에 신라가 고구려의 땅 500리를 탈취했다는 것은 《삼국사기》에 그런 사실이 없으니,[16] 이는 연개소문이 당나라 사신을 거절하는 구실을 만들어 낸 것이거나 그렇지 않으면 그전 한강 유역과 죽령竹嶺 이서의 옛 땅을 지적한 것이 아닌가 한다.

---

16 상리현장과 연개소문의 대화는 《삼국사기》 《고구려본기》 5 〈보장왕 3년조〉에 나오는데, 실제로 수나라가 침략했을 때 신라가 고구려의 땅 500리를 탈취했다는 사실이 없다는 뜻.

04 | 당태종의 침략과
연개소문 장군의 조국 보위에서의
쌍방 작전 태세

허영과 침략에 패신망국한 수양제의 전철을 밟으려는 이세민-당태종은 연개소문을 성토하는 죄목에서, 군주와 대신을 죽이고 인민을 학살하고 이웃나라를 침탈한다는 등등이 대개는 도리어 자기 성토가 되는 것을 파렴치하게도 반성하지 않았다.

첫째로 봉건사회의 윤리로 보아서 당제는 수나라의 신하로서 군주를 배반한 것, 둘째로 자기 아비 이연을 협박하며 자기 형제인 건성建成, 원길元吉을 자기 손으로 죽이고 황제의 지위를 강탈한 것, 셋째로 남의 민족과 국가를 침략하기 위해 명목이 없는 전쟁(無名之師)으로써 자국 인민을 사지에 몰아넣는 것은, 연개소문이 조국의 자주독립을 위해 정변을 일으키고 방위 태세를 강화하는 것과는 본질적으로 판이한 것이며 누구든지 용서하지 못할 죄악이었다. 당제의 연개소문에 대한 성토는 고구려의 인민에게는 아무런 영향도 주지 못하고 도리어 그들의 적개심을 자극했을 뿐이었다.

당제는 보장왕 3년(당태종 정관貞觀 18, 644)에 염입덕閣立德을 시켜서 홍洪, 요饒, 강江 3주에 가서 병선 400척을 만들어 군량을 싣게 하고, 영주도독 장검張儉 등을 보내어 유주幽州, 영주營州 두 도독 관하의 군사와 기타 잡병을 선발대로서 먼저 요동을 공격해 그 형세를 관찰하게 하며, 또 위정韋靖에

* 정원숙은 일찍이 수나라의 우무위장군으로 양제를 따라 요동에 출정했으며, 이때 이미 퇴직했으나 당제는 동년 11월에 낙양에 이르러 정원숙을 불러 보고 출병 가부를 물었다. 그는 대답하기를 요동은 길이 멀어서 군량 운반이 어렵고 또 동이는 수성을 잘하므로 쳐도 계속 이기기 어렵다고 하니, 당제는 지금의 당나라는 수나라에 비교할 바가 아닌즉 공은 다만 나의 의견에 복종하라 했다.

게 명령해 하북河北 제주의 군량을 영주에 저축하게 하고, 태복소경太僕少卿 소예蕭銳에게 명령해 하남 제주의 양곡을 해로로 운반하게 했다.

이때 당나라의 동태를 살핀 연개소문은 자기가 집정한 시일이 얼마 되지 않아 준비가 충분치 못하므로 적병의 출동을 조금 늦추려고 당태종에게 백금白金을 선사하고 또 관리 50명을 보내어 당제를 숙위宿衛하게 하려 하니, 당제는 자기를 농락한 줄 알고 접수하지 않았다. 그는 저수량褚遂良, 이태량李太亮, 울지경덕尉遲敬德, 정원숙鄭元璹*과 기타 제신의 심각한 간언을 듣지 않고 직접 자신이 고구려를 치러 가기로 결정했다.

그러나 소위 선발대인 장검의 군대는 요서에 이르러 요수가 불어 넘친 관계로 오래도록 건너지 못하고 헛되이 돌아왔었다. 이것이 벌써 침략군의 불리를 지리적으로 경고한 것이었다.

이듬해 즉 보장왕 4년(당 정관 19, 을사, 645) 2월에 당제는 친히 요동에 와서 대군을 지휘하려고 몸에 활과 화살을 차고 우의雨衣를 지니고 낙양을 떠나서 북행했다. 그러나 그는 전자 수양제가 요동 출정한 빈틈을 타서 그의 신하 양현감이 장난한 것을 극히 징계[7]해 국사를 태자와 이정李靖 등에게 위임했다.

그리고 형부상서刑部尙書 장량張亮[18]은 평양도 행군대총관行軍大總管이 되어 강, 회淮, 령嶺, 섬陝 여러 주의 군사 4만 명과 장안長安, 낙양의 모집 군사 3000명과 전함 500척을 영솔하고 내주해구萊州海口(산동반도의 연대煙台 부근)에서 출발해 바다를 건너 평양으로 향하며, 특진태자첨사特進太子詹事 이적(본명은 이세적李世勣인데 당제 이세민의 '세' 자를 피해 적이라고 했다)은 요동도 행군대총관이 되고, 우효위右驍衛 장군 정명진程名振은 이적의 전군前軍이 되어 보병, 기병 6만과 난蘭, 하河 두 주의 항호降胡를 영솔하고 요동으로 향했다.[19]

이것이 수륙군의 주력부대였다. 이들은 일단 유주(지금의 북경)에 집합한 다음에 수륙 병진하게 하고 당제는 이적의 뒤를 따라 전군을 친히 통솔했다.

이번 당나라 침략군의 태세와 작전 방략을 전자 수양제의 1차 침략군과 비교하면 다음과 같다.

첫째 병사의 수량[20]은 수양제 군대보다 대단히 적으나 질에서는 우수했다.

둘째 지휘와 통제에서 수나라군대보다 훈련되었고 작전에 대한 규율과 자신력이 강했다.

셋째 수나라군대의 장거리 연영連營식을 취하지 않고 기동 전술을

---

17 원문에는 '중계'로 기재됐다.
18 ?~646. 당나라 창업 공신.
19 이때 정명진은 장량이 거느린 수군 부대에 총관으로 참여하여 비사성 함락에 공을 세웠다. 최익한이 착오가 있었던 듯하다.
20 최익한은 당시 당군의 총수에 대해 적시하지 않았는데, 사서에 총수에 대한 언급이 없기 때문일 것이다. 이적이 거느린 군대 6만, 장량이 거느린 군대 4만 여 이외에 태종이 직접 거느린 본군이 10만여 명 정도로 추정되고, 여기에 장검이 거느린 영주 군사 등을 추가하면 대략 20만 명이 넘는 대군이다.

취했다.

　넷째 수나라의 1차 출병에서 내호아의 수군이 평양에 고군심입한 결과 실패한 것을 당제는 크게 징계해, 수륙군이 일단 요동반도 해안 즉 비사성卑奢城(또는 卑沙城이라고도 쓴다) 부근에서 긴밀히 연결한 후에 평양으로 수륙 병진해 내호아 수군의 3차 진군 노선을 답습하려 했다.

　다섯째 1착으로 요수의 상류와 하류에서 동시 도하해 불의의 습격으로 요동의 여러 성을 점령한 후에 평양으로 진격해 후방의 차단 및 방해의 우려가 없게 전략을 정했으니, 이는 수나라군대의 2차 출병 시의 방략을 취한 것이다.

　여섯째 전자 수나라군대는 치중부대가 너무 호대해 행군이 민속하지 못하고 또 고구려군대의 습격 차단의 대상이 되기 용이했으나, 이번 당군은 치중부대를 될 수 있는 대로 간편하게 만들고 소와 양을 다량으로 몰고 와서 운반의 노력을 절감하는 동시에 군량 보충의 식료로서 수시로 사용하려 했다.

　일곱째 군대는 정예와 기민을 주중해 단기 작전을 목적했다. 즉 초여름에 요동에 진출해 이른 추위가 오기 전에 개선하려는 것이었다.

　여덟째 당제는 백제와 신라에 각각 통고해 응분의 출병으로써 평양도 행군대총관 장량과 연결해 그의 절제를 받아서 고구려를 공격하게 했다.

* * *

이와 같이 무적을 자랑하는 당나라군대의 침입에 대해 연개소문 장군의 대항 전략은 과연 어떠했던가?

첫째 당시 고구려의 상비 병력
에서 그 뒤 발해의 대문예의 말에
의하면, 고구려는 군사 30만으로
써 당나라를 항적했다 하니 이때
연개소문 장군의 지휘로 약 30여

만의 군대가 무장했을 것이며, 병력 배치에서는 요동 각 성에 약 20만, 압록강 이북과 평양 일대에 약 10만, 해안 각지의 방비에 수군이 수만 명, 남으로 신라를 방비하는 데 수만 명이 또한 필요했을 것이다.*

둘째 최고 지휘자는 물론 연개소문 장군 자신이었으며 각 요새지의 장령들은 수성전守城戰에 노련 용감한 인물을 특히 선발해 배치했다. 그리고 적의 정세 및 동태를 기선적機先的으로 탐지하기 위해 강력한 첩보망을 조직했는데, 이때 당제에게 포착된 고죽리高竹籬는 그중 최대 모험가의 한 사람이었다.

셋째 각 성에 대한 병력을 중점적으로 배치했다. 즉 요동 일대에서 수개 성이 함락 또는 철퇴되더라도 중요한 성 몇 개만 보전하면, 이것을 근거로 하여 유격과 기습을 감행하고 따라서 적군의 평양 진격을 견제 또 저지할 수 있는 것이었다.

넷째 청야, 수성, 유도 및 기동 전술은 고구려의 적군 방어에 대한 전통적 전략이었으므로, 이 점은 연개소문 장군과 을지문덕 장군의 사

---

21 1415~1482. 조선 전기 문신. 이른바 훈구파勳舊派에 속하며 조선왕조의 자주성을 강조했고, 여러 분야에 대한 폭넓은 관심을 가져 많은 저술과 편저를 남겼다. 특히 그의 문집 《눌재집》에는 조선 초기 문물제도의 창립과 정비에 관한 자료가 많은데 군정에 관한 글도 많다.

이에 아무런 원칙적 차이가 없었다.

　다섯째 적의 수륙군의 연결을 기민하게 차단하고 개개 격파의 전술에 치중했다.

　여섯째 요서 지대에서는 정면 교전을 전면 회피하고 요동의 수성전에 병력을 집중하되, 적의 주력부대가 요동에 들어와서 공성전攻城戰에 전력하는 때에는 요서 방면에 기병을 특파해 적국의 내지를 충격하는 태세를 취해 적의 후고後顧[22]를 촉진하려 했다.

　일곱째 요동 일대의 심지深地에 적을 몰아넣고 보급로의 차단과 측면 기습을 강행해 적에게 수미불고首尾不顧[23]하게 하고, 동시에 회피 및 유도 전술로써 지구전持久戰에 절대 주력하며, 이것으로 적을 피로와 곤란에 빠뜨려서 이른바 **"싸우려 하되 싸워 주지 않고 물러가려 하되 물러갈 길이 없게"**[24](강조는 최익한) 하는 전략을 취했다.

　여덟째 백제 의자왕과는 굳은 밀약을 체결해 신라가 당나라의 장량이 영솔하고 오는 수군을 원조하는 경우에는 그 빈틈을 타서 신라 변경을 습격해 신라를 견제하는 동시에 고구려를 간접 원조하게 했으며, 요수 동서에서는 말갈군대를 지휘해 적군의 후방을 교란할 것과 각 성을 응원할 임무를 수행하게 했으며, 서북 이족 즉 철륵, 설연타, 거란 등을 밀통해 당나라의 요동 출병을 기회로 중국 땅에 침입하도록 종용했다.

22　앞을 쳐다보고 뒤돌아본다(前瞻後顧)는 말처럼 어떤 일을 당해 용기를 내어 결단하지 못하고 두리번거리기만 한다는 뜻인 듯하다.
23　머리와 꼬리가 서로 돌아보지 못한다고 했으니, 서로 연결이 되지 않는다는 뜻인 듯하다.
24　《삼국사기》권21,《고구려본기》9,〈보장왕조〉, "求戰不得 欲歸無路".

05 | 요동 각지에서의 적
수륙군의 불리와 연개소문 장군의
전략적 승리

위에 말한바 피아 쌍방의 첨예한 전략 밑에서 실전 상황은 과연 어떠했던가?

동년 즉 보장왕 4년(을사, 645)에 육로 적군의 대총관 이적은 유주에서 대군을 인솔하고 4월 초에 요수의 상류를 건너 요동의 현도(봉천성 서부)에 이르렀고, 부대총관 이도종李道宗은 신성으로, 영주도독 장검은 건안성(무순 부근)으로 향했으며, 5월에 당제는 요수 하류를 건너 마수산馬首山에 이르렀다. 요동 벌판에 일대 공방전이 전개되었다.

이 당구唐寇의 대규모 침입에 대해 고구려 대막리지大莫離支(막리지는 '머리치', 고구려의 최고관) 연개소문 장군은 최고 지휘관으로서 친히 요동에 출전해 당제 이세민과 더불어 역사적인 쟁웅전爭雄戰을 결행하려 했다. 《삼국사기》에는 연개소문에 대해 아무런 말이 없으나 《구당서》의 〈장검전張儉傳〉에 의하면, 이때 당나라군대에 붙잡힌 고구려 척후병의 말이 막리지가 장차 요동에 도착한다 하므로 당제는 장검에게 명령해 군대를 거느리고 신성에서 그를 맞아 공격하게 했다. 이것을 보아서 연개소문 장군이 요동 전선에 직접 출동해 지휘했음을 알 수 있다.

당시 요서에서 요택(일명 발착수 즉 요수 서편 200리의 진창)을 거쳐 요수 하류 동안에 이르기까지 당나라군대는 아무런 저항도 받지 않고 일로[25] 침입했다. 그리하여 당제는 요택을 지날 때에 200리나 되는 진창에 인마가 촌보[26]도 옮기기 어려우므로 장작대장將作大匠 염입덕에게 명령해 흙을 운반해 진창을 메워서 한 줄기 길을 만들게 했으며, 이곳에 수나라 장병의 해골들이 널려 있음을 보고 당제는 "오늘 중국의 자제들이 거의 이 해골들의 자손이니 어찌 복수하지 않으랴?" 하여 자기 병사들에게 무도한 침략적 의식을 선동했다.

이렇게 통행 곤란한 지대에서 고구려군이 굳게 방어하거나 습격했다면 반드시 유리했을 것인데 연개소문 장군은 그냥 방임했다. 이는 적군의 첫 서슬을 피한 동시에 적군이 심지에 안심하고 들어오게 한 후에 수성과 기습으로 그들의 후방과 양도糧道를 차단해 기아와 피로에 빠진 적을 최후로 섬멸하려는 작전 계획이었다.

그러므로 요택에서뿐만 아니라 요수 동안에서도 을지문덕 장군이 일찍이 실행한바 조하阻河작전[27]도 연개소문 장군은 필요로 하지 않았다. 이것이 당제의 눈에는 장군의 실책으로 보이었을 것이나 장군은 도리어 당제를 자기 그물 안에 순조롭게 들어오는 고기로 간주했다. 그래서 쉽사리 도하한 당제는 요수를 건너선 후에 교량을 걷어 치워서 자기 장병의 결사적 각오를 환기했다.

---

25 ─路. 곧장이란 뜻이 있다.
26 寸步. 몇 발짝 되지 않는 걸음.
27 강을 막는 작전. 곧 살수대첩 때의 작전을 말함.

적장 이적은 유성(유서현)에 와서 회원(영원현, 청나라 때 금주부의 속원)으로 향해 요수 하류(전기 당제의 노선)를 건너갈 듯한 태세를 보여 고구려군의 주의를 이곳에 집중되게 하면서, 가만히 북편 통정通定(봉천성奉天省 요원현遼源縣 방면)을 거쳐 급속히 요수 상류를 건너 4월 초에 현도에 이르니 그곳 성읍들은 교전하기를 피하고 성을 굳게 지켰다. 연개소문 장군은 가시성加尸城의 병사 700명을 개모성蓋牟城(요동성 동북)에 보내어 지키게 했으나, 중과부적衆寡不敵으로 또 응원군이 제때에 도착하지 못했으므로 마침내 적군에게 함락되었다.

이적은 다시 요동성을 진격하니 이 성은 전자 수양제가 두 차례나 공격했으나 점령하지 못한 난공불락難攻不落의 요새였다. 연개소문 장군은 신성, 국내성國內城(지금의 집안현) 양 성의 보병 및 기병 4만 명을 보내어 구원했다. 적장 이도종은 기병 4000명을 이끌고 경솔히 덤볐는데, 그의 행군총관 마문예馬文乂는 고구려군의 정면 접전으로 패주하고 적병 사상자가 많았다. 그러나 이도종은 패잔병을 수습해 고구려군이 전승한 나머지에 조금 방심하고 있는 틈을 타서 불의에 습격하고 또 이적의 대병이 와서 조력한 결과 고구려군의 사상자 1000여 명을 내었다.

이때 당제는 요수 하류를 건너 마수산에 와서 이도종에게 후하게 상 주고 전기 패주한 마문예의 머리를 베어 군중을 징계했다. 당나라군대가 요동성 밑에서 성참城塹을 메꾸려고 짊어지고 가는 흙짐 중에 너무 무거운 것을 당제는 자기가 마상에서 갈라 짊어지니 그의 신하들은 모두 서로 다투어 가면서 흙을 등에 져 날랐다.

이적이 요동성을 밤낮으로 쉬지 않고 공격한 지 12일 만에 당제는 자기가 친히 영솔한 갑옷 입은 기병(鐵騎)을 몰아서 합세해 성을 수백 겹으로 포위했다. 여기서는 장렬한 공방전이 전개되었다.

적의 득의의 충차衝車와 포차비석抛車飛石[28]으로 성을 두드려 깨니 수성 장병들은 성 위에 나무를 쌓아 전루戰樓를 만들고 새끼 그물(組綱)을 쳐서 날아오는 돌멩이를 막았다. 때마침 급히 불어오는 남풍을 이용해 적병이 충간衝竿[29] 위에 올라가서 불을 서남편의 성루에다 놓아 성중의 가옥을 연소한 다음 성 위에 기어오르므로 성내 병사들은 방패를 쓰고 용감하게 항전했다.

그러나 '중과부적'할 뿐더러 적 대군은 1착의 예기銳氣를 극력 집중하므로 성은 드디어 함락되고 말았다. 사상자 만여 명과 포로병 만여 명을 내었다고 적편의 기록은 말하고 있으나, 이 반면에 적의 사상자가 더 많았음을 짐작할 수 있다.*

* 《당서》에 개모성에서 호戶 2만과 양곡 10만 석, 요동성에서 호 4만과 양곡 50만 석을 각각 얻었다 했으나,《구당서》에는 전자의 생구生口 2만, 후자의 타 죽은 자 만여 명, 포로가 된 군사 만여 명이라 했을 뿐이고 호수와 양곡은 기록되어 있지 않으며 또《자치통감》에도 호수와 양곡이 언급되어 있지 않았으니, 이것을 보아《당서》의 허위가 분명한 것이며《삼국사기》는 아무 고려도 없이 그것을 등사했다. 당시 고구려군이 첫 번째로 착안한 점은 무엇보다도 적의 식량이었는데, 함락될 줄 아는 요동성으로서 어찌 양곡 창고를 그대로 적에게 양여했으랴? 이는 변박을 기다리지 않아도 명백한 일이다. 당시 고구려의 큰 성에는 모두 주몽朱蒙(동명성제東明聖帝) 신사를 설립했으며, 요동성 안에 설립한 주몽신사에는 쇄감鎖鑑(철사로 만든 갑옷), 섬모銛矛(날카로운 창)가 간직되어 있는데 이는 전설에 전연(중국 전국시대의 연나라를 가리킴) 시대에 하늘에서 내려온 것이라 했다. 적의 포위가 급하므로 성중에서는 미녀를 부녀신婦女神으로 꾸며서 주몽에게 바쳤으니 무자巫者의 말이 이리하면 주몽신은 기뻐하여 성을 보전해 준다는 것이었다.[30] 이는 당시 나라의 조상 주몽에 대한 고구려 사람의 신앙 풍속의 일단을 말한 것이다.

당제는 요동성을 함락한 후에 곧 백암성白岩城(일명 백애성白崖城)에

---

28 포차(투석용으로 쓰던 수레)를 벌여 놓고 돌을 날리다.
29 공성탑.
30 《삼국사기》,《고구려 보장왕》4년 하〈오월조〉.

진군해 포위했으나, 성내 병사의 용감한 전투로 적의 우위대장군 이사마李思摩는 노시弩矢에 맞아서 유혈이 흥건(淋漓)하고 적병의 사상자가 다수했다. 그때 오골성(연산관連山關)에서는 백암성의 급보를 듣고 만여 명의 병사를 보내어 응원하러 가는 도중에 적장 계필하력契苾何力[31]이 정예 기병 800명으로 역습하므로, 고구려군은 급히 그들을 포위하고 용사 고돌발高突勃은 계필하력을 창으로 찔렀으나 적장 설만비薛萬備의 구출한 바가 되었고, 고구려군은 적의 기마대의 공격을 받아서 수십 리나 퇴각하면서 적을 유인했으나 날이 어두워지므로 적은 그냥 퇴각했다.

이때 이적은 당제와 합력해 백암성을 공격했다. 성중의 병사는 2000명에 지나지 않았으므로 성주 손대음孫代音은 거짓 항복하기를 청한다는 표시로 흰 깃발을 성 위에 꽂기도 하여 적의 공세를 일시 늦추고 응원군이 오기를 기다렸으나, 전기 오골성의 군대가 오는 도중에 적병을 만나 지체한 사정으로 백암성은 드디어 적에게 점령되고 말았다.*

* 전기 적장 계필하력의 상처가 덧나서 당제는 친히 약을 발라 주었고 백암성을 함락한 후에는 고돌발을 붙잡아다가 계필하력에게 손수 죽이게 했는데, 계필하력은 고돌발의 의기가 장렬한 것을 보고 당제에게 말하기를 "그도 자기 나라와 임금을 위해 칼날을 무릅쓰고 나를 찔렀으니 이는 의로운 용사라" 하고 드디어 죽이지 않았다고 한다.[32]

전기 개모성 공격이 있기 전에 적장 이도종은 수천 병사를 거느리

31　?~677년. 글필하력 또는 설필하력이라고도 한다. 돌궐 철륵부 추장의 후손으로 당나라의 장군이 되어 고구려와 벌인 전쟁에서 활약했다.
32　《책부원구冊府元龜》권417,〈장수부將帥部〉78. 이 책은 중국 북송 때 왕흠약과 양억이 편찬한 유서類書로, 상고시대부터 오대五代까지의 군신의 사적을 모으고 정리했다.

고 요수를 건너 신성에 도착했으며 장검은 호병胡兵을 선봉으로 하여 역시나 요수를 건너 건안(무순 부근)을 진격했으나, 두 성의 고구려군들은 한번 반격전을 한 다음에 모두 성안으로 들어가서 굳게 지키고 적의 후방과 양식 운반의 도로를 위협하니 적군은 겁이 나서 감히 그 두 성을 포위하지 못하고 퇴각해 이적의 대군과 합해 요동 방면으로 남하했다.

그러고 보니 적군은 비록 개모, 요동, 백암 등 여러 성을 차례로 함락하고, 더욱 요동성 함락 후 당제는 봉화를 들어 승전의 소식을 자기 본국에 전했다 하나 이 요동성 부근 즉 최전선 일대의 함락은 연개소문 장군이 예정한 퇴각 전략 지대에 속했으며, 또 이상 일련의 공격전에서 적군은 벌써 수많은 병력을 소모하고 4월 초부터 6월 말까지의 긴 시일을 이 3개 성의 공격에 허비해 그들이 예정한 단기 작전책은 지연되고 있었다. 이 반면에 고구려군은 퇴각 지대에 대한 청향淸鄕, 초토 등의 전술을 철저히 실행했으므로 적군은 군량의 운반에서 점차 곤란을 맛보았다.

* * *

적의 육로군의 정세가 이와 같이 순조롭게 진행되지 못하는 동안 수로군의 진행은 또한 어떠했던가?

전기 평양도 대총관 장량은 예정 진로대로 동래에서 바다를 건너 바로 평양으로 깊이 들지 않고 5월에 먼저 요동 해안(대련만)에 상륙해 비사성(금주金州 대화상산성大和尙山城인 듯)을 공격하니, 이 성은 사면이 깎아 세운 듯하고 오직 서문에서만 올라갈 수 있었다.

《당서》및《자치통감》에 의하면 적장 정명진은 밤에 군사를 거느리고 성 밑에 왔으며 부총관 왕대도王大度는 선두로 올라 성을 야습해 함락하고 남녀 수천 명을 포로로 했다 하니, 이때 고구려군은 성의 험준한 것을 믿고 또 적을 업신여기고 방심했던 것이나 실지 교전에서는 적은 많은 사상자를 내었다(《당서》〈정무정전程務挺傳〉[33]에 "비사성을 치고 독산진獨山陣을 깨뜨렸다"고 한다).

적장 장량은 비사성을 점령하고 7월에 건안성에 이르러 감히 포위하지 못하고 그냥 지나서(안시성을 포위한 이적 부대를 응원하러 가는 것인 듯) 도중에 잠깐 숙영하게 되었다. 이때 그들은 아직 진영을 이루지 못했고 군사들은 많이 나가서 나무를 하며 말을 먹이는 무렵에 고구려군은 불의에 번갯불 같은 공격을 감행했다. 이리하여 적의 군사는 모두 황겁해 대오와 통제를 잃어버렸으며, 더욱이 적장 장량은 원래 나약한 사람이라 어찌할 줄을 몰라서 다만 호상胡床에 걸어앉아서 눈을 부릅뜨고 아무 말도 못했다. 이때 전투에서 장량의 주력부대는 거의 섬멸되었다.

적은 비사성전투 후에 총병 구효충丘孝忠을 파견해 압록강에 가서 자기들 군대의 위력을 시위했다고 하나 그 결과에 대해서는 아무 말이 없을 뿐 아니라 전국을 통해 적의 7만 수군[34]은 그 후 아무런 소식이 없었으니, 이것을 보아 상륙 전후에 대부분 섬멸되었고 육로군과도 긴밀

33　《신당서新唐書》권111,《열전》36,〈정무정전〉. 원문에는 程務程으로 잘못 기재. 정무정은 정명진의 아들.

34　앞(96쪽)에는 수군이 4만 군과 3000명이라고 했는데, 중국 측 사서에는 장량의 부대를 4만여 명 또는 7만여 명으로 기록하고 있어, 최익한이 자료에 따라 기술한 것으로 보인다(《자치통감》197《당기》13〈태종문무대성대광효황제〉중의 하).

한 연결이 차단되었음을 명백히 간파할 수 있다. 당제가 요동에 주둔할 때에는 장량의 실패에 대해 문제 삼지 않고 보류했으나, 그 후 안시성에서 패배하고 회군해 병주#州에 이르러서 비로소 장량의 실패한 죄를 추궁했다.

적은 요동, 백암 두 성을 공격한 다음에, 진격의 방향과 대상에 대해 북쪽의 안시성(봉천성 동북 영성자英城子 부근)[35]과 남쪽의 건안성建安城(무순 부근)[36] 어느 것을 먼저 할 것인가가 그들의 토의의 초점이었다. 당제는 말하기를 "안시성의 지세가 험악하고 군사가 용맹할 뿐 아니라 그 성주는 재략이 출중하다 하며 건안성은 군량은 많으나 군사가 적다 하니, 이제 건안을 불의에 진격하면 그들이 서로 구원하지 못할 것이며 건안이 만일 함락되면 안시는 저절로 우리 수중에 들 것이다" 하니, 이적은 이것을 반대해 "우리 군량이 모두 요동성에 있는데 이제 안시성을 지나서 멀리 건안성을 먼저 공격하면 고구려군대는 장차 우리 양식 운반의 도로를 차단할 것이니, 우리는 먼저 가까이 안시성을 점령한 다음에 건안성을 쉽사리 공략하는 것이 제일 좋은 계책이라" 했다. 그래서

---

35 안시성을 봉천성 동북 영성자라고 한 것은 착오이다. 안시성은 하이청시 영성자산성에 비정된다.
36 건안성을 무순 부근이라고 한 것은 착오이다. 건안성은 가이현의 고려성자산성에 비정된다.

당제는 이적의 말을 옳다 하고 안시성을 먼저 칠 것을 결정하고 드디어 진군했다.

당제가 말한 바와 같이 안시성은 금성철벽 같은 요새인 동시에 요동에서 압록강으로 오려면 이 요새를 비켜 놓고는 불가능하며, 이 위에 수만의 정예병과 지용 겸비한 성주 양만춘楊萬春(양은 양梁으로도 씀)은 영용한 이름이 국내 국외에 떨친 명장이었다. 고대 전쟁 역사에서 유례없는 기절장절[37]한 공방전이 여기에서 전개되었다.

연개소문 장군은 요동 전선에서 요동 백암 제 성에서 군대를 퇴각하게 해 결사적으로 적을 방어할 지점을 안시성으로 정하고 모든 배치와 방비에 만전을 기했다. 그리고 대로對盧[고구려 1급 관명 막리지(머리치)와 동어이역인 듯] 고정의高正義에게 북부 누살耨薩(누살은 부족의 장 또는 큰 성의 도독)[38] 고연수高延壽와 남부 누살 고혜진高惠眞과 함께 고구려, 말갈 연합군 15만 명을 인솔하고 안시성을 응원하게 했다.

이때 당제는 고구려군대의 형세가 강대함을 듣고 자기 친근한 신하들에게 말하기를, '지금 고구려군의 작전 계획이 세 가지가 있을 것이다. 첫째는 군사를 인솔하고 나와서 안시성과 잇대어 진터를 구축해 놓고 험준한 산세를 점령하며 성안의 군량을 먹으며 말갈의 부대를 내놓아서 우리의 마소를 약탈케 하면, 우리는 쳐도 빨리 항복받을 수 없을 것이며 돌아가려 하여도 요택의 진흙탕과 장마가 앞을 가로 막아서 진퇴양난의 경우에 빠질 것이니 이것은 그들에게 상책이 될 것이며, 둘

---

37 奇絶壯絶. 아주 기이하고 뛰어나다.
38 일반적으로 욕살이라고 칭함.

째는 성안의 군중을 거두어 밤에 퇴각해 전투를 회피하면 이것은 그들에게 중책이 될 것이며, 셋째는 지혜와 능력을 헤아리지 않고 나와서 우리와 싸우면 이것은 그들에게 하책이 될 것인데, 그대들은 그들이 반드시 하책으로 나올 것으로 보리라' 했다. 이것은 당제의 전략상 예견이 과연 보통이 아님을 표시한다.

그러나 당제의 이만한 예견쯤은 당시 연개소문 장군에게는 한개 상식이었다. 이때 대로 고정의는 연로하고 군사 지식에 통달해 고연수에게 다음과 같이 말했다.

> 진왕秦王(당태종의 처음 봉호)은 안으로는 여러 영웅을 쳐부셨으며 밖으로는 여러 민족을 복종하게 하고 홀로 서서 제왕이 되었으니 이것은 절세의 재략을 가진 자다. 그가 전국 병력과 지용 겸비한 여러 장군을 전부 이끌고 왔으므로 우리는 교전하지 말고 그저 장기 지구하며 기습병을 여러 부대로 나누어서 그의 양식과 운반의 길을 차단하면, 적은 군량이 이미 없어지므로 **싸우려고 하여도 싸울 수 없고 돌아가려 해도 길이 없을 것이니(欲戰不得 欲歸無路) 이는 곧 가만히 앉아서 이기는 방법이다.**[39](강조는 최익한)

고정의의 이 말은 즉 당제가 말함과 같은 상책이며 연개소문 장군의 원천적 지시였다. 그러나 고연수는 너무 적을 경시하고 자신이 강해 이 원칙적 전략을 충실히 지키지 않았다. 그래서 곧 안시성을 향해 40리 가까이까지 진군해 말갈의 정예부대를 앞세우고 교전할 태세를 취

---

39 《삼국사기》권21,《고구려본기》9,〈보장왕조〉.

했다. 당제는 오히려 고연수가 혹시 교전을 기피할까 하여 좌위대장군 아사나두이阿史那杜爾[40]를 시켜서 돌궐의 군사 천여 명을 거느리고 싸움을 걸다가 곧 패주했다. 이에 고연수는 승리의 기세로 뒤쫓아서 안시성의 동남 8리에 이르러서 산을 의지하고 진을 치니 이때 고구려, 말갈 연합군의 진영이 40리나 뻗쳤으며, 그들의 강대한 기세에 당제는 공포의 빛을 얼굴에 나타냈었다.

이때 적장 이도종도 역시 교전의 승산이 없으므로 현장에서 다른 책략 하나를 제출했다. 즉 지금 고구려가 전 병력을 이곳에 몰아와서 우리에 항거하니 평양의 방비가 반드시 허약할 것이니, 자기에게 정예부대 5000명만 빌려 주면 곧 고구려의 본거지를 정복해 이곳 수천수만의 적군은 싸우지 않고도 항복받을 것이라 했다. 이 계획은 적군의 예정 전략을 근본적으로 부정하는 오산이며 전자 수양제의 1차 출전의 실패를 답습하는 어리석은 계획이므로 이것을 따르기에는 당제가 너무나 현명했다.[*]

당제는 고구려, 말갈 연합군의 정면 공세에 크게 공포를 느껴 맞아 싸우기를 피하고 기습을 취하려 했으나, 피아 양편의 예정 작전으로 보아서는 도리어 주객이 바뀌는 것 같이 되었다. 이때 당제 이하 여러 신하는 당황해 어찌할 줄을 모르고 이적은 당제 자신이 작전 지휘

* 뒤에 당제는 패배하고 귀국해 이도종의 계책을 듣지 않은 것을 후회했으며 이정도 이러한 의견을 표시했다 하나, 역시 진실한 말이 아니고 한갓 자기 약점과 실책을 수식하는 변명에 지나지 않았다.

40　중국 사서에는 아사나사이阿史那社爾라고 표기돼 있다. 동돌궐 10대 처라가한處羅可汗(재위 619~620)의 둘째 아들.

하기를 요청했다. 이에 당제는 사자를 파견해 고연수를 속였다. "우리는 귀국의 권신 연개소문이 군주를 죽였으므로 이것을 문죄하기 위해 멀리 출병한 것인즉 양방이 교전하는 것은 나의 본의가 아니며, 또 귀국의 경내에 들어와서 인마와 양식이 부족하므로 이것을 보급할까 하여 귀국의 수개 성을 점령했던 것이다. 지금이라도 연개소문이 당나라에 신례를 닦으면 나는 점령한 성들을 곧 복구하고 우리 군대도 전부 철퇴할 것이다"[41] 했다.

고연수는 당제의 비굴하고 기만적인 태도에 어느 정도 그럴 듯이 인정하고 당나라군대의 무능력을 비웃으며 그에 대한 경비를 소홀히 했다. 당제는 고연수의 주의가 태만해진 것을 보고 밤에 문무 제신을 불러 협의한 결과 이적을 시켜 보병, 기병 1만 5000명으로써 서령西嶺에 진을 치게 하며, 장손무기를 시켜 정예부대 1만 명을 기습병으로 만들어 산 북쪽에서 좁은 골로 나와서 고구려군의 후방을 충격케 하고, 당제는 보병, 기병 4000명을 친히 거느리고 북산 위에 올라서 대기하고 있었다.

고연수는 적장 이적 군의 포진을 보고 군사를 지휘해 싸우려 했다. 이에 당제는 북을 치며 호각을 불어 군호를 하니 적의 모든 군대는 세 방면으로 돌진했다. 갑자기 놀란 고연수는 군사를 나누어 방어하려 하나 군사들은 이미 혼란에 빠졌으며, 때마침 천둥과 번개가 있었고 또 적장 설인귀薛仁貴의 용감한 전투로 고연수는 드디어 패전하고 패잔병을 수습해 산을 의지해 고수했으나, 적군은 이것을 포위하고 교량을 모

---

41 《삼국사기》 권21 《고구려본기》 9, 〈보장왕조〉.

두 철거해 고연수군대의 돌아갈 길을 차단했다.

이에 고연수, 고혜진은 당제에게 기만되어 사태 곤란한 것을 알자 고구려, 말갈 군사 3만 6800명과 함께 적군에게 포로가 되었으며, 대다수 병사는 고정의 등에게 인솔되어 진지를 정돈하고 적군을 위협했다.

이번 전투에 적군이 3만여 수급音級을 베고 말 5만 필과 소 5만 두와 철갑 만 벌과 기타 무기와 군수품을 많이 탈취했다고 그들의 기록은 말하나 이는 과장적 숫자였다. 그리고 당제는 누살 이하 추장 3500명을 당나라 내지에 이주하게 하고 말갈병 3300명을 구덩이에 묻어 죽여서 침략자의 잔인성을 발로했다.

고연수가 대로 고정의 말을 듣지 않고 적의 유혹에 빠진 것은 원래 그의 불찰이거니와 나중에 포로가 된 후에 응당 당제의 기만적 조건을 이용해 변통의 기회를 엿보려 했던 것인데, 결국 당제의 간교 악랄한 수단에 걸려서 어찌할 수 없이 포로의 악명만을 덮어쓰고 말았다. 당제는 고연수를 홍려경洪臚卿으로 삼고 고혜진을 사농경司農卿으로 삼았다. 그러나 패전, 포로 두 가지 오명을 깊이 느낀 고연수는 후회 분통한 끝에 얼마 되지 않아 죽어 버렸다.

이때 당제는 고연수의 패한 기세를 보고 "고구려가 국력을 기울여 가지고 왔다가 단번에 실패했으니 이는 하늘이 우리를 도우신 것이다" 하고 말에서 내려 두 번 절했다 하며 당제가 친히 올랐던 산을 주필산駐蹕山이라 했다 하니, 당시 당제가 고구려, 말갈 연합군에 대한 절망적 공포가 어떠했던가를 족히 짐작할 수 있으며 또 적이 승리를 자랑하는 반면에 그 희생도 적지 않았음을 알 수 있다.

이 고연수 부대의 패전은 당제의 최후 패배를 약속하는 교만심을 조장한 동시에 고구려의 최후 승리에 도리어 중요한 원인이 되었다. 즉 첫째로 예정 전략인 청야, 수성이 한 개 유리한 전략으로 고구려의 장병들은 깊이 인식했을 것이며, 둘째로 연개소문 장군의 전략적 지시를 절대 준수해야 할 것으로 각지 장병들은 더욱 명심했을 것이며, 셋째로 당제가 일시적 전과에 도취해진 것은 연개소문 장군의 최후 승리를 촉성한 것이었다.

전기 고연수의 패전 후로 연개소문 장군은 안시성의 방비에 힘을 일층 집중해 적군이 평양으로 침입하는 요로를 봉쇄하고, 따라서 부근 황성黃城, 은산銀山 두 성은 비교적 허약하므로 스스로 철수해 이곳 수백 리 지역에는 가옥 하나도 남기지 않고 전부 철퇴하게 해서 적이 전연 발붙일 곳이 없게 했다.

07 │ 안시성의 대공방전과
적군의 결정적 패주

이때 연개소문 장군은 안시성에 병력을 집중했을 뿐 아니라, 건안, 신성, 오골 여러 성에 10만의 병력을 배치하고 긴밀한 연결 밑에서 서로 성원 호응하는 태세를 강화해 적의 행동을 감시 견제했다. 병정의 수로 보아도 적의 군대에 비해 현격하지 않았으며 더구나 고구려군대는 청야, 수성에 유리한 지리적 지위를 차지하고 있으니 적군의 패배는 벌써 정해 놓은 사실이었다.

7월에 당제는 안시성의 동령東嶺에 자기 진영을 옮기고 이적은 적군을 지휘해 안시성을 포위하고 예의 항복을 권유했다. 그러나 성중의 병사와 인민은 조금도 동요하지 않고 당제의 깃발과 일산日傘을 바라보고는 고함을 치며 욕설을 던지니, 당제는 소위 대국의 천자로서 이처럼 '모욕'당함을 대단히 분노했으며 이적은 성이 함락하는 날에는 성중의 남녀를 모두 구덩이에 묻어 죽이기를 당제에게 청하고 이것으로 성중을 위협하므로, 성중의 인민과 병사들은 이 말을 듣고 더욱 의분이 나서 굳게 일치단결해 방어전에 일층 용감했다.

《당서》에 의하면 이때 전기 고연수와 고혜진이 당제에게 헌책獻策하기를, '우리는 이미 대국에 몸을 바쳤으니 성의를 다하지 않을 수 없다. 지금 안시성은 쉽게 공격할 수 없고 오골성의 누살은 이미 연로해 성을 고수하지 못할 것이다. 지금 안시성을 그만두고 오골성을 진공하면 곧 점령할 수 있을 것이며, 오골이 함락되면 그 나머지 길 옆 작은 성들은 싸우지 않고도 이길 것이니 그런 후에 그 물자와 양곡을 가지고 진군하면 평양은 반드시 지켜지지 못할 것'이라 했다.

적의 여러 신하도 이 말을 찬성하며 당제도 이대로 실행하려 했으나 오직 적장 장손무기는 이것을 반대해 말하기를, '천자의 친정親征은 여러 장군과 다르니 요행을 바라고 모험할 수 없으며, 또 지금 건안, 신성 양 성의 고구려군사는 10만의 다수에 달하니 이제 만일 우리가 오골로 향하면 양 성의 고구려군사는 반드시 모두 우리 뒤를 추격할 것이니 이러면 우리는 위험한 지경에 들어가는 것이므로, 먼저 안시를 점령하고 건안을 함락한 후에 전군을 몰아 평양을 진공하는 것이 만전의 계책'이라 했다. 당제는 장손무기의 말에

* 《자치통감》 주설에 당태종은 일찍이 천하를 평정할 적에 많이 기계詭計로 승리를 얻었는데, 요동의 전역에서는 항상 만전의 계책으로서 승리를 거두려고 했으므로 성공하지 못했다 하며 고연수, 고혜진의 헌책을 듣지 아니한 것을 비난했다. 그러나 이는 당시 정세를 전연 고려하지 않은 한개 형식론이다. 고연수, 고혜진의 헌책은 당제의 기계가 아니라 연개소문 장군의 계획을 오히려 촉성하는 데 지나지 않는다. 만일 당제가 이 헌책대로 진행했다면 후일 안시에서의 패전 이상으로 섬멸적인 패배를 당하고 당제 자신은 야간도주할 기회도 얻지 못했을 것이다. 원래 고연수, 고혜진의 헌책은 당나라를 위한 헌책이 아니고 고구려를 위한 것이었다. 즉 그 두 사람은 연개소문 장군의 전략을 준수치 않고 자기 마음대로 행동하다가 당제의 기만에 넘어가서 패전 장군의 누명을 쓰고 구구한 포로생활을 하고 있는 것이 고구려의 인민으로서는 수치 천만의 일이므로, '헌책'의 미명 밑에 적군의 실패를 유도하려는 것이었으나 장손무기의 명찰로 그들의 기도가 그만 수포로 돌아가고 말았다. 이는 즉후 고연수의 분사憤死로써 더욱 증명되는 바이다.[42]

의해 고연수, 고혜진의 '헌책'을 좇지 않았다.[*]

위에서 말한 바와 같이 당제는 오골 방면을 단념하고 안시 공격을 계속했다. 이때 건안, 신성에 배치되어 있는 고구려의 병사들은 일제히 적과 정면 교전을 회피하고 배후 기습과 양도 차단에만 주력했으며, 안시성의 성주는 연개소문 장군의 지시를 충실히 복종해 안시 한 성의 고수가 즉 조국 고구려 전체를 확보하는 것이라는 비장한 결심으로, 자신이 진두에 서서 통제 있는 지휘로 성중의 군민을 방어전에 총집결하게 했다. 성중에는 양식은 풍부하고 닭과 돼지를 잡아서 용사들을 배부르게 먹이니 사기는 왕성했으며, 때로는 적의 약점을 엿보아 용사가 밤에 줄을 타고 성을 넘어서 적군을 습격했다.

당제는 단순한 포위전으로써는 될 수 없음을 깨닫고, 이에 성의 동남편에서 나뭇가지에 흙을 싸서 토산을 높이 쌓아 올리면서 군사들이 번갈아 교대해 매일 6~7차례나 성중과 교전하게 했다. 적장 이도종은 충차와 포석砲石으로 성의 서편 누첩樓堞을 파괴하니 성중은 목책木柵을 세워 신속히 보결했다. 또 이도종은 토산 쌓는 공사를 감독하다가 발에 부상을 당했으므로 당제는 친히 침을 그의 상처에 놓아 주기도 했으니, 그의 고전 상태가 어떠했던가를 넉넉히 알 수 있다.

적군은 밤낮으로 쉬지 않고 토산을 쌓기에 60일의 시일과 50만의 공전을 허비했다 하니 그동안 성중의 화살과 돌멩이에 희생된 적군이

---

42 최익한의 독특한 평가인데, 보통은 고연수, 고혜진의 계책대로 했으면 고구려가 위기에 빠졌을 수도 있다고 본다. 수양제가 침공할 때 수 별동대가 고구려 영역 깊숙이 진공했다가 궤멸했듯이, 당태종 본군의 경우에도 신성, 건안성, 안시성 등을 그대로 둔 채 진공하는 것은 모험적인 전략이 될 수 있다. 다만 당태종의 친정이 아니었다고 하면 이적 등 당군 지휘부가 채택했을 가능성도 있다.

얼마나 많았던가를 상상할 수가 있다. 적의 토산과 우리 성곽의 거리가 두 길 밖에 되지 않았으며, 그 토산 위에는 다섯 갈래의 길을 내고 적군이 올라와서 성중을 굽어보면서 사격을 퍼부었으니 이는 수성자의 편에 적지 않은 위협이었다.

적장 이도종은 부복애傅伏愛에게 병사를 거느리고 토산 위에 주둔하고 수호하게 했다. 때마침 토산의 일부가 무너지면서 성의 일각을 쓰러뜨리므로 수비하는 적군의 대오는 혼란되었다. 항상 대기했던 성중에서는 적의 그 혼란한 틈을 타서 용사 수백 명이 성의 무너진 데에서 토산을 기어올라서 결사적으로 적병을 쳐 물리치고 토산의 전체를 탈취해 곧 참호를 만들고 연료를 쌓아 불을 지르고 방패를 들라 세워서[43] 강력하게 수비하니, 2개월의 장시일과 막대한 자료와 인력을 들여서 겨우 구축해 놓은 공격의 기지가 눈 깜박 사이에 도리어 고구려군의 유력한 기지로 전환되었다.

이 토산 탈취는 적에 대한 결정적 타격이었으므로 당제는 심장이 터질 듯이 크게 노해 토산 감독 이도종을 견책하고 수비 책임자 부복애의 머리를 당장에 베고, 여러 장군에게 명령해 3일간 최후 총공격을 감행했으나 아무 효과도 얻지 못하고 도리어 자기 군대의 사상자만 많이 내었다.

공성의 설비를 복구하자면 순조로운 조건 밑에서도 다시 3개월을 허비해야만 될 것이니 이는 절망적인 타산이었다. 왜 그러냐 하면 이때 적군은 4월에 요수를 건너 개모, 요동, 백암 제 성의 공격에 벌써 3개월

---

43 '둘러 세우다'는 뜻인 듯하다.

을 허비했고 7월에 안시성 공격을 개시해 9월이 되어도 성공의 희망이 없으니, 전후 반년의 세월을 요동 평야에 집어던졌던 까닭이다. "안시는 함락되지 않고 평양은 아직도 요원하다!"《책부원구》[44]는 말이 당시 침략의 괴수 이세민의 절망적인 감상을 단적으로 표시했다.

그뿐 아니라 적의 수로군은 전적으로 패망되었고 고구려군의 기습적 전투는 나날이 치열해 군량이 거의 없어지고, 또 요동 벌판에 이른 추위가 닥쳐와서 목초가 모두 마르므로 군사와 마소의 기한飢寒은 불가피의 고통이었다. 그러므로 당제는 토산 탈취를 당한 후 3일간 최후 총공격에서 다대한 희생을 내고는 할 수 없이 전군 퇴각을 명령했다. 그러나 사실 퇴각이 아니라 치명적 패배였다.

* * *

이때 신라 선덕여왕은 나당동맹羅唐同盟에 의해 5월에 군사 5만을 보내서 당나라 장군 장량의 수로군을 원조했으나 아무런 성과도 없고 도리어 백제가 신라의 출병한 틈을 타서 침입했다. 백제 의자왕은 여제연합의 약속을 실행하려고 서쪽 국경의 신라 7개 성을 습격해 당나라를 원조하고 고구려를 침범하는 신라의 배후를 견제했다.

그리고 연개소문 장군은 말갈을 통해 설연타(토이기土耳其 즉 돌궐의 일족으로 알타이 서남에 근거를 두었다)의 가한可汗(추장)[45] 진주眞珠를 많은 뇌물로

---

44 《책부원구》 97 〈제왕부〉 97 장선.
45 몽골. 원元, 돌궐, 요遼 등에서 군주君主를 이르는 말로. 중세 몽골어 '칸khan'의 음역어이다. 원문에는 '극한'이라고 표기돼 있다.

써 달래서 당나라 배후를 충격하게 했으나 그는 당나라를 겁내어 감히 출동하지 못했으며, 그의 일족인 다미가한多彌可汗은 당제의 실패를 듣고 곧 하남성 삭방신진朔方新秦 지방, 하주夏州 등지에 침입해 당나라군대를 크게 견제했으니 이는 또한 연개소문 장군의 '2전선' 결성에 대한 외교적 성공의 하나였다.

침략자 이세민:
당태종 패퇴의 진상

발산개세拔山蓋世[46]의 기세로 진군하던 침략자 이세민은 막대한 자료, 식량과 무수한 병력을 요동 벌판에 묻어 버리고 안시성에서 무참히 패주하게 되었으니 그때 그의 심정은 말할 수 없는 상태였다. 일찍이 수양제의 실패를 조소하던 그는 이 패퇴의 순간에 응당 양제의 참담한 운명을 스스로 회상했을 것이며, 동시에 고구려의 위대한 영걸 연개소문 장군을 멸시하던 패기는 꺼진 불과 같이 냉정했을 것이다.

《당서》에 의하면 당제가 회군할 때에 안시성주는 성 위에 올라서 당제를 배송拜送했다 하니, 이는 수십만 대군을 거느리고 수개월 동안 고전분투해도 일개 안시성을 점령하지 못한 당제의 수치를 분식하려는 위조적인 일화였으며, 또 같은 책에 당제가 성주에게 비단(縑) 100 필을 주어 그의 용감한 수성전과 자기 임금에 대한 충성을 장려하고,

---

연개소문 장군에게 전통箭筒[화살 넣는 통(弓箙)]을 선물로 특별히 보내서 위로했다 하니, 이런 것은 모두 패배자인 자신의 추태를 엄호하는 방법 즉 뺨맞고 수염 쓰다듬는 격이라 할 것이다.

또《당서》에 당제가 회군하니 안시성중은 기가 죽은 듯이 고요하며 능히 나와 추격하지 못했다 하여 당나라군대의 위력을 과장했으나, 이도 정면 교전을 피하는 고구려군의 예정 전략에 의한 것이며 또 퇴각하는 적군을 너무 급히 추격해 막다른 골목에 들어선 도적놈의 반격을 초래하는 것은 한개 무모한 행동이므로 성주는 고의로 적을 방임했다. 그러나 적이 패주하는 길녘의 요소들에서 기습전으로 적에게 다대한 타격을 주었을 것은 물론이었다.

적장 이적, 이도종, 양사도楊師道 등은 보병과 기병 4만으로 후위가 되어 고구려군의 추격을 막으면서 요수를 건너갈 때에도 처음 올 때와 같이 장거리의 요택에서 차마가 통행할 수 없으므로, 장손무기는 병사 1만 명을 데리고 풀을 베어 바닥에 깔고 수렁이 깊은 곳에는 수레를 잇대어서 다리를 만드는데 당제는 손수 섶(薪)을 말안장 머리에 매어 조역했으며, 발착수에 이르러서는 마침 사나운 바람과 눈을 만나서 군사와 말들이 주림과 추위에 견디지 못해 넘어지므로 길에 불을 피워 응접했다 하니 패주하는 상태가 극히 참담했던 것을 능히 상상할 수 있다.[*]

처음 당제가 고구려를 침략하기 위해 정주定州(하북성河北省 정현定縣)를 출발할 때에 태자에게 자기가 입은 갈포褐袍를 가리키면서 "너와 다시 만나는 때를 기다려서

[*]《성경통지盛京通志》의〈해성고적고海城古蹟考〉에 쓰인바 '당태종의 함마처陷馬處'는 곧 요택 지대였으며, 지금도 당시 주민은 당태종이 탄 말이 빠지고 고구려군의 화살이 태종의 눈을 맞혀서 당태종이 포로가 될 뻔했다는 전설을 말하고 있다고 한다.

이 옷을 갈아 입겠다" 했으니, 이는 2~3개월 내로 고구려를 항복하게 하고 돌아오겠다는 예정 계획을 말한 것이었으나, 그는 요동에서 여름과 가을 두 절기를 지내서 그 갈포가 남루해져도 병사의 헐입음[47]을 생각해 홀로 갈아입지 않고 임유관臨渝關에 들어와서 비로소 태자가 드리는 새 옷을 받았다 하니, 이는 통치자의 미점을 자랑해 표시한 말이나 그 반면에 전패자의 궁상을 자기 폭로한 것이었다.

이뿐 아니라 당제는 귀국해 침략에 성공하지 못한 것을 깊이 후회해 "위징魏徵(당태종의 현신[48]으로 이미 사망)이 살아 있었다면 나에게 이 걸음을 하게 하지 아니했을 것이다"라고 했으니, 이도 자기 책임을 종군한 신하들에게 전가하는 동시에 자기 체면을 유지하는 책략적 언사이다.

《당서》에 이번 침략에도 현도, 횡산橫山, 개모蓋牟, 마미磨米, 요동遼東, 백암, 비사, 맥곡麥谷, 은산, 후황後黃 10개 성을 점령했다 하나 개모, 요동, 백암, 비사 4성 이외의 여러 성에서 고구려군은 전략적 퇴각으로 미리 철수했고 한 번도 공방전을 행하지 않았다. 또 적이 요동, 개모, 백암 3성의 인구 7만 명을 포로로 당나라에 이주하게 한 것은 이보다 몇 배나 되는 자기 군대의 사상자에 대한 보복 행위인 동시에 자기 나라 민중에게 패전한 진상을 숨기고 승리의 실증으로 과장하려는 간책에서 나왔다.

《당서》에 의하면 당나라군대가 출발할 때에 육로군이 10만이요 수로군이 7만이요 전마가 1만 필[49]이었다 하나 이는 전패 실황을 숨기려

---

47 옷을 잘 입지 못하다는 뜻의 북한말.
48 원문에는 형신으로 표기돼 있는데 현신賢臣의 오기인 듯. 〈조선명장론〉에는 명신 名臣으로 기재됐다.
49 원문에는 10만 필로 잘못 표기되었음.

고 출전한 병사와 군마의 숫자를 줄여서 발표한 것이었으며, 또 회군한 후 점검한 숫자로써 적군(고구려군)의 수급이 4만이라 했으나 이는 포로로 한 주민의 머리로 보충한 것이요 전부 전사자의 머릿수는 아니었다.

그리고 《당서》에 육로군 10만 명 중에 사망자가 겨우 1000여 명(《자치통감》에는 2000명)이요 수로군 7만 명 중에 사망자가 수백 명이요 말 1만 필 중에 사망 수는 10분의 8 즉 8000필이라 했으니 이는 전연 위조한 숫자였다.

요동 각지에서 6~7개월이나 걸린 가열한 전장에서 수십만의 군대로서 2000명의 전사자밖에 내지 아니했다는 것은 전승군으로도 있을 수 없는 일인데, 하물며 패전에 패전을 거듭하며 고구려군의 기습과 공격 속에서 수천 리나 패주한 나머지에 10만의 반수라도 확보했다면 적지 않은 기적이었을 것이다. 그리고 수로군 7만은 요동반도의 해안에 상륙했다는 첫 소리만 있고 행방이 불명한 동시에 아무런 후문이 없음을 보아 이는 거의 전멸되었음이 명확함에도, 사망자가 겨우 수백 명이란 것은 생존자 수를 바꾸어 발표한 것이었다. 말 1만 필은 원래 줄인 숫자이나 죽은 수가 10분의 8이란 비례는 어느 정도로 사실에 가까운 말이다. 왜 그러냐 하면 당시 고구려군의 기습은 병사보다도 군량과 치중을 주요 대상으로 했던 것만큼 마필의 피탈 및 피살의 수가 병사에 비하면 격심했다.[*]

어쨌든 당제가 십수 년을 두고 준비하며 다수한 자기 신하의 간언을 물리치고 국력을 기울여 자신만만한게 '중국의 천자'로서 친히 출정했다가 그들의 소위 외방 소국의 집정자인 연개소문에게 수치스러운 패배를 당하고 돌아온다는 것은 너무나 면목없는 일이므로, 그의 전투에 대한 기록은 전부 날조로 일관되었다. 평양으로 진격하지 못하고 연개소문에게 항복받지 못한 것만은 너무나 뚜렷한 사실이므로 이것은 어찌할 수 없었거니와, 그 밖에는 예를 들면 안시성에서의 패퇴를 마치 전승자의 개선처럼 이모저모 수식해놓았으니 '역사의 위조자'의 본질은 고금이 다르지 않다.

10월 11일에 당제는 영주에 들어가서 요동 전사병의 해골을 유성의 동남에 모아놓고 제문을 친히 지어 읽고 일장 애곡[52]했다 하니, 이 울음은 외면으로는 전사자를 슬퍼해 그들의 부형들을 위로하는 인사였으나 실상은 자기의 침략이 성공되지 못한 것을 스스로 슬퍼하며 다음 기회에 인민의 유혈을 다시 강요하는 한개 전주곡이었다.[**]

* 《당회요唐會要》[50] (권95 〈고구려편〉)에는 10만 명과 팔태八駄 양군兩軍과 전마 4만 필이 있었는데 돌아온 때에는 사망자 수가 1200명, 팔태 및 전사자가 10분의 7, 8이며, 장량 수군 7만인데 물에 빠져 죽은 자 수가 수백 명이라 했으니, 팔태(팔구八口 치중대)와 **전마 4만 필**의 전사자가 10분의 7, 8이란 것은 비교적 사실에 가까운 숫자다.(강조는 최익한)

** 《고려사》 〈최영전崔瑩傳〉에 "당태종은 30만으로써 고구려를 침범하매 고구려는 승군 3만으로 격파했다" 했으니 이번 당태종의 출병이 수륙군을 합해 30만이란 것이 사실이었으며, 소위 승군은 불교 승려의 군인일 뿐 아니라 주로 국신 신앙의 조의무사皂衣武士였다. 《선화봉사고려도경宣和奉使高麗圖經》[51]에 "'재가화상在家和尙'(화상은 승려의 존칭)은 … 조백皂帛(검은 명주)으로 허리를 매고 … 전쟁이 있을 때에는 스스로 단결해 일단이 되어서 전장에 나간다"고 했으며, 《해상잡록海上雜錄》[53]에는 "명림답부, 연개소문이 모두 조의선인皂衣仙人의 출신이다" 했으니, 이것을 보아 당시 연개소문도 신라 김유신이 화랑 무사의 수령인 것과 근사하게 고구려 조의무사의 수령이었음을 짐작할 수가 있다.

50 　중국 송나라 때 왕부王溥가 당나라의 법제와 국정에 대해 서술한 책. 100권으로 이루어졌으며 권94부터 끝인 권100에 걸쳐 당의 인접국과 부족들에 관한 내용이 실렸으며, 고구려, 백제, 신라는 권95에 실렸다.

51 　1123년(고려 인종 1)에 중국 송나라 사신 서긍徐兢이 고려에 와서 보고 들은 것을 그림을 곁들여서 기록한 책으로 모두 40권이다.

52 　哀哭. 슬피 크게 울다의 뜻.

53 　지금 전해지지 않는 책인데, 신채호가 《조선상고사朝鮮上古史》에서 인용했다.

09 | 안시성주
양만춘의 영명

당제 이세민의 패퇴는 첫째로 정의가 침략을 이겼다는 것, 둘째로 고구려 연개소문 장군의 지혜와 군략이 이세민을 압도했다는 것, 셋째로 안시성의 성주 양만춘 장군이 지용무쌍했다는 것을 역력히 증명했다. 연개소문 장군은 우리나라 인민의 입에 길이 빛나고 있는 동시에 당제 이세민의 악명과 동양 역사에서 불가분리의 관계이지만, 성주 양만춘의 영명英名은 고구려 전쟁사에서 뚜렷이 나타나지 못했으니 이는 오로지 우리 기록이 그대로 전하지 못했던 까닭이다.

　그러나 안시성주의 지혜와 용맹이 당시 적아간敵我間에 널리 알려진 것만은 사실이다. 《당서》에 의하면 당제가 백암성을 강점하고 이적에게 말하기를 "내가 들건대 안시성은 성이 험준하고 병사가 강하며 그 성주는 재용才勇이 있는 사람인데, 막리지의 난(연개소문 장군의 정변을 가리킴)에 성주가 불복하므로 막리지가 쳤으나 항복받지 못하고 그에게 성을 그대로 맡겼다" 하니, 이 말과 같이 안시성주와 연개소문 장군의 당초 관계가 친밀하지 못했던가를 알 수 없으나 그 뒤에는 막리지의 정변을 승인하고 서로 신임했던 것만은 또한 사실이었을 것이다. 왜 그러냐 하면 만일 두 영웅이 서로 대립 불화의 관계였더라면 연개소문 장군은 군대와 식량을 안시성 내에 집적하고 전선 요새의 중요 임무를 성주에게 안심하고 맡길 수 없었을 것이 아닌가?[54]

또 안시성주가 성 위에 올라 당제에게 절하고 보냈다는 것과 당제가 성주의 수성전을 칭찬하고 비단을 주어 그의 충성과 임금 섬기는 도덕을 격려했다는 것은 위에서 이미 지적 폭로한 바와 같이 사리에 가깝지 않은 말이다. 조국의 강토와 인민을 유린하다가 고구려의 전국적 혈전으로 패퇴하는 침략의 괴수—조국의 원수에게 정의의 승리자인 안시성주가 어찌 성 위에 올라 허리를 굽히고 존경을 표할 수 있었으랴? 당제가 비단을 주었다는 것은 이것이 만일 사실이라면, 당제가 자기의 형식적인 면목을 차려서 자기의 부하를 격려하는 책략에 지나지 않는다. 즉 그때 연개소문 장군에게 화살집을 선사한 것과 동일한 태도였을 것이다.

당시 당나라 침략 군대를 격퇴하는 전쟁에서 안시성의 승리는 금번 소련의 반파쇼 조국 전쟁에서의 스탈린그라드 승리와 동일한 결정적 중요성을 가지고 있었다. 안시성주는 연개소문 장군에 다음가는 고구려 인민의 영웅이었으므로 그의 성명이 무엇이었던가는 우리 조국의 후손들로서 찾지 않으면 안 될 흥미를 가지고 있다.

《당서》와 《삼국사기》에는 그의 성명이 기재되지 않았으며, 안시성

---

54 연개소문 정변 이전에 이미 안시성주로 임명됐다고 봐야 하므로 이를 연개소문이 맡겼다고 볼 수 없다. 당시 지방 성주는 중앙의 연개소문 정변과는 거리를 두거나 반대하는 입장도 적지 않았음을 보여주는 사례다.

주 '양만춘'이란 것은 송준길宋浚吉(이조 17세기 유명한 학자이며 대신)의 《경연일기經筵日記》에서 보였는데, 그에 의하면 "윤근수尹根壽가 일찍이 중국에 가서 듣고 기록한 것이라" 했으나 윤근수(선조 때 사람)가 기록한 근거는 아직 알 수 없다.[55]

그러나 윤근수와 동시대 학자 이수광李睟光의 《지봉유설芝峯類說》 권15, 〈절의조節義條〉에 "혹자는 말하기를 안시성주의 이름이 양춘陽春이란 것은 《고기古記》에서 나온 것이라고 한다" 했으니, '양춘'이 '양만춘'과 자음이 서로 근사한 것과 《고기》에서 나왔다는 것을 보더라도 양만춘 세 자가 근거 있는 것으로 인정할 수 있다.

이 밖에 유명한 전설은 즉 당제 이세민이 안시성을 칠 때에 안시성주의 화살에 맞아서 한쪽 눈이 상했다는 것이다.

고려 말경에 목은牧隱 이색李穡의 시 〈정관음貞觀吟〉[56](정관은 당태종의 연호)에 "주머니 속 미물이라 하잘 것 없다더니 검은 꽃이 흰 날개에 떨어질 줄 어이 알랴(爲是囊中一物爾, 那知玄花落白羽)"라는 구절이 나온다. '현화玄花'는 눈(目)이며 '백우白羽'는 화살이다. 이 시구의 의미는 즉 당태종이 수십만 대군을 거느리고 안시성을 포위 공격하는 것을 마치 주머니 속에 들어 있는 물건을 끄집어내는 것처럼 쉽사리 알았다가 화살에 맞아서 눈을 까버렸다는 것이다.

---

55 양만춘에 대한 기록은 윤근수의 《월정만필月汀漫筆》에 전하고 있다. 《월정만필》은 양만춘에 대한 기록이 현전하는 가장 초기의 기록이다. 여기서 윤근수는 이 이름을 명나라 원병인 오종도吳宗道에게 들었다고 했고, 또 "감사 이시발李時發을 만났더니 '《당서연의唐書衍義》에 안시성주 이름이 양만춘'이라고 나온다"고 말했다고 기록했다. 이 《당서연의》는 《당서지전통속연의唐書志傳通俗演儀》를 가리키는 것으로 명나라 웅대목熊大木이 지은 연의식 소설이다. 즉 양만춘은 명나라 소설에서 가공해 만든 이름일 뿐이다.

56 정확한 제목은 〈정관음유림관작貞觀吟楡林關作〉.

또 이조 영조시대 사람 김창흡金昌翕의 시 〈북경행北京行〉[57]에 "천추에 대담한 양만춘은 용의 수염 눈동자를 화살 한 대에 떨어뜨렸네(千秋大膽楊萬春, 箭射虯髯落眸子)"라는 구절이 나온다. 규염虯髯은 당태종을 가리킨다. 이 시구의 의미는 즉 고금에 유례없이 용감한 양만춘은 활로 당제 이세민을 쏘아서 그의 눈을 까버렸다는 것이다.

이런 것들을 보아도 당제 이세민이 안시성전투에서 화살에 눈을 상하고 급히 패배해 돌아갔다는 전설은 상당히 오랜 유래와 근거가 있음을 잘 알 수 있다. 《당서》나 그들의 정사正史에는 물론 이것을 숨기고 바로 쓰지 아니했으며, 《삼국사기》는 안시성주의 성명이 전해지지 않은 것을 애석히 여기고 당제의 탈신 도주의 위경을 지적함에 그쳤다.

《책부원구》에 의하면 당제가 요동 전역에 병사와 함께 나서서 친히 지휘했으므로, "적의 성벽을 가기 백 보를 넘지 않는다"는 소식을 들은 태자는 대단히 우려해 서신으로 자중하기를 요망했다. 그리고 《당서》에 당제가 패전해 돌아오는 도중에 헐미(癧)[58]로 말을 두고 가마(步輦)를 탔으니 또 태자가 그의 헐미를 빨아 주기도 했다 하니, 이것을 보면 당제가 무슨 부상을 당한 것만은 사실이다.

《삼국유사》에는 수양제의 가슴이 고구려인의 화살을 맞았다 하나 수나라 역사에는 이를 감추었으며, 송나라 태종도 거란인에게 다리에 두 화살을 맞았는데 정사에는 이것을 쓰지 아니했으니, 이는 모두 당시 왕조 봉사자들의 동일한 필법이었다. 즉 '중국 천자'로서 그들이 외이

---

57 동생 김창업을 연경으로 보내는 시.
58 '헌데(부스럼이나 상처가 나서 살갗이 헐어 상한 자리, 악창, 등창)'를 뜻하는 북한 등지의 방언.

外夷에게서 몸에 상처를 받았다는 것은 위신상 중대한 손상으로 생각한 까닭이었다.

안시성주의 화살이 당제의 눈에 맞고 안 맞은 것이 성주의 전투 공훈을 본질적으로 가감하지는 않겠지만, 포악무도한 침략자가 정의의 화살에 간담이 떨어진 것은 통쾌하고 첨예한 사실이므로 이같이 논증하는 바이다.

10 │ 당태종의 재차 침입과 연개소문 장군의 연차 격퇴

위에서 말한 바와 같이 당제-이세민은 일찍이 출병하기 전에 정천숙鄭天璹 등 여러 신하의 출병 반대에 대해, "지금 당나라는 수나라와 비교할 것이 아니다" 하며 또 "수양제는 그 신하와 인민에게 잔인하게 했고 고구려는 그 인민에게 인애仁愛 했으며, 반란을 생각하는 군대로 화평한 민중을 공격했으므로 수나라는 성공하지 못했다. 그러나 나에게는 반드시 이길 방책이 대개 다섯 가지가 있으니 첫째 큰 것으로써 작은 것을 치는 것, 둘째 순順으로써 역逆을 치는 것, 셋째 치治로써 난亂을 치는 것, 넷째 일逸로써 노勞를 치는 것, 다섯째 열悅로써 원怨을 당하는 것이므로 어찌 승리하지 못함을 걱정하랴?" 하고 침략 전쟁을 결행했다.

그러나 당태종은 수양제를 평론하는 데는 현명했지만 자기와 고구려를 비판하는 데는 너무나 암매했다. 소위 다섯 가지 반드시 이길 방책이란 것은 모두 자기를 과대평가하고 고구려를 과소평가한 일련의 망상이었다. 대관절 그는 연개소문의 정변이 고구려 인민의 애국적 단결을 고무하고 그들의 강경한 지지를 받고 있는 객관적 실정을 전연 무시했으며, 따라서 외적이 한번 충격하면 고구려 민심은 대번에 와해하고 연개소문의 정권은 필연적으로 넘어서 버릴 것으로 속단했다.

이는 최근 파쇼 원흉 히틀러가 자기 병력을 과대시하고 민족정책의 우수성과 계획 경제의 승리적 성과에 근거한 소련의 국가적 실력을 전연 무시하고 야수적인 침략을 감행했던 것과 서로 유사한 죄악적 오산이었다(물론 시대적 성격은 판이하지만). 이는 고금을 물론하고 침략자들의 공통된 착각이다. 그러나 당제의 죄악적 착각은 이번 치명적 패퇴로써 능히 개정되지 못했다.

이번 승리로 고구려의 강성은 천하를 위압했으니 대막리지 연개소문의 정치적 지위와 군사적 영예는 조국의 안전 독립과 함께 욱일승천旭日昇天의 기세로 출현했다. 그러나 대막리지는 당시 당나라 사람들의 악평과 같이 승리에 도취해 무모한 '교자驕恣'와 거오倨傲(거만하다는 뜻)를 일삼아 국사를 그릇뜨리기[59]에는 너무나 영명했다.

연개소문은 전후 국내 복구 사업에 힘쓰며, 국교 조정에 대해서는 너그럽고 엄격한 두 면으로 심심한 주의를 가지고 당나라의 복수적 태도를 될 수 있는 대로 완화하려고 했다. 그리하여 이듬해(646) 5월에 사절을 보내어 평등적 입장에서 국교의 재개를 교섭하며 미녀를 당제에게 보내 주기도 했다.*

그러나 당제 이세민은 연개소

> * 고구려왕과 개금蓋金(연개소문)이 사절을 보내어 사죄했다는 것은 위조의 말이며, 미녀는 당제가 연개소문이 자기를 희롱하는 것으로 알고 도로 보냈다.

---

59 그르게 만든다는 뜻인 듯.

문 장군에 대한 의심과 공포가 더욱 심해지고 고구려에 대한 침략적 기도가 일층 발악적이었다. 그는 전자 자기가 안시성에서 패배하고 돌아올 적에 선사한 전통에 대해 연개소문이 사례를 표하지 않은 것, 연개소문이 보낸 서한의 내용이 모두 속임과 거짓뿐이고 실상이 없다는 것, 당나라 사절에게 연개소문이 거만했다는 것, 고구려는 당나라의 국방상 기회와 트집을 항상 엿보고 있다는 것, 또는 신라와 친선하지 아니하다는 것-이런 것들을 이유로 하여 당제는 고구려와 국교를 단절하고 재차 침략을 시도했다. 그러나 전번의 쓰라린 경험으로 보아 깊이 침입하는 작전은 도리어 자기에게 불리한 것을 고려하고 당분간 국경 요란 작전을 취해 고구려의 피해를 촉진하려 했다.

그리하여 보장왕 6년(당나라 정관 21, 647) 즉 패전 후 2년 만에 좌무위 장군 우진달牛進達을 청구도靑丘道 행군대총관을 삼아 군사 만여 명을 거느리고 내주萊州에서 해로로 진격하게 하고, 이적을 요동도 행군대총관으로 삼아 군사 4000명과 영주도독부의 군사를 인솔하고 신성도新城道에서 해로로 진격하게 하되, 수전을 잘하는 군인들을 양군에 배속했다. 이는 고구려 수군에 대항해 발해의 제해권을 장악하고 해륙 연합작전을 용이하게 하자는 것이었다.

이듬해 정월에 고구려는 다시 사절을 당나라에 보냈으나 국교는 여전히 파열되었다. 당제는 고구려가 대전 후 당나라군대의 국경 요란 작전으로 상당히 피폐한 줄로 잘못 인식하고 내년을 기다려 30만 대군으로 대거 침입할 방침을 세웠다. 특히 군량 운수에서 종래 육상 운수의 불편을 느끼었으므로 다시 해상 운수의 편리를 위해 검남釗南의 목재로써 큰 배를 현지에서 만든 다음에 무협巫峽에서 장강長江을 거쳐 다시 바다로 내주에 집중하게 했다.

적장 설만철薛萬徹은 갑사甲士 3만을 인솔하고 내주에서 바다를 건너 압록강에 들어와서 박작성泊灼城(압록강 하류인 듯)[60] 남쪽 40리쯤에 진을 치고 있으므로, 박작성주 소부손所夫孫은 군사 만여 명을 동원해 항전하며 연개소문 장군은 고문高文을 보내어 오골, 안지安地(안시) 양성의 3만 명을 인솔하고 소부손을 원조해 두 개 진을 만들어 적군에 응전하게 하니 적군도 진영을 나누어 싸웠다. 이렇게 지구전을 하는 동안 적장 설만철, 배행방裵行方 사이에 공을 다투어 서로 불화했으나 마침내 패전하고 돌아갔다.

그러나 침략광인 당제 이세민은 안시 패전 이후 두 차례의 출병이 모두 실패로 종결되었으므로 그의 분한과 초조는 극도에 달했다. 그가 최후의 대거 침략을 계획하니, 그의 현명한 신하 방현령房玄齡은 임종할 때에 글을 한 장 올려서 "안으로 수양제를 위해 설치하려 하고 밖으로는 신라를 위해 복수하려는" 것이 극히 어리석다는 것을 풍간諷諫했다. 그러나 당제는 듣지 않고 군비 확장에 열중하다가 결국은 그의 죽음이 침략을 중지하게 했다(보장왕 8, 당나라 정관 23년 4월에 당태종은 임종의 유서로 고구려 원정을 정지했다).

---

60 현재 중국 랴오닝성 단둥시 외곽에 있는 호산산성으로, 평양성에서 요동으로 이어지는 교통로.

11 | 이치:
당고종의 연차 침략과
연개소문 장군의 계속 격퇴

조국의 독립과 민족의 생존을 위해 연개소문 장군은 강적 이세민을 거꾸러뜨렸으나 국제 정세는 안정을 얻지 못하고 여전히 다사다난했다. 이세민의 사거로써도 당나라의 고구려 침략을 끝맺지 못했을 뿐만 아니라 남방의 신라와 북방의 거란은 당나라와 연결해 고구려의 존립과 발전에 적지 않은 견제를 주었다.

보장왕 13년(당고종 5, 654)에 왕은 안국고安國固를 보내어 말갈의 군대와 연합해 당나라군대를 치다가 신성에서 불리했다 하나, 이는 당고종 이치李治의 침략적 기도에 대해 일격을 가하지 않을 수 없었던 것이다. 그리고 백제, 말갈과 합력해 신라 북쪽 경계를 쳐서 33성을 빼앗았더니 신라 태종 무열왕(김춘추)의 요청에 응해 이듬해 2월에 당고종의 특명을 받들고 영주도독 정명진과 좌위중랑장中郎將 소정방 등이 군대를 거느리고 요수를 건너온 것을, 고구려군은 귀단수貴端水[61](신성 부근)에서

---

61   원문에는 귀수단이라고 잘못 표기했다.

반격하고 다시 신성에 들어가 굳게 지키니 적군은 할 수 없어서 외곽과 촌락을 불살라 없애고 퇴거했다.

이세민의 뒤를 이은 이치는 자기 부왕의 패전적 수치를 갚고 침략의 전통을 지속하기 위해 연개소문 장군에 대한 도전을 그치지 않았다. 보장왕 17년(당고종 현경顯慶 3, 658) 6월에 적장 정명진, 설인귀 등은 고구려군의 용감한 전투로 적봉진赤峯鎭에서 패퇴했고, 이듬해 11월에 고구려 장군 온사문溫沙門은 설인귀 등을 횡산에서 격파했다. 이처럼 고구려의 강경한 항전으로 당나라군대의 계속 침범이 항상 실패에 돌아가므로 당제 이치는 대단히 고민하던 차에, 외교술에 가장 기민한 신라의 요청에 응해 공격의 초점을 고구려에서 백제로 옮겼다.

그리하여 보장왕 19년(신라 태종 7, 백제 의자왕 20, 당고종 현경 5, 660) 8월에 당나라와 신라가 연합해 먼저 백제를 공격 점령한 다음에, 11월에 당나라는 이 승리의 기세를 이용해 다시 소정방, 계필하력, 유백영劉伯英, 정명진 장군들을 보내 길을 나누어 고구려를 침범하게 했으나 이것으로써는 미약하므로, 그 이듬해 정월에 당나라는 하남북河南北, 회남 67주 병사 4만 4000여 명을 모집해 평양, 누방의 행영에 파송하고, 소사업蕭嗣業을 부여도 해군총관으로 삼아 회흘回紇 등 제 부병을 거느리고 평양을 향하게 했다.

4월에 당제 이치는 임아상任雅相을 패강도浿江道 해군총관으로 삼고 계필하력으로 요동도 해군총관을 삼고 소정방으로 평양도 행군총관을 삼아 소사업 및 제 호胡의 병사 합계 35군을 거느리고 수륙병진하게 했다. 당제 이치는 스스로 대군을 통솔하고 친히 출정하려다가 그의 신하 및 황후 무武 씨의 간언이 있고 또 자기 부왕의 실패한 전례도 있어서 자신이 친히 출정하는 것은 중지했다.

사태가 이와 같이 중대해지므로 연개소문 장군은 먼저 신라가 고구려의 배후에 침입하는 것을 방지하기 위해, 장군 뇌음신惱音信에게 말갈 장군 생해生偕와 합군해 신라의 술천성述川城을 치고 나아가 포차, 비석 등 공성기구攻城機具로써 북한산성北漢山城을 포위 공격해 성중의 식량 보급의 길을 차단하고 신라병의 서쪽 진공을 견제하게 했다.

그리고 패강(대동강大同江)에서 마읍산馬邑山(대동강 하류에 있는 성인 듯)에 이르기까지 빼앗은 다음 평양을 포위하는 소정방의 군대를 연개소문 장군은 격퇴하고 평양의 수위를 강화했으며, 그의 장남 연남생男生을 시켜 정예병 수만을 인솔하고 압록강을 파수해 적의 군사들이 건너오지 못하게 했다. 때마침 압록강에 얼음이 어는 시기이므로 피차간에 나아갔다 물러갔다 하는 싸움이 상당히 격렬해 사상자가 많았다. 그러나 고구려군은 능히 항전해 전국이 장기화되고 또 한절과 식량 결핍 등 여러 가지 불리한 조건이 절박하므로 당제는 드디어 압록강 변 일대의 군사들을 철수했다.

이듬해(보장왕 21) 정월에 연개소문 장군은 당나라군대의 재차 침입을 철저히 격퇴하기 위해 적장 좌효위장군 옥저총관 방효태龐孝泰와 사수蛇水[62](대동강 하류인 듯)에서 교전해 방효태와 그의 아들 13명 이하 전군을 섬멸하고, 또 한편 큰 눈이 내린 것을 기회로 하여 평양을 포위하는 소정방과 신라 김유신의 원조군을 일격에 격퇴해 버렸다.

---

62 당시 당군이 평양성을 포위 공격한 상황을 고려하건대, 사수는 평양성과 가까운 대동강의 지류인 듯하다. 평양 동쪽을 흐르는 합장강으로 보는 견해도 있다.

이때 신라는 당나라군대와 공동 행동을 취하나 실제로는 관망적인 태도를 취하고 고구려와 당나라가 함께 피폐해질 것을 기다려 어부의 이를 보려 했다.

이 사수전투는 안시성 패전 이후 당나라군대의 최대 패전인 동시에 연개소문 장군의 최후 대승리였다. 소정방은 적의 명장이며 백제 공멸의 원훈元勳으로서 평양 포위를 두 번이나 했으나, 연개소문 장군의 초인간적 전략과 그를 조국의 수호신으로 절대 지지하는 고구려 인민의 결사적 분투로 연거푸 패퇴당하고 말았다. 연개소문 장군이 세상에 존재하는 한에는 적의 대군은 사반세기의 지리한 기간에 백전백패의 수치스러운 상태를 한결같이 반복했다.

* * *

이에 하나 논란이 될 수 있는 것은 신라와 당나라의 연합군이 백제를 공멸할 때에 고구려가 어떠한 태도를 취했던가 하는 것이다. 당고종이 그 부왕 태종의 고구려를 먼저 멸망하게 하는 방침을 변경해 백제를 먼저 멸망하게 하는 방침을 취한 것은 그 목적이 강적인 고구려를 쉽게 멸망하려는 데 있었다. 이는 "임금께서 고구려를 멸망하려면 먼저 백제를 없애야 한다"는 유인궤劉仁軌의 건의에서 명백히 발로되었다. 이 순망치한의 필연적 정세를 연개소문 장군은 모를 리가 없었을 것인데, 남은 기록들에 의하면 그는 종래 연맹국인 백제의 멸망을 강 건너편 불을 구경하듯 했으니 이것이 무슨 까닭이었던가?

여기에는 응당 두 가지 이유가 있었을 것이다. 그 하나는 당나라의 백제 원정군이 수로로 바다를 건너 신라의 당항포薰項浦(남양만인 듯) 등지에 상륙했으므로 고구려로서는 이를 방어하기가 곤란할 뿐더러 백제를 출병 원조하는 경우에는 당나라와 신라라는 앞뒤의 적을 만날 위험이 있었으며, 다른 하나는 백제 공멸에 나당 양국의 병력이 소모될 것을 예상하고 고구려군의 강화를 도모하는 어부의 이익을 얻으려 한 동시에 백제 실력이 상당히 지구전을 할 것으로 인정했던 것이다. 이상 두 가지로 추측되나 어쨌든 백제에 대해 *그*가 적극적이며 유효한 원조를 취하지 못한 것은 연개소문 장군의 실책으로 보지 않으면 안 될 것이다.

12 | 연개소문 장군의 사후 및
전통적 영향

고구려의 동맹국인 백제는 이미 멸망했으며, 서쪽의 당나라와 남방의 신라는 부강하고 전성한 기세로써 고립된 고구려를 해륙 각 방면으로 강력히 계속 공격하고 있으니 국제 정세는 고구려의 존립에 결정적으로 불리했다. 더욱이 장기간의 전쟁으로 고구려의 경제는 발전되지 못하고 국력은 피폐했다. 대막리지 연개소문의 25년간 집정은 요컨대 고구려의 험난한 국운을 25년간 연장했던 것이므로 연개소문의 서거는 즉 고구려의 멸망을 예고하는 것이었다.

보장왕 25년(신라 문무왕文武王 6, 당고종 건봉乾封 원년, 666) 4월에 연개소문 장군은 사반세기를 걸쳐 복잡한 풍운과 영웅적인 광영으로 충만한 대막리지의 생활을 마치며, 23년간 여당전쟁의 첨단에서 조국과 민족을 강포한 이웃나라들이 호시탐탐하는 최대 대상으로 남겨 두고 감을 수 없는 한 많은 눈을 감았다. 그의 서거가 한번 발표되자 당나라는 침략에 더없는 환희를 느끼고 침략의 마수를 적극적으로 발동하려 했다.

그리하여 그가 서거한 후 수년이 되지 않아(보장왕 27, 668) 당나라의

끝없는 침략의 결과로 동명성제가 창건한 700년 왕조는 멸망하고 광개
토대왕이 개척한 광범한 국토는 파괴되었으며, 또 '선인 왕검의 집(仙人
王儉之宅)'으로 자랑하던 왕도 평양에는 적군의 안동도호부安東都護府가
설치되었다.*

　　고구려의 멸망에 대한 구체적 사유를 고찰해 보면 외부의 국제적
정세도 물론 험악했지만 중요한 것은 자체 내부의 모순과 분열이었다.
연개소문 장군의 장자 연남생은 9세에 부친의 임명으로 선인이 되고

---

* 연개소문이 죽은 해에 대해 《삼국사기》는 신구 《당서》 및 《자치통감》과 같이 모두 당고종 건봉 원년
　즉 보장왕 25년(666)에 서거했다 했는데, 최근 40년 전에 중국 낙양에서 발견된 천남생묘지 泉男生墓誌
　에 그의 부친 연개소문의 죽은 해는 기록되지 아니했으나 "24세에 나머지 관직은 그대로 하면서 장군
　을 겸했다. 28세에 막리지로 임용되고 삼군대장군三軍大將軍을 겸하니, 32세 때 태막리지로 더해 군
　국軍國을 총괄하는 아형원수阿衡元首[63]가 되었다. … 의봉儀鳳 4년(679) 정월 29일 (공이) 병을 얻어
　안동부의 관사에서 돌아가시니, 춘추 46세였다(廿四兼授將軍餘官如故 廿八任莫離支兼授三軍大將軍 卅
　二加太莫離支摠錄軍國阿衡元首 … 以儀鳳四年正月廿九日遘疾薨於安東府之官舍春秋有四十六)"[64]라
　고 쓰여 있으니, 이것을 보아서는 연개소문의 서거 연대가 전래하는 사기들과는 다르다 할 수 있다.
　당고종의 의봉 4년은 서기 679년이고 연남생은 46세인즉 연남생의 24세는 즉 보장왕 16년 정사 丁巳
　이다. 28세의 연남생이 막리지라는 고구려의 재상이 되어 삼군대장군이라는 군사상 최고사령관을 겸
　임했다는 것은 즉 이 해에 연개소문이 죽고 그의 막리지 직위를 계승했다고 볼 수 있으며, 32세 즉 보장
　왕 24년(665)에는 다만 연남생에게 대막리지를 가위加位 한 데 지나지 않는데, 후래 역사가들은 연남생
　의 대막리지의 가위에만 주의를 돌려 이것으로써 이 해에 대막리지 연개소문의 서거를 추정한 것이 아
　닌가? 연남생의 24세 즉 보장왕 16년(657)에 연개소문이 서거했다면 이는 9개년이 단축되며 따라서 백
　제 멸망의 이전에 해당된다.
　그러면 보장왕 21년 즉 서기 662년에 연개소문이 당나라 장군 방효태와 사수에서 싸워 적군을 대파했
　다는 기사는 어떤 이유인가? 당나라 사람은 막리지를 줄곧 연개소문으로만 간주하고 막리지 연남생 대
　신에 연개소문으로 기입한 것이라고 볼 수 있다. 그리고 고구려, 백제 동맹정책의 주동 인물인 연개소
　문이 백제 멸망 시기에 아무런 원조의 표시가 없었다는 것은 일대 의문인데, 만일 연개소문의 서거가
　보장왕 16년이라면 문제는 다행히도 풀리게 된다.

63　아형은 재상을 말한다.
64　원문에는 약간 오류가 있었다. "男生二四年 任莫離支 兼授三軍大將軍. 三十三 加太莫離支 總錄
　　軍國阿衡之道. … 以依鳳 四年 正月十九日 遭疾薨於安東府之官舍 春秋四十六." 빠진 글자도
　　있고, 32세를 33세로, 의봉 4년 1월 29일을 19일로 오기했으므로 수정했다.

신채호도 일찍이 연남생의 묘지를 인증해 연개소문이 죽은 해에 10년의 오산이 있다고 지적했다. 그러나《당서》(110, 《열전》35 〈제이번장諸夷番將 남생전〉에 다음과 같이 언급돼 있다.

"천남생의 자는 원덕元德, 고려 연개소문의 아들, 9세에 아버지의 임명으로 선인先人(仙人, 즉 고구려 벼슬 조의선인)이 되었고 중리소형中裏小兄에 옮겨졌으니, 당나라의 알자謁者와 같다. 또 중리대형中裏大兄이 되어 나랏일을 보고 모든 사령辭令은 천남생이 주장했다. 중리진태형中裏鎭太兄에 승격한 지 오래므로 막리지가 되어 삼군대장군을 겸했고 대막리지에 올라서 제 부에 안출安出(순시)해 아우 천남건男建, 천남산男産으로 나랏일을 보게 했다…."

상기[65] 직위 순서는 묘지墓誌와 대개 차이가 없으며, 혹시 연개소문이 생존할 때에 연남생을 막리지로 임명하고 자기는 대막리지가 되었다가 죽은 후에 연남생이 비로소 대막리지를 물려받은 것으로 볼 수 있다. 그러면 보장왕 25년(666) 연개소문 사거라는 종래의 기록이 틀림없으며,《당서》및《삼국사기》에 연개소문이 죽고 연남생이 대신 막리지가 되었다는 것은 막리지와 대막리지를 구별 없이 쓴 것일 것이다.

하여간 독자의 참고를 위해 두 가지 설을 같이 써서 두며 아직은 종래 기록의 사년死年에 의해 논술한다.

여러 번 직위를 옮아서, 부친의 재세 시에 막리지가 되어 국사를 맡아보며 부친의 대리로 있다가 부친이 서거한 후에 곧 대막리지의 직위를 계승했다. 그의 두 아우 연남건, 연남산과는 처음에는 서로 우애해 신임했는데 소인배의 이간과 적국의 간첩 모략에 동요되어 한 형과 두 아우 사이에 정권 다툼이 일어났다.

　복잡 미묘한 사정은 생략하거니와 대체로 연남생은 부친의 지위와 권력을 계승했으나 그의 지위와 권력을 유지할 만한 재능과 인격을 가지지 못했으며, 또 연개소문의 집정 10여 년에 종래 귀족민주주의적인 부족협의 및 공선제도의 미풍유속美風遺俗은 거의 파괴되어 전제주의의 폐해를 견제할 도리가 곤란하게 되었다. 그리고 평소부터 연개소문의 정치적 독재에 대한 여러 다른 부족 대인들의 불평과 불만이 그의 서거를 계기로 폭발되었다.

65　원문에는 '우기'라고 쓰였으나 상기로 고쳤다.

연남생의 형제간의 권력 쟁탈은 인민의 단결을 약화했으며 인민의 단결의 약화는 결국 적의 조종을 초래했다. 곤경에 빠진 연남생은 국가와 인민을 잊어버리고 개인의 매국적 사리사욕의 구렁으로 전락했다. 이듬해 6월에 연남생은 국내성 등 6성을 들고 당나라에 투항했으며, 또 이듬해 즉 보장왕 27년(신라 문무왕 8, 당고종 총장總章 원년, 668) 9월에 자기 조국 고구려를 드디어 엎어 버렸다.

당시 당나라 시어사侍御史 두언충竇言忠이 요동에서 돌아와서 당제 이치에게 말하기를 "옛날 선제先帝(당태종)가 문죄問罪 출병했으나 성공하지 못한 것은 적의 틈이 없었던 까닭이었는데, … 이제 연남생은 형제가 서로 싸워서 우리 향도嚮導가 되어 적의 내정을 우리가 다 알게 되었으며, 장수는 충성하고 군사는 힘이 나니 신은 반드시 승리할 것으로 생각합니다"(《신당서》) 했다.

이것은 당시 고구려 패망의 주요 원인 하나를 단적으로 간파한 것이다. 그의 생전에는 천하무적의 대적을 연거푸 분쇄하고 조국을 반석 위에 올려놓고 위명을 만국에 떨치던 대막리지의 원훈으로써도 사후에는 한개 매국자인 연남생의 반역을 속죄하게 하지 못했으니, '호부견자虎父犬子'의 한탄이 이에서 더하랴?

그러나 일국의 집정자이며 대정치가로서 자기 국가의 후사에 대해 효과적인 처리를 끼치지 못한 것은 그 당시 실정의 여하를 불문하고 연개소문의 원려 없는 결점으로서 뒷사람들은 지적하지 않을 수 없다.

《당회요》에 의하면 당시 고구려 성의 수는 176이요 호수는 69만 7000이었는데, 당나라는 이를 9도독부로 나누어 42주 100현을 두었다 한다. 그러나 이듬해(당고종 총장 2, 669) 이적의 보고에는(《삼국사기》) 압록수(압록강) 이북 항복 안 한 성 11, 입록수 이북 항복한 성 11, 압록수 이북 도망한 성 7, 압록수 이북 쳐서 얻은 성 3이라 했으니, 이것을 보면 당시 당나라 침략 군대는 수도 평양성을 점령했을 뿐이고 압록강 이남 깊숙한 곳에 있는 성의 대부분은 적군의 세력권 외에 있었으며, 요동 방면에는 성읍의 태반이 유지되고 국내와 환도 두 성도 아직 완전했으며 장백산 동북의 지역에는 아무런 적군의 영향도 없었다.

고구려의 영토는 수당의 대국에 비해 실로 10분의 1, 2에 지나지 않았으며 인구도 같은 비례의 정도였는데, 수당 두 나라가 58년[수의 대업 7년(611) 이래 당의 총장 원년(668)까지]을 걸쳐서 전후 대소 10여 차례나 침략했으나 겨우 고구려 수도 이하 수개 성의 일시적 점령에 지나지 않고, 소위 9도독부의 배치는 이름뿐으로서 실지 그들의 세력이 해당 지역에 파급된 것은 절대로 아니었다.

당나라 침략자들이 국력과 인민을 피폐하게 해 가면서 고구려와 백제의 수도를 차례로 강점하고 전승의 축배에 도취해 있는 동안에 백제의 옛 땅 전부는 신라의 수중에 넘어감에 따라 당나라가 설치한 웅진, 마한馬韓 등 5도독부는 전복되었으며, 연개소문의 아우 연정토淵淨土가 12성 763호, 3542명을 들고 신라에 귀화한 뒤에 고구려 수립성水臨城 사람 모잠대형牟岑大兄(모잠은 인명, 대형은 관명)은 남은 민중을 수습해 가지고 궁모성窮牟城에서 패강의 남쪽에 와서 당나라의 관리와 당나라의 승려 치안治安 등을 죽이고 연정토의 아들 안승安勝[66]을 받들어 신라

---

66 고구려 28대 보장왕의 외손자. 연정토淵淨土의 아들이라고도 한다. 아마 연정토의 아들로서 보장왕의 외손자일 수 있다.

에 청원해 고구려 왕위를 계승했으며(신라 문무왕 10, 670), 또 신라는 당나라가 평양에 설치한 안동도호부를 구축하고 평양 이남의 고구려 옛 땅을 그의 통치 밑에 집어넣었다(신라 문무왕 17, 677).

이와 거의 때를 같이해 만주 일대의 광범한 지역에서는 고구려 유족 대 씨(길리걸중상吉利乞仲象의 아들 대조영大祚榮)가 인솔한 고구려, 말갈 연합군에 의해 '진震'이란 국호 밑에서 고구려의 재건이 실현되었다(699). 발해의 본디 국호는 '진'이었는데 그 뒤 당나라 사람들이 발해로 불렀으므로 드디어 자타가 공인했으며, 거만 무례한 당나라 사람으로서도 고구려를 계승한 발해의 문화, 정치 및 군사 모든 방면에 대해 '해동성국海東盛國'이라 이르지 아니할 수 없었다.*

이상에서 말한바 신라와 발해가 모두 당나라의 침략 군대를 구축하고 당나라의 압제와 예속을 거부하며 백제와 고구려의 옛 땅을 곧 회수했으니, 이는 강포한 외적의 침략에서 조국을 구출한 연개소문 장군의 영웅적 전통과 당시 인민의 자주 단결의 운동에 기초한 것이었다. 더욱이 '대大' 씨의 '크'는 '고高', '개蓋' 등과 동음이역으로 고구려의 대성大姓이며, 대씨가 고구려와 말갈의 유족을 통

* 종래 여·당의 승패와 발해의 흥망도 거란과의 관계가 중대했다. 당태종이 고구려를 침략할 때에는 거란을 연개소문의 영향에서 분리해 거란과 연합하려 했으나 오히려 심복하지 아니했고, 고구려가 멸망한 뒤에 거란은 신라의 융성과 고구려 유족의 동향에 자극되어 당나라를 무시하고 영주(지금 조양현朝陽縣)에서 반란을 일으켜 고구려 옛 땅 점령에 야심을 발로했으나, 이때 대조영은 고구려, 말갈의 인민을 인솔하고 거란과 인연을 끊고 천문령天門嶺(봉천성 회덕懷德 지방)에서 당나라 장군 이해고李楷固를 격퇴했다. 그리고 대 씨는 거란이 당나라를 배반하고 돌궐에 복종해 요서의 길을 차단하는 기회를 타서, 길림吉林 동방에 왕도王都를 정하고 당나라의 안동도호부(평양이 신라에 귀속된 후에는 안동도호부가 요동 신성에 잠시 이설)를 드디어 고구려 옛 땅에서 구축해 버렸다. 그리하여 발해 200여 년 동안에는 거란이 여전히 큰소리를 치지 못하고 있다가 드디어 발해를 멸망하게 하고 그 옛 땅을 점령했다(926).

일적으로 인솔한 것은 연개소문 장군이 설정한 고구려, 말갈 연합군의 전통과 체제를 계속한 것이었다.

그러므로 당나라 침략에 의한 고구려의 멸망은 몇 개 도성의 강점에 지나지 않으며 국토와 인민의 멸망을 의미하지는 않는다. 연개소문 장군의 견결한 적개적 정신과 탁월한 군사 예술은 길이 우리 민족의 자주독립과 조국 보위에 대한 우수한 민족적 전통으로 되고 있는 바이다.

13 │ 결론

연개소문 장군은 우리 영웅 조선의 위대한 선조의 한 사람이다. 1000 여 년을 두고 봉건윤리론자들은 그를 흉악한 역신으로 규정하며, 사대주의자들은 그를 무지한 독불장군으로 날조해 그의 영웅적 업적을 남김없이 말살했다.

그러나 당시 동방 여러 나라를 진동하던 그의 의기와 위풍은 의연히 청사靑史의 일면에 빛나며 인민의 구비에 진파되어, 마치 찬란한 성광월색星光月色이 검은 구름장의 틈으로 새어 내리는 것과 같다.

첫째 연개소문 장군의 정변은 자기 조국을 투항주의자인 용군간신庸君奸臣의 손에서 구출했으므로 그는 영류왕 개인의 역신이었으나 그 반면에 전 고구려의 위대한 충신이었으며, 둘째 그의 항당 투쟁은 외적의 강포 무도한 침략을 계속적으로 분쇄 격퇴하고 조국의 자주독립을 확보했으므로 이는 정의에 입각한 영예로운 승리자였다.

이세민은 연개소문이 그 군주를 죽이고 그 대신들을 죽이고 그 인민들을 학대했다는 것으로 침략의 구실을 삼았으나, 그것이 한개 기만적인 악선전에 지나지 않는다는 것은 당시 역사가 이미 엄중하게 폭로했다. 자기 조국을 적국에게 팔아먹으려는 용군과 간신을 숙청하는 것은 어느 시대 어느 민족을 물론하고 정의의 행동이며, 4반세기에 걸친 가혹한 전쟁에서 항상 강대한 외적을 격파하고 조국의 자유 독립을 보장한 것은 '인민을 학대하는' 수령들에게는 절대로 있을 수 없는 사실이다. 그러므로 연개소문 장군의 승리는 무엇보다도 당시 고구려 인민의 적극적인 지지와 신임을 기초로 한 데서 실현되었음을 단언할 수 있다.

다만 여기에서 우리가 한번 다시 고찰해야 할 것은 연개소문의 정변이 일시 우연한 쿠데타가 아니고 고구려의 사회적 발전 행정에 중요한 특징을 부여했다는 것이다. 즉 연개소문의 정권은 종래 각부 자치적 분산성을 청산하고 강력한 중앙정권을 자기 독재로 수립했다. 다시 말하면 고구려의 봉건국가가 종래 지방분권주의에서 중앙집권체제로 전환되고 있었던 것이다.

연개소문은 한갓 전략자가 아니고 그 시대의 탁월한 정치가였다. 왜 그러냐 하면 가장 강대한 외적과 오랫동안 전쟁하는 과정에서 내치, 외교 여러 방면에서 우수한 수완을 발휘하는 정치가가 아니고는 그와 같은 승리를 조직 확보할 수 없는 까닭이다. 그리고 그의 전략 전술에서는 당시 백전백승에 천하무적을 자랑하는 당제 이세민과 신라 영걸인 김춘추, 김유신 일파를 대수로 하여 항상 승리를 확보한 그 사실 자체가 이것을 웅변적으로 설명하고 있었다.

신채호의 《조선사화》《조선사》 9편 〈고구려 대당전역〉[67]에 의하면 연개소

---

67 정확한 서명은 《조선상고사》이며 〈고구려 대당전역〉은 10편에 해당한다.

문이 지은 병서兵書가 세상에 전해져 고려 시대에 그것이 무관시험의 한 과목으로 되었다고 하니, 이 전설이 과연 확신할 만한 사실인지는 알 수 없으나 어쨌든 연개소문 장군의 병법이 그의 생존 시부터 이미 유명했던 것은 다음의 사실이 증명한다.

즉 중국 무경칠서武經七書[68]의 하나인《이위공문대李衛公問對》는 이세민과 이정이 병법의 원칙을 서로 문답한 기록인데, 이 두 사람은 탁월한 전략가로 자처했을 뿐만 아니라 여러 호걸의 세력을 압도하고 소위 대당大唐을 창건한 군인으로서 가위 안하무인격의 자존심을 가지고 있었음에도 그 문답의 첫 머리에 연개소문의 병법을 논제로 삼았으니, 이것을 보면 연개소문 장군은 거대한 전략가로 그 당시에 이미 외적에게도 공인되었음을 알 수 있다.

지금 중국에 전해지는《규염객전虯髯客傳》[69]과《설인귀 동정극東征劇》같은 것은 비록 소설과 연극으로써 연개소문에게 패전한 당태종을 변호 과장하려 한 의도에서 나온 작품이었지마는, 그 반면에 연개소문 장군의 절세한 영웅성을 스스로 반증하지 아니할 수 없는 것이다. 연개소문 장군의 전략 전술에 대해서는 금후 군사가들의 과학적 연구를 기다리는 바이다.

중국의 대전략가인 당태종과 용호龍虎 같은 제 명장 및 수 10만 정예가 치명적으로 또는 계속적으로 패배했다는 것은 고대 한인에게는

---

68 주나라 손무孫武가 쓴《손자孫子》, 전국시대 위나라 오기吳起의《오자吳子》, 제나라 사마양저司馬穰苴의《사마법司馬法》, 주나라 위료尉繚의《위료자尉繚子》, 당나라 이정李靖의《이위공문대李衛公問對》, 한나라 황석공黃石公의《삼략三略》, 주나라 여망呂望의《육도六韜》를 일컫는다.
69 당나라 때의 통속고사에서 전한 이야기.

일종 불가사의한 문제였으며, 따라서 승리자인 연개소문 장군의 군사
가적 지위는 또한 수백 년 동안 물론物論의 대상으로 되어 왔다.

송나라 유명한 문인이며 정치가인 소식蘇軾, 왕안석王安石 같은 사
람도 모두 연개소문을 특출한 영웅으로 평가했으며, 더욱이 왕안석은
자기 임금인 송신종宋神宗이 "당태종과 같은 영걸로서 소국인 고구려
를 친히 정벌해 이기지 못한 이유"를 물음에 대해 "연개소문은 그의 지
략이 당태종을 압도할 만한 비상한 인물"이라고 대답했다.

그러나 이것으로써는 당시 당태종의 패배와 연개소문 장군의 승리
의 이유에 대한 완전한 평가가 될 수 없다. 왜 그러냐 하면 연개소문 장
군이 지략과 전술에서 능히 이세민을 압도한 영걸이었던 것은 틀림이
없는 사실이었지마는, 이러한 개인적 역할보다도 당시 고구려의 국민
적 단결과 조국 방위의 정의가 사령관의 우수한 군사적 영도와 장병들
의 영웅적 투쟁을 충분히 발휘케 하여, 외적 침략의 기세가 여하히 강
대하더라도 능히 그것을 극복하고야 마는 역사적 정당성을 저들은 근
본적으로 간과했던 까닭이다.

부기 | 연개소문 장군의 인물과 그에 대한 일화, 전설

연개소문은 고구려 5부 중 중앙부인 계루부桂婁部(동부 또는 서부라 하나 천 남생묘지에는 계루부) 대인(부의 어른)의 가계로서,[70] 조부는 자유子遊, 부친은 태조太祚니 모두 막리지(당나라의 병부상서 겸 중서령中書令, 즉 군사와 정사를 총리 하는 것)의 벼슬에 올랐다.

그의 성이 연淵인 것은 그의 아우가 연정토인 것과 서부 명칭이 연 나淵那(연노涓奴)란 것으로써 확인된다.[71] 《당서》에 당고조 이연의 연淵 자를 피해 '천泉' 또는 '전錢'으로 대용했는데, 연남생 묘지와 《삼국사 기》 등은 당나라 사람이 사용한 전례를 그냥 인습했다. 그리고 연개소 문은 개금盖金으로도 썼는데 '금金'은 우리말의 '쇠'로서 '소문蘇文'과 동어이역인 듯하다. 《삼국유사》에는 "자칭 성은 개盖, 이름은 금金이라

---

70 천남생 묘지에 계루부 출신이라는 것은 오류다. 묘지의 계루는 고구려를 가리키는 범칭으로 사용된 용례다. 동부, 서부 등 방위명을 갖는 부를 고구려 초기에 등장하는 계루부, 소노보 등과 대응시키는 당나라 기록들은 잘못으로서, 동부는 계루부와 전혀 관계가 없다는 것이 현재 학계의 통설이다.
71 연개소문의 '연' 씨는 고구려 초기 연노부와는 전혀 관련이 없다.

하고 관위는 '소문蘇文'에 이르렀으니 즉 시중侍中의 직이라" 했다.*

연개소문은 풍모가 웅장하고 의기가 호매豪邁하며 수염이 아름다워서 중국 고대 사람이 말하는 동방 '대인국大人國'의 인품을 대표했으며, 자질이 총명하고 위풍이 사람을 압복하고 15살 때부터 명성이 세상에 떨쳐졌으며 일찍이 부친의 서부대인의 자리를 계승했다.*

* 《일본서기》에 '개금'을 '이리가수미伊梨柯須彌'로 음역했으며,[72] 그의 위명이 멀리 일본까지 전파되던 것이다. 전설에 연개소문의 집터가 강화江華 증봉산甑峯山 위에 있었다고 하나 이는 믿지 못할 말이다.

* 세상에 전해지는 사화史話 중에 연개소문은 자기가 물속에서 출생했다고 자칭해 군중을 미혹하게 했다는 말과 또 막리지가 된 후에는 몸에 다섯 개 칼을 차고 갓, 띠, 신, 옷들을 모두 황금과 채색으로 꾸몄으며, 말에 오르고 내릴 때에는 반드시 군대로써 호위하고 길 앞잡이는 긴 소리로 행인들을 금했다고 하는 말도 있었다. 그러나 이는 모두 당시 그를 미워하는 사람들의 과장일 것이다.

《삼국사기》에 '그의 부친 서부대인인 대대로大對盧 (대막리지의 동음이 역인 듯)가 죽고 연개소문이 '대인'의 자리를 계승하려 하니 나라 사람은 그의 성질이 사나워서 높은 지위에 둘 수 없다 하여 반대했다. 연개소문은 군중에게 사죄하고 청원하기를 직위를 주어 보아서 만일 성질을 고치지 않고 잘못하거든 그때에는 패위를 당해도 후회치 않겠다고 하니, 군중은 그제야 동의해 계승하는 것을 허락했다' 한다.

* * *

《해상잡록》에는 당태종이 자기 부하인 이정(당태종의 제일 명장)에게 묻되

72　《일본서기》, 〈고교쿠천황〉 춘정월 21일(642).

"연개소문의 병법은 과연 옛날의 누구에게 비하겠는가?" 하니, 이정은 대답하기를 "옛 사람은 알 수 없으나 오늘 폐하의 여러 장군 중에서는 적대자가 없으며, 비록 폐하의 높은 위엄으로 임할지라도(천자가 친히 정벌하더라도) 이기기 어려울 것입니다"라고 했다. 당태종은 이 말을 듣고 좋아하지 않으면서 "중국의 큼과 인민의 많음과 병력의 강함으로 한개 연개소문을 두려워하랴?" 하니, 이정은 또 말하기를 "연개소문이 비록 한 사람이나 재기가 만인에 뛰어났으니 어찌 두려워하지 않으리까?" 했다.

그러나 이제《당서》에 의하면 태종이 장차 요동을 치려 할 때 이정을 불러 자기 앞에 앉히고 "공은 남으로 오회吳會를 평정하고 북으로 사막을 소탕하고 서쪽으로 모용慕容을 평정했으나 오직 동쪽에 고려(고구려)가 복종하지 않으니 공의 의견이 어떠한가?" 하니, 이정은 대답하되 "신이 일찍이 천자를 의지해 작은 공을 세웠는데 이제 비록 병들어 쇠약하나 폐하가 진실로 버리지 않으시면 병이 또한 나아갈 것입니다" 했다. 그러나 태종은 그의 늙음을 민망히 여겨 허락하지 않았다고 했다. 이와 같이 당태종이 고구려 침략에 이정에게 종군할 것을 허락하지 아니한 것을 보아 반드시 무슨 이유가 숨어 있었던 것이며, 늙음으로 허락하지 않았다는 것은 한개 표면적 구실이었을 것이다.

당나라 시대 소설《규염객전》

* 중국 전설인〈오십생남전五十生男傳〉[73]은 그 내용이 역시《규염객전》과 같이 연개소문을 주인공으로 한 것인 듯하다 하여 신채호가 일찍이《조선사화》에《갓쉰동전》이라는 제목으로 논술했으나 한개 야담이므로 여기에는 소개를 피한다.

73   50에 아들을 낳았다는 이야기인데, 정확한 내용은 알 수 없다.

은 당나라 사람 장열張悅의 저작으로 일반이 알고 있으나, 노신魯迅은 《중국소설사》에서 당나라 사람 두광정竇光庭의 작품이라고 했다.*

> 두광정의 《규염객전》(《태평광기太平廣記》 193)[74]은 널리 전해져 있다. 두광
> 정은 촉蜀의 도사로서 왕연王衍에게 벼슬했고 저술이 많은데 대체로 거
> 짓말이 많다. 《규염객전》의 주인은 양소의 기생으로서, 홍불자紅拂子를
> 갖고 있는 자가 처음 가난한 생활을 할 적에 이정을 알게 되어 회화하고
> 도망하려는 도중에 규염(수염을 구부려서 용과 같이 만든 것)객을 만났다. 규염
> 객은 이정의 비범한 것을 알고 자기 재물을 써 가면서 병법을 교수했는데,
> 이정은 그것으로 태종을 도와 당조를 수립케 했다. 그런데 규염객은 해적
> 을 스스로 영솔하고 부여국에 들어가서 그 왕을 죽이고 자기가 왕이 되었
> 다. 후에 사람들이 이 옛일을 재미있게 여기어 그림을 그려서 그들을 삼협
> 三俠(세 협사)이라고 했고, 희곡으로서 명조明朝의 능초성凌初成의 《규염
> 옹虯髯翁》이 있다. 장봉익張鳳翼과 장본화張本和는 각각 홍불기紅拂記
> 를 지었다
>
> ─ 노신, 《중국소설사》, 마스다 와타루增田涉 역, 50쪽[75]

이곳에 나타난 규염객은 고구려 연개소문이라고 추정한 선배들도 있다. 그래서 영재泠齋 유득공柳得恭(이조 정조 때 시인)은 시에서 "서경의 기생들에게 물어 보니, 이무기 수염을 한 분이 바로 막리지라오(爲問西

---

74 원문에는 〈광기 193〉이라고만 기재되어 있는데, 〈태평광기〉를 가리킨다.
75 루쉰 저, 마스다 와타루 역, 《지나소설사》, 도쿄: 천정당, 1938. 마스다 와타루(1903~1977)는 중국문
학연구자이자 루쉰의 제자.

京紅拂妓, 虯髥客是莫離支)"[76]라고 했다.

중국 무경칠서의 하나인 《이위공문대》는 이정과 당태종이 병법에 관해 서로 문답한 것인데, 그 첫머리는 다음과 같다.

고구려가 신라를 자주 침공하므로 내가 사절을 보내어 설유하나 듣지 아니하니 군사를 내어 고구려를 치면 어떠할까? 당태종의 이 물음에 이정은 대답하기를 내가 알아본즉 연개소문이 자기가 병법에 능통한 것을 믿고 중국은 고구려를 칠 능력이 없다고 하기 때문에 명령을 복종하지 아니하는 것인즉, 저는 청하건대 군사 3만을 거느리고 가서 치면 연개소문을 능히 사로잡으리리다. 이 말을 들은 태종은 다시 묻기를 멀리 있는 고구려를 그와 같은 적은 군사로 치려면 어떠한 병법을 써야겠는가? 이정은 또 대답하기를 저는 정병正兵의 방법으로써 그를 정복하려 합니다···(高麗 數侵 新羅, 朕遣使諭, 不奉詔, 將討之如何, 靖曰, 探知盖蘇文自恃知兵, 謂中國無能 故違 命, 臣請師三萬擒之, 太宗曰, 兵少地遙, 以何術臨之, 靖曰, 臣以正兵···).

이 문답을 설정한 동기가 어디 있었던가? 요컨대 당태종이 고구려 인민의 애국 전쟁에서 수치스러운 패배를 당하고 돌아왔으며 그는 또 옳지 못한 복수전을 시도하다가 항상 실패를 되풀이하는 도중에 죽었는데, 그 당시 그의 어용 문필인들이 자기 황제의 패전을 은폐하고 연

---

76 조선 정조 때 유득공 시 〈이십일도회고二十一都懷古〉 가운데 '고구려 5'의 일부. 전체 내용은 "고구려를 하구려라 잘못 생각해(句麗錯料下句麗)/ 주필산 푸르름이 육경대부 늙게 했다(駐山青老六卿)/ 서경의 기생들에게 물어 보니(問西京紅拂妓)/ 이무기 수염을 한 분이 바로 막리지라오(髥客是莫離支)" 인데, 원문에는 '홍불기'를 '紅拂子'로 잘못 썼다.

개소문 장군의 탁월한 전략과 우수한 군사 영도 예술을 은연히 비방하며 과소평가할 목적으로 이미 백골화한 이정의 입을 빌려서 모호 맹랑한 문답을 조작한 것이었다.

그러나 이 글에서도 연개소문 장군의 탁월한 전략 전술 특히 그의 반침략 전쟁의 가열하고 지리한 과정을 통해 발휘한 승리와 위풍이, 당시 당나라 사람들 특히 군사가들의 심리를 얼마나 위압하고 있었던가를 넉넉히 짐작할 수 있다.

이뿐 아니라 중국 민간에서 최근까지도 연출하고 있던 《설인귀 동정극》을 보면 물론 사실을 전연 왜곡한 것이지만,[77] 이 반면에 종래 한인의 통치계급이 당태종의 치명적 패전을 자기들의 수치로 여기고 연개소문의 절세적인 위풍에 간담이 떨어질 만큼 공포했던 사실을 뒤집어 꾸민 형적이 뚜렷이 나타나는 것을 또한 간파할 수 있다. 이와 같은 전설과 일화는 요동 각지 즉 연개소문과 당태종의 직접 교전 지역에서 구비로서 남아 있는 것을 얼마든지 수습할 수 있으나 이는 모두 생략한다.*

* 《삼국유사》(권3 〈보장봉로보덕이암〉)의 양명보응설 羊皿 報應說[78]은 연개소문을 모욕한 기괴 황당한 전설이다. 이는 당시 불교 승려들이 연개소문의 삼교병용정책三敎幷用政策과 도교존숭정책을 반대한 데서 나온 기괴한 이야기였다.

---

77 중국 저우언라이 총리도 1963년 6월 28일 조선과학원 대표단을 접견할 때 "극 가운데 당나라 사람 설인귀가 있는데, 그는 바로 동방을 정벌해 당신들을 침략한 사람인데 우리 연극에서는 그를 숭배한다"라고 비판적으로 지적했다.

78 수양제가 고구려를 침공했다가 패배하고 돌아갔을 적에 그의 신하였던 양명 羊皿이라는 사람이 자신이 죽어서 훗날 고구려의 대신으로 태어나 그 나라를 멸망하게 하겠다고 했는데, 죽은 뒤 '개금' 즉 연개소문으로 태어나 고구려를 멸하는 데 이바지했다는 설이다. 곧 양명을 합하면 개盍가 된다.

김유신

서언

스탈린은 모스크바 800주년[1] 기념 축사에서 다음과 같이 말했다.

세계의 어느 나라를 물론하고 봉건적 분열과 제 공국의 분쟁에서 해방되지 못했다면, 독립의 유지나 중요한 경제적 및 문화적 장성은 생각조차 할수 없다. 오직 중앙집권적 통일국가로 결속된 그러한 나라만이 중요한 문화적 경제적 장성의 가능과 자국의 독립의 확호한 가능성에 대해 생각할수 있다. 모스크바의 역사적 공적은 그가 러시아에서 중앙집권제적 국가를 창건하는 데 항상 기간 및 발기자가 되어 왔으며 또 되어 있다는 거기에 있다.

---

[1] 1947년이 모스크바 창건 800주년이었다.

그러면 옛날 러시아에서 모스크바의 역사적 공적과 같이, 우리 조선의 고시대에서 대립 분쟁하는 여러 왕국을 중앙집권제적 통일국가로 결속해서 중요한 문화적 경제적 장성과 자국의 확호한 독립을 가능하게 한 발기자는 과연 누구였는가? 이 문제에 대해서는 계림鷄林의 육부六部를 중심으로 하여 변한弁韓, 가락駕洛 등 군소 국가를 차례로 합병하고 고구려의 일부와 백제의 전부를 통합해 삼국통일의 위업을 성취한 신라였다고 역사는 대답하고 있다.

그러므로 신라의 삼국통일은 조선에서 중앙집권제적 국가를 창건하는 기간적 사업의 하나였으며, 또 경제적 문화적 장성의 중요한 조건이었으며, 따라서 독립국가로서 확립되는 진보적 현상이었다.

이와 같이 조선 고대 역사의 진보적 현상을 바로 보지 못하고 왜곡하게 보는 근래의 민족주의적 사론가史論家들은 신라의 삼국통일을 고구려와 백제의 '동족 국가'들에 대한 침해로 보며, 따라서 삼국통일 운동의 지도자요 조직자인 김유신 장군의 역사적 위훈을 도리어 '동족상

잔'의 옳지 아니한 업적으로 규정하는 경향을 표시하고 있다. 이는 역사적 시대적 성격 및 객관적 사실과 당시 인민의 이해관계를 전연 고려하지 않는 완고한 봉건적 명분론의 방법이다.

이와 같은 평론가들은 신라가 자기의 독자적인 힘이 아니고 외적인 당나라군대를 초청해 그와 힘을 합해 '동족 국가'인 고구려와 백제를 정복했다 하여, 그 썩어 빠진 민족주의적 편견으로써 신라를 견책하고 심지어 당시 신라의 지도자였으며 주모자였던 김유신을 한말韓末의 김옥균金玉均과 같은 객관적 '매족자賣族者'라고도 혹평한다. 그리하여 그들의 부당한 언론의 영향은 일반적 문필가들에게도 파급되어, 조선의 위인전이나 위대한 명장들의 명단에서 김유신 장군을 제외하는 실례가 가끔 있었을 뿐 아니라 김유신 장군에게는 외국의 침략에 대한 조국 보위의 업적이 전연 없었던 것으로 오해하고 있다.

그들의 이와 같은 정당치 않은 논평에 대해 우리는 어떻게 할 것인가? 우리는 다음과 같은 몇 가지의 명백한 사리事理로써 영용하고 위대한 우리 선조의 한 사람인 김유신 장군을 옹호하고도 남음이 있으리라고 생각한다.

첫째로 당시 고구려, 신라, 백제 삼국이 동일한 종족에서 분파되었던 것은 사실이다. 지리적으로 서로 교차되었으며 골상과 모습도 다르지 아니했으며 신앙, 풍속 및 습관으로서도 서로 유사했으므로, 당시 삼국 인민의 상호 간의 감정은 언어와 풍습이 전연 상이한 종족들을 대하는 것보다는 물론 서로 친근하고 통합하기 쉬운 가능성을 가지고 있었다. 그러나 오랫동안 대립 분쟁하는 과정에서 '동족 국가'라기보다는 서로 화해할 수 없는 경쟁 국가로서 대립하고 있다는 관념이 그들에게 오히려 지배적이었다. 만일에 이러한 역사 발전의 수준을 간과하고 근대 민족적 관념으로서 당시 삼국 상호 간의 전쟁에 대해 '동족상쟁'의 죄과를 문책한다면, 이는 역사 발전의 단계와 민족 형성의 순서를 무시하는 비과학적 인식의 표현으로 되고 만다.

둘째로 광대하지 못한 지역 안에서 또는 강대한 외적들의 포위 속에서 삼국이 분립해 서로 분쟁을 일삼는 것은 그 당시 인민에게 커다란 부담이며 견딜 수 없는 고통이었다. 그들은 어느 한 국가로서 통일되고 화평이 실현되는 것을 필연적으로 염원했던 것이다. 그런데 이 인민의 염원은 신라에 의해 실현되었다.

당시 나당연합군에 의한 고구려의 멸망으로 말미암아 조선이 '반벽강산半璧江山'으로 남아 있게 된 것은 물론 역사의 불행이며 만족한 통일로서는 볼 수 없다. 그러나 당시 중앙집권적 통일국가가 고구려도 아니고 백제도 아니고 오직 신라에 의해 어느 정도 실현되었다는 사실은, 그 당시 신라가 비교적 늦게 발전한 나라로서 경제적 발전과 정치적 활동에서 가장 민속하고 우수했음을 입증하는 외에 아무 것도 없다.

셋째로 민족주의적 편견가들은 신라가 자기 독자적인 힘으로 삼국 통일을 실현하지 못하고 외적인 당나라군대를 조선 안에 불러들이어 그와 합력해 고구려를 격멸한 조건 밑에서 그들의 지역과 주민을 서로 나누어 차지했다고 하여 신라의 비굴성을 지적하고 있으나, 그 당시 국제적 실정으로 본다면 신라의 독자적인 힘으로써는 고구려, 백제 두 나라를 통합하고 당시 당나라의 간섭을 막아 낼 수는 도저히 없었으며, 또 신라의 외교적 종용이 있고 없고 간에 백제와 고구려를 정복하려는 것은 당나라 침략자들의 이미 정해진 방침이었다.

당나라가 먼저 백제를 타격한 것은 신라를 원조하려는 것이 아니고 도리어 신라의 원조를 얻어 자기의 가장 강적인 고구려를 동서 두 방면으로 협공하는 데 유리하게 하려는 기도였으며, 이뿐만 아니라 당나라의 침략자들은 백제와 고구려를 신라와 합력해 격멸한 다음에는 신라도 불의에 침공해 조선 전폭을 자기들의 직속 영지로 만들겠다고 예산했던 것이다. 이와 같은 복잡 미묘한 국제적 정세를 신라의 영웅들은 잘 통찰해 외교상 또 군사상 자기에게 유리하게 이용했다.

넷째로 당시 신라를 이용하려는 당나라는 도리어 신라에게 이용되었다. 즉 신라는 당나라 수십만의 원정 군대를 여러 번 이용해 백제와 고구려를 격멸한 다음에 백제와 고구려 인민의 지지와 협력을 얻어 당나라의 다섯 개의 도독부를 타도하고 백제의 옛 땅을 전부 합병했으며, 또 당나라의 안동도독부를 구축하고 고구려 옛 땅의 남부를 점령해 이른바 삼국통일의 위업을 성취했다.

고구려가 멸망한 지 얼마 되지 않아 유족의 수령인 대조영 일파가 고구려 서북의 옛 땅에서 궐기해 당나라군대를 격퇴하고 진나라(震國) 즉 나중의 발해란 국호 밑에 일대 왕국을 건설한 것도(699) 역시 신라의 반당 영향에서 자극 받았던 것임을 간과할 수 없다.

그러면 신라가 당나라의 삼국에 대한 침략 전쟁을 자국의 삼국통일 전쟁으로 이용한 것은 조선 민족 발달 과정에서 거대한 역할을 한 것이었으며, 또 당나라군대가 백제를 강점한 즉시로 신라마저 공격하려다가 실패한 것과 고구려를 격멸한 후에 신라의 삼국통일운동을 파탄되게 하고자 수십만의 대군을 여러 번 출동하게 했으나 그때마다 패퇴하지 않으면 안 되었던 것-이 모든 사실은 신라가 외적의 침략과 간섭에서 영웅적으로 싸워 자기 조국을 확대 강화했음을 말한다.

다섯째로 신라는 견실한 자주적인 입장에서 당나라의 세력을 이용했다. 다시 말하면 신라는 자기의 주체적 역량으로써 넉넉히 외국 군대를 성공적으로 조종할 수 있다는 예견 밑에서 출발했다. 그렇기 때문에 우리는 당시 김유신 장군과 기타 신라의 많은 영걸의 그 기민하고 웅대하고 그리고도 견실한 정치적 전략 전술에 대해 아무런 이의²를 붙일 수 없다.

그러나 소위 일본의 세력을 이용하려던 김옥균 일파—갑신정변의 지사들은 그 수단과 방법이 저와는 전연 달랐다. 이들은 자기 개화정책을 실행할 수 있는 자주적인 역량과 물질적 기초가 준비되어 있지 못했을 뿐만 아니라, 소위 이용의 대상자인 일본의 정치적 성격 및 그 외교적 의도가 무엇인가에 대해 그들은 심각한 통찰과 주도한 대응책도 없이 일본을 배경으로 하고 그 병력을 이용해 자기 나라의 정치적 개혁, 그중에도 중앙정부의 개조를 단행한다는 것은 줄타는 광대 아이의 재주와 같이 원래 위험 무모한 계획이었다. 그들의 실패는 당연한 귀결이었다.

이럼에도 이 두 사건을 비교 대조해 동일한 성격으로 평가한다는 것은 그것이 위대한 선조의 한 사람인 김유신 장군의 역사적 업적에 대한 용서할 수 없는 모독이 아니고 무엇이겠는가?

이와 같은 몇 가지 관점에서 우리는 신라의 삼국통일 사업을 위해 정치적으로 군사적으로 최대의 책임을 가지고 국제적 무대에서 발휘

---

2   원문에는 '의의'라로 잘못 기재됐으나 오타인 듯하다.

한 김유신 장군의 숭고한 애국 사상과 예견 있는 정치적 수완에 대해, 부당한 속단으로 일관한 논평들을 쓸어버리며 정당한 재평가를 내리지 아니하면 안 될 것이다. 〈김유신 장군전〉을 쓰는 필자의 1차적인 취지는 여기에 있다.

물론 필자가 본 전에서 취급하려는 대상은 주로 장군의 군사적 업적을 통해 그의 군사 예술과 이것의 기초 조건이 되는 애국정신 및 영웅성을 분석 천명하려는 데 목적이 있다. 이 반면에 김유신 장군은 삼국통일의 국가를 창건하는 데 한갓 군사적으로 활동했을 뿐만 아니라, 군사적 활동에 못지않은 아니 그것의 안받침이 되는 정치적 업적이 거대했다는 것을 간과해서는 안 된다. 다시 말하면 김유신 장군은 고시대의 조선에서 우수한 군략가인 동시에 정치가였으며, 이것은 그가 수십 년간 '나가면 장군이요 들어오면 정승'으로서 신라 전성시대를 전개한 역사가 웅변적으로 말하고 있다.

01 김유신 장군의 소년 시대와 전설, 일화에 나타난 그의 애국정신 및 영웅성

《삼국사기》《열전》에 의하면 김유신은 가락국駕洛國 시조 김수로金首露 왕의 12세손으로, 신라의 김 씨와는 조계3가 달랐다. 그래서 지금까지도 김수로왕과 김유신의 후손들은 김해를 본관으로 하며, 신라의 김 씨 김알지金閼智의 후손들은 경주를 본관으로 한다. 신라의 김 씨들은 자기들이 소호小昊 금천金川4 씨의 후손이라 했고 김유신 비에도 김유신은 금천 씨의 후예라고 돼 있으나 이는 일부 신라 인사기 중국의 문화를 숭배하는 관념에서 나온 문구들이었고, 신라의 김 씨나 가락의 김 씨는 중국 상고시대의 전설적 인물인 금천 씨와는 아무런 관계가 없었다.

조선 고어에 신神 또는 군장君長을 '검'이나 '김'이라 했으므로 단군왕검王儉, 항검恒儉의 '검'은 신라 왕족의 '김金'이나 가락 왕족의 '김金'이나 다 같이 '검'의 음역이었으며, 조선어와 동일한 어족에 속한 일

---

3 조계祖系로 조상의 계보를 뜻한다.
4 중국 고대 전설의 임금.

본어에서도 조선어의 '검'을 '가미(神)'로, 조선어의 '김'은 '기미(君)'로 발음하고 있다.

그러나 조선 고어인 '검'은 본래 '곰(熊)'의 전음轉音이며, '곰'을 신神 또는 군장의 칭호로 한 것은 단군신화에 나타난 바와 같이 상고 조선족은 '곰'의 토템족이었음을 증명한다. 그러면 신라의 김 씨나 가락의 김 씨가 그 기원에서는 북방의 부여족 및 고구려족과 같이 '곰' 즉 웅족熊族에서 분열되었음을 알 수 있다.

김수로왕의 9세손 김구해仇亥의 자손은 신라 조정에서 벼슬을 했다. 김유신의 조부 김무력武力은 신주도新州道[5] 행군총관行軍總管이 되었고 일찍이 백제와 싸워서 그 왕과 장수 4명을 포로로 하고 1만여 명의 수급을 베었으며, 김유신의 아버지 김서현舒玄(유신의 비에는 소연逍衍으로 돼 있으나 모두 동음이역이다)은 벼슬이 소판蘇判으로 대량주大梁州[6]도독에 이르렀다. 그러면 김유신 장군의 가정은 군사상 공적으로 신라 조정에서 이미 저명했던 것이다.

장군의 아버지 김서현은 젊었을 때 길가에서 신라 갈문왕葛文王 입종立宗의 아들 숙흘종肅訖宗의 딸 만명萬名을 보고 마음에 들어서 추파를 보내고 중매를 기다릴 것 없이 서로 사랑했다. 숙흘종은 그 내용을 알고 예법에 벗어난 행동이라 하여 자기 딸 만명을 별실에서 가두어 두었더니, 때마침 우레 소리에 문지기들이 혼란하는 틈을 타서 만명은 탈출해 김서현을 찾아 가서 함께 만노군萬弩郡[7]으로 달아났다. 그곳에서

5   신주는 한강 유역으로 나제동맹을 파기한 뒤 신라가 차지한 지역이다.
6   현재 경남 합천. 대야성, 대양주大良州 등으로 부르기도 한다.
7   현재 충북 진천.

꿈에 어떤 동자가 황금 갑옷을 입고 구름을 타고 마루로 들어오는 것을 보고 장군을 밴 지 20개월 만에 진평왕 건복建福 12년(595, 수문제 개황 15) 을묘에 출산했다 한다. 장군이 나매 그 아버지가 이름을 지으려고 하여 부인에게 말하기를, "나는 경진庚辰 날 밤에 좋은 꿈을 꾸고 이 아이를 얻었기 때문에 이름을 경진이라고 하여야 할 것이지만 옛 예법에 월일月日로 이름을 짓지 않는다고 했으니, 유庾라는 글자가 경庚 자 모양과 비슷하고 신信이라는 글자가 진辰 자와 음이 같으며 그뿐 아니라 중국 옛날에 유신庾信이라는 유명한 사람도 있었으니 이 아이를 유신이라고 이름하는 것이 좋겠다"고 했다.

장군은 15세에 화랑으로 추대되었는데 그를 따르는 무리가 많았고 그들을 용화향도龍華香徒라고 불렀다.* 신라와 화랑제에 대해서는 역사가의 의견이 여러 가지이나, 필자의 고찰에 의하면 그것은 《삼국사기》에 있는 기록과 같이 인재를 감식하기 위해 신라의 진흥왕 때에 처음 설립한 제도는 결코 아니었고, 그 제도의 기원은 벌써 원시시대의 신앙풍속과 공동체적 민주 선거제의 결합물로서 출발한다.

원시시대의 인민은 어린아이를 신성시해 신神의 의탁자로 알고 섬겼었다. 중국 옛날 제례에서 어린이를 시동尸童으로 모신 것이라든지

> * 용화는 불교에서 나온 말인데,《형초세시기荊楚歲時記》[8]에 4월 8일 사찰들에서 모두 재를 올리고 오향수五香水로 부처를 목욕시켜서 용화를 차리고 미륵강생의 징조라고 했으며, 향도는 더럽고 속되지 아니한 무리 즉 도를 닦는 무리라는 의미일 것이다.

---

8   6세기경 중국 양나라의 종름이 쓴 연중 세시기. 형초, 곧 지금의 후베이, 후난 지방의 행사와 풍속 등을 기록한 책이다. 조선 후기 홍석모의《동국세시기》에 인용되었다.

진시황이 동남동녀童男童女를 파견해 삼신산불사약을 캐게 한 것이라든지가 모두 어린 남녀를 신성시하는 관념에서 나온 행사들이었다. 그밖에 여러 나라의 옛적부터 내려오는 풍속에서도 정동남녀貞童男女를 신성시하는 습관의 유물을 광범히 찾아낼 수 있다.

특히 우리 고대 조선에서는 족장 즉 추장 또는 후보자를 선정할 적에 얼굴이 단정하고 어여쁘며 성질이 영특한 어린아이를 선택해 한 족속이 모두 그를 받들었는데, 여권시대女權時代에는 여자아이를, 남권시대男權時代에는 남자아이를 골랐다. 부여왕 해부루解夫婁가 사내아이 금와金蛙를 얻어서 태자로 삼은 것이라든지, 신라의 시조 박혁거세朴赫居世 부부가 다 어린아이로서 육부의 추대를 받았던 일이라든지, 가락국의 시조인 수로왕이 어린아이로서 아홉 간장干長의 추대를 받았던 것이라든지, 또 신라의 석탈해昔脫解와 김알지가 모두 어린아이로서 수양되었다는 것이라든지는 모두 어린아이를 추대하는 제도에서 나온 전설들이다.

어린아이를 추대하는 제도가 상고시대에서는 일정한 공적 제도로 내려오다가 군주세습제가 확립된 뒤부터는 그것이 한 개 사회 풍속으로 잔존해 어떤 특정한 사회단체의 의식이 되었다. 신라 화랑제도는 원시사회 추장 또는 후계자의 선거제도에서 기원해 신라 왕조에 와서는 한 개 소년단의 제도로 존재했던 것이다. 진흥왕은 이것을 정치적 어용단체로 유효하게 이용했던 것이다.

그러므로 김유신 장군이 15세 소년으로서 화랑이 되었다는 것은 즉 신라의 특유한 소년단-청년단의 단장이 되었다는 것을 의미하고 별다른 신비한 의미는 없었으며, 그를 복종하는 무리가 많았다는 것은 장군의 인격과 통솔력이 우수했다는 것을 말한다.

　김유신 장군은 소년 시절에 한동안 방종해 천관天官이라는 창녀娼
女에게 정을 주고 다니었는데, 그의 어머니 만명부인은 그것을 알고 하
루는 장군을 불러 놓고 말하기를 '내 나이 벌써 늙었으나 밤낮으로 네
가 장성해 공명을 세울까 바랐더니 이제 네가 망나니 패에 어울려서 술
집 기생방에 돌아다니느냐?' 하고 울었다. 장군은 어머니 앞에 나아가
서 '다시는 자기가 그런 데 가지 않겠다'고 맹세했다. 그랬더니 하루는
술에 취해 자기 집으로 오는데 장군을 싣고 오는 말이 눈 익은 길을 따
라 천관의 집으로 들어갔다. 그 창녀는 오래간만에 오는 장군을 반기며
원망하면서 눈물을 흘리고 맞았으나 장군은 깜짝 놀라서 말에서 뛰어
내리어 '이 놈의 말이 내 결심을 모르는가' 하고 찼던 칼을 빼어 말 머
리를 베어 안장과 함께 내버리고 집으로 돌아가고 말았다. 그곳은 장군
이 말을 벤 골목이라 하여 참마항斬馬巷이라는 명칭이 후세까지 유명했
다. 그때에 그 창녀가 장군이 정을 끊은 것을 원망해 노래를 지었는데
이것이 〈천관원사天官怨詞〉로서 후세에 전해 내려온다(《동국여지승람》 권21,
〈고적古蹟〉,《동경잡기東京雜記》2,〈고적〉). 또 후래 시인들이 이 일화를 주제로
하여 많은 시가를 읊었다.

　김유신 장군은 17세에 고구려와 백제가 신라의 국경을 줄곧 침략
해 자기 조국이 위태하며 인민이 전쟁에 쪼들리는 것을 보고 분개해 자
기 손으로 외적들을 평정하고 조국을 부강 태평한 나라로 만들어 보겠
다는 결심을 가지게 되었다.

　그래서 그는 홀로 중악中岳⁹의 석굴 속에 들어가서 목욕재계하고
하늘에 맹세하기를, '적국들이 무도하기가 승냥이나 범과 같아서 우리

나라 강토를 침략하며 인민이 쉴 날이 없기 때문에, 나는 신라 국민의 한 사람으로 자기의 무재무능한 것을 헤아리지 않고 원수를 쳐서 물리치고 국가의 위협을 없이할 것을 뜻하오니, 하느님께서 내 소원을 이루어 주시기를 바랍니다'라고 축원했더니, 어느덧 삼베옷을 입은 노인 하나가 그의 앞에 나타나면서 '맹수와 독사가 많고 사람의 자취가 없는 이곳에 귀여운 소년이 홀로 있는 것은 무슨 까닭인가?' 하고 물었다. 김유신 장군은 그 노인을 보고 '노인님은 어디서 오셨으며 존함은 누구시냐'고 물으니 노인이 대답하기를 '나는 일정한 주소도 없고 특별한 이름도 없다' 했다.

장군은 그이가 보통 노인이 아닌 것을 짐작하고 절을 한 다음 앞으로 나아가서 '저는 신라 사람인데 나라의 원수를 보고 통분함을 참지 못해 이곳에 와서 나를 가르쳐 주실 신인을 만나려 했는데, 다행히 노인님을 만났으니 저의 정성을 불쌍히 여기시고 방술을 가르쳐 주소서' 했다. 노인은 아무런 대답도 하지 않았다. 장군은 울면서 여러 번 간청했더니 그제야 노인은 '그대가 어린 사람으로 삼국을 통일할 뜻을 가지고 있으니 대단히 장한 일'이라고 하면서 군사상의 비결을 가르쳐 주고, '그대가 이것을 배운 후에 절대로 다른 사람들에게 망령되게 가르쳐 주지 말기를 바란다. 만일 이 비결을 옳지 못한 일에 사용하면 도리어 화를 받을 것이다.' 이렇게 말한 다음에 작별했다. 장군은 2리쯤 따라가다가 홀연히 그를 잃어버리고 산 위에 찬란한 오색 빛을 보았을 따

---

9   단석산斷石山을 뜻함. 경주에서 약 40리 떨어진 건천읍에서 산내면으로 가는 도중 왼편에 우뚝 솟아 있는 산으로 경주 부근에서 가장 높은 산.

름이었다.

이듬해 진평왕 건복 29년(612)에 고구려와 수나라의 대전쟁이 있었다. 장군은 18세였다. 이웃 나라의 침범이 더 심하므로 크게 격분한 나머지 홀로 보검을 차고 인박산咽薄山[10] 깊은 골짜기 속에 들어가서 향을 피우고 하늘에 빌며 맹세하기를 이전 중악에서와 같이 하니, 천신天神이 그의 보검에 영기를 내려 주고 셋째 날 밤에는 허성虛星[11]과 각성角星[12]의 빛이 내려 드리우며 보검이 저절로 움직이는 듯했다 한다.

이와 같은 전설들은 물론 당시 인민이 장군을 보통 사람으로 생각하지 아니하고 특이한 영웅으로 숭배하는 데서 생겼으나, 심산 석굴에 가서 목욕재계하고 단식 금욕하고 정성을 들이면서 자기의 소원을 천지신명에게 고하고 맹세해 무슨 감응이 있기를 바라며, 동시에 심신이 황홀한 가운데서 자연 현상을 자기 기원에 대한 감응으로 생각하는 그러한 형식은 신라 시대뿐만 아니라 어느 나라의 어떤 종교를 물론하고 특히 중세기의 습관으로서 행해진 행사였던 것이므로, 상술한 김유신 장군의 행사도 그가 조국의 융성을 염원해 그처럼 견실한 독지篤志를 가졌다는 점에서 그의 애국정신을 보여 준다.

* * *

김유신 장군의 소년 시대에 관한 전설의 하나는 다음과 같다.

---

10 경주 백운산으로 추정. 열박산이라고 읽기도 함.
11 이십팔수二十八宿의 열한째 자리에 있는 별들.
12 이십팔수의 첫째 자리에 있는 별들.

백석白石이라고 하는 사람이 있었는데 그는 자기가 어떤 사람인가를 숨기고 장군의 화랑도에 참가해 여러 해를 그곳에서 보내었다. 그는 장군이 소년으로서 고구려와 백제를 정벌하기 위해 밤낮 계획하는 줄을 잘 알고 하루는 장군에게 말하기를 "당신의 큰 뜻을 나는 깊이 찬동하는 바다. 그러나 적을 치려면 적을 잘 알아야 하니까 한번 나와 동행해 고구려로 가보지 않겠는가?"라고 물었다. 장군은 기뻐하면서 그와 함께 길을 떠났다.

가다가 어떤 재에 앉아 쉬었는데 그때에 웬 여자 두 사람이 나타나서 결국 동행하게 되었다. 그다음에 또 골화천骨火川이라는 곳에서 유숙할 때에 웬 여자 하나가 나타나서 장군의 곁에 왔다. 장군은 세 여자와 재미나게 이야기를 주고받으며 그들이 주는 맛 좋은 과자도 받아먹고 하는 사이에 서로 친근해져서 이제는 심정이 서로 통할 만큼 되었다.

그런데 그 여자들은 장군에게 저 백석을 떼어 두고 우리끼리 숲속에 들어가서 이야기하자고 귓속말로 속삭였다. 장군은 그 말대로 숲속에 들어가니까 여자들은 갑자기 변해 귀신의 모습으로 되더니 우리는 사람이 아니라 나림奈林[13], 혈례穴禮, 골화 세 지역에 있는 호국신들인데 지금 당신이 적국의 밀정에게 유인되어 가는 것을 보고 말리려고 이곳까지 온 것이라고 말하고 문득 그들은 없어져 버렸다. 장군은 그 말을 듣고 놀라서 땅에 엎어졌다가 다시 그 신녀들에게 절하여 감사를 드리고 나서 골화관에서 밤을 지냈다.

그리고 장군은 백석에게 타국으로 가는 데 필요한 문서들을 잊어

---

13 원문에는 내림奈林이라고 표기돼 있음.

버리고 왔으니 집에 돌아가서 그것을 가져오자고 말했다. 백석은 좋다고 동의했다. 장군은 집에 돌아오자 곧 백석을 결박하고 고문했다. 백석은 다음과 같은 자백을 하지 아니할 수 없었다.

우리 고구려 조정의 군신은 모두 신라의 김유신을 전에 고구려에 살던 점쟁이 추남秋南의 후신이라고 생각하고 있다. 옛날에 우리 국경에서 냇물이 거꾸로 흘러간 일이 있었다. 그때에 국왕은 추남에게 점을 쳐 보라고 분부했다. 추남은 점을 치고 말하기를 이것은 왕후가 음양의 도를 역행하고 있기 때문에 나타나는 징후라고 대답했다. 왕은 크게 놀라고 괴이하게 여기었다. 왕후는 크게 성을 내고 요망한 여우가 하는 소리라고 왕에게 여쭙고 하소연하기를 '그 놈은 점을 친답시고 우리를 모욕하고 있으니 괘씸하기 비할 데 없다. 그러니 다른 것을 점쳐 보라고 해서 만약 틀리면 엄중히 처벌하자' 했다.

그리고 왕후는 궤짝 속에 남몰래 쥐 한 마리를 잡아넣고 추남을 불러서 이 속에 무엇이 들었는지 맞추어 보라고 했다. 추남은 곧 점을 치더니 들어 있는 것은 쥐요 그 수는 여덟 마리라고 대답했다. 왕과 왕후는 한 마리를 여덟 마리라고 했다 하여 그를 사형에 처했다. 추남은 죽으면서 '내 점은 결코 틀리지 않는데 나를 속여서 죽이니 내 원통하게 죽기는 하지만, 다시 적국의 대장으로 태어나서 고구려를 멸망하게 하고야 말 것'이라고 했다. 왕과 왕후는 그래도 듣지 않고 그를 죽여 버렸다.

그런데 그를 죽인 다음 미심해서 궤짝 뚜껑을 열고 쥐를 내어 그 배를 따고 보니 과연 쥐는 새끼 일곱 마리를 배고 있었다. 그들은 그제야 추남의 점이 용하게도 맞힌 것을 알고 탄복하며 황겁하기도 했다. 그

날 밤 왕은 추남이 신라의 김서현 부인의 품속에 들어가는 꿈을 꾸었다. 왕은 신하를 모아 놓고 꿈 이야기를 한 다음 '추남이 죽으면서 맹세하더니 과연 일이 그대로 된즉 이는 고구려의 큰 우환거리이다. 김서현 부인의 소생은 반드시 추남의 후신일 것이니 어떤 방법으로써든지 그를 꼭 죽여 버려야 할 것'이라고 분부했다.

벼르고 벼르던 차에 고구려 사람들은 김유신이 김서현 부인의 아들로서 극히 뛰어 난 사람이요 신라를 위해 고구려를 정벌하려 한다는 소문을 들었다. 국왕 이하 고구려의 신하는 김유신을 꼭 추남으로 인정하고 나(백석)를 비밀리에 파견했다. 나는 어떤 방법으로든지 김유신을 꾀어 죽이라고 국왕의 명령을 받았기 때문에 그렇게 행동했다고 했다.

김유신 장군은 백석을 죽이고는 앞에서 말한 세 신녀에게 온갖 맛좋은 음식을 갖추어 제사를 올리고 감사해 마지 아니했다.

이 전설은《삼국유사》의 기록에서 인용했다. 그리고 김해 김 씨의 세전世傳 기록 가운데에 쓰여 있는 김유신과 추남에 관한 전설은 그 첫머리에는《삼국유사》의 것과 대개 같고 다만 다음의 내용이 다르다.

추남의 목이 떨어지자 그 목에서는 푸른 새 한 마리가 남쪽 하늘로 날아갔다. 고구려의 임금과 신하들은 크게 근심했다. 그래서 승려 두 사람을 선택해 백제와 신라에 각각 파견하면서 추남이 죽은 시기에 해당하게 출생한 아동 중에서 장래 고구려에 걱정거리로 될 만한 것은 발견하는 대로 죽이고 돌아오라고 명령했다. 그 후 백제에 갔던 승려는 돌아와서 백제에는 그런 어린아이가 보이지 않는다고 보고했으나 신라에 갔던 승려는 영원히 돌아오지 않았다. 그의 행방은 다음과 같았다.

승려는 추남의 후신을 찾아 신라 전국을 돌아다녔다. 어떤 날 그는 신라 수도의 부근 서천西川에 이르렀는데 냇가에서는 아동 한 떼가 군사 유희를 하고 있었다. 어떤 아이 하나가 대장 격으로 되어 총지휘를 하고 있었다. 그런데 대오 중에서 한 아이가 군령을 위반했으므로 대장은 곧 군법대로 처참하니 부대의 아이들은 모두 숙연히 복종했다. 때마침 수도의 남산에서 노루 한 마리가 나타났다. 대장 아이는 그것을 잡기로 결심하고, 부하 아이들에게 명령해 짚과 새끼를 모아 온 다음에 짚으로 인형을 수두룩하게 만들어서 노루를 중심으로 삼면에 배열하고 새끼로 서로 연결해 한 끝을 잡아당기면 여러 인형이 일제히 움직여 노루를 위협하며 한 면은 출구로 열어 두고 거기에는 복병을 숨겨 두었다. 그리고는 돌격대가 들어가서 노루를 내몰았다. 노루가 그 열린 출구로 막 나올 무렵에 복병은 일어나서 노루를 쳐 죽여 버렸다.

이 광경을 바라 본 그 승려는 크게 놀랐다. 그래서 그 대장 아이의 연령과 출신을 알아보니 과연 추남의 후신인 것이 분명했다. 승려는 대장 아이에게 승리에 대한 축하의 말을 드리고 자기가 가지고 온 엿을 축하의 선물로 주었다. 대장 아이는 엿을 받고 곧 개를 불러 먹여 보았더니 개가 먹고는 그 자리에서 즉사했다. 대장 아이는 승려를 결박해 놓고 신문하기를 '네가 절에 사는 승려로서 도성에 내려와서 까닭 없이 여러 날 두류하고 있으니 첫째로 수상한 일이며, 가난뱅이 중으로 많은 엿을 우리에게 주었으니 둘째로 수상한 일이며, 또 엿에 독약을 섞기도 했으니 너는 적국의 밀정이 분명하다' 하고 고문한 결과 승려는 사실을 자백하지 아니할 수 없었다. 그래서 승려는 사형을 당하고 말았으며 그 어린 대장은 김유신 장군이었던 것이다.

고구려의 임금과 신하들은 이렇게 1차 모략에 실패했다. 그들은 다시 영리한 사람 하나를 골라서 또 밀정으로 파견했다. 그는 신라 수도에 들어와서 정찰한 결과 김유신이 추남의 후신임을 확인한 다음 오랫동안 근사해 마침내 장군 집에 일을 보는 사람이 되어 대단히 일도 잘하고 성실하게 보이었다.

어느 날 그는 장군을 유인해 서천사西川祠 부근에 놀러 가자 하고 집을 나섰다. 서천사로 가는 길에서 밀정은 앞서고 장군은 뒤따랐는데 그가 가끔 장군을 뒤돌아보는 모양이 갑자기 수상해 보이어서 장군은 짐짓 멀찍이 떨어져 걸었다. 서천사 부근에는 수목이 울창한 무인지경인데 저놈이 무슨 짓을 하겠는지 알 수 없어서 자연히 무서운 생각이 나며 어쩔 줄을 몰랐다. 때마침 길 옆 시냇물에서 웬 노파 하나가 빨래를 하고 있기에 장군은 그에게 달려가서 사람 살려 달라고 하니 노파는 자기 빨래를 담은 통 속에 장군을 숨기고 빨래로 다시 덮어 놓았다. 밀정은 가다가 돌아본즉 동행하던 아이가 문득 없어졌다. 그래서 발길을 돌려 노파에게 와서 물어 보았으나 노파는 그 아이가 도성으로 돌아가더라고 하며 바로 대어 주지 않았다.

김유신 장군은 이렇게 위기를 탈출하고는 곧 자기 집에 돌아와서 그놈을 결박해 놓고 말하기를 '네가 특별한 이유도 없이 다만 놀러 가자고 무인지경으로 나를 끌고 간 것이 첫째로 수상한 일이며, 서천사로 가는 길에서 내가 가지 않을까 하여 자주 돌아보는 것이 또 수상한 일이니 바로 말하라' 하고 고문한 결과 그는 고구려 밀정인 것과 그 밀정의 목적을 전부 자백했다.

전설은 빨래하던 노파가 서천사의 신녀로서 위기에 빠진 장군을 구해 주려고 그곳에 나타났다고 말한다. 이러한 모든 전설은 물론 옛날 영웅 숭배주의의 산물이다.

여기서 우리는 첫째로 당시 대립하고 있는 삼국이 서로 밀정과 자객을 보내는 정책을 빈번히 사용한 것, 둘째로 신불神佛이 사람을 살려준다는 관념이 국민의 사상을 광범히 지배했던 것, 셋째로 김유신 장군은 소년 시절부터 군사상의 지모와 명성이 출중해 일찍부터 하나의 전설적 영웅으로 인민의 입에 길이 전파돼 왔다는 것을 역력히 지적할 수 있다.

다음으로 김유신 장군이 어렸을 때 자기 누이동생을 김춘추(후일의 태종 무열왕)와 결혼하게 한 이야기를 하겠다.

장군의 맏누이 동생인 보희寶姬가 어느 날 밤 꿈에 서악산西岳山 위에 올라가서 오줌을 누었더니 온 도성 안에 오줌이 가득 찼었다. 아침에 그는 꿈 이야기를 했다. 이야기를 듣던 아우 문희文姬가 꿈을 자기에게 팔라고 했는데, 보희는 '네 무엇으로 꿈값을 갚겠는가' 하고 물으니 문희는 비단 치마를 주겠다고 대답하고 결국 비단 치마로 꿈을 샀다.

며칠이 지났다. 정월 오기일午忌日[14]에 김유신 장군은 김춘추와 함께 자기 집 앞에서 축구[15]를 하다가 고의로 김춘추의 옷자락을 밟아 옷고름을 다치게 한 다음 미안해하면서 자기 집에 가서 옷고름을 달자고 청했다. 김춘추는 승락했다. 집에 돌아온 장군은 보희더러 바늘과 실을 가지고 사랑에 나가서 김춘추의 옷고름을 달아 주라고 하니 보희는 처녀가 남의 귀공자에게 예의상 어떻게 접근하는가 하고 거절했다. 그래

---

14 정월대보름을 가리킴.
15 축국蹴鞠을 가리킴.

서 장군은 문희더러 달라고 하니 그는 사양치 않고 춘추 앞에 나아가서 옷고름을 달아 주는데, 엷슬한[16] 화장에 눈매 가벼웁게 반짝이고 어여쁜 자태가 달과도 같이 환했다. 김춘추는 문희가 마음에 크게 들 뿐만 아니라 장군의 의사도 짐작하고 자주 내왕하다가 마침내 아이도 배게 되었다. 장군은 그것을 알고 속히 결혼하게 하려고 문희에게 말하기를 '네가 부모도 모르게 남의 남자와 상관해 아이도 배었으니 그런 법이 어디에 있는가' 하고 책망했다. 그리고 자기는 문희를 태워 죽이겠다고 온 마을이 다 알게 선언했다.

그 후 어느 날 선덕여왕이 김유신 장군 집에서 마주 건너다보이는 남산에 올라갔다. 장군은 이 기회를 타서 자기 집 뜰 앞에 장작을 가득히 재어 놓고 불을 질러 연기가 등천하게 했다. 여왕은 수상히 여기어 저것 웬 연기인가 하고 물었다. 시종들은 김유신이 지금 자기 누이동생이 어느 귀공자와 야합해 아이를 배었으므로 그를 태워 죽이려 한다고 대답했다. 여왕은 누가 그 여자와 상관했는가 하고 물으니 옆에 있던 김춘추는 얼굴이 빨개졌다. 여왕은 그의 소위인 줄 알고 '네가 일을 저질렀으니 내 명령으로 너는 빨리 가서 김유신이 태워 죽이는 것을 중지하게 하고 그 여자를 구출하고 곧 결혼 예식을 거행하라'고 했다. 그래서 장군은 자기 누이동생을 김춘추와 공개적으로 정식 결혼하게 했다. 문희는 뒷날의 문명왕후文明王后로 김법민金法敏(문무왕)과 김인문金仁問을 비롯한 유명한 여섯 형제의 어머니다. 신라 사람들은 보희의 꿈을 샀기 때문에 문희가 이렇게 행복하게 되었다고 말했다.

---

16 엷은. 담박한의 뜻.

그러나 이것은 전설이고 여기서 다만 김유신 장군은 김춘추가 장래 큰일을 할 수 있는 영웅으로 인정하고 자기 누이를 시집보냈으며, 또 이 혼인 관계를 통해 서로 신임을 더욱 두터이 했다. 이것은 뒷날 두 사람이 현군양상賢君良相으로서 뜻을 같이하고 힘을 합해 삼국통일의 위업을 수행하는 데 큰 힘이 되었다고 말할 수 있다.

02 | 김유신 장군의
백제 평정 사업과 당나라군대의
신라 침략 음모의 파탄

신라가 비록 고구려나 백제보다 몇십 년 앞서 건국했다(기원전 57)[17]고는
하나 두 나라에 비해 지역과 주민이 제일 적었고, 또 고구려가 중국의
북방 문화를 주로 수입하며 백제가 중국의 남방 문화를 주로 수입한 반
면에 신라는 반도의 동쪽 해변에 위치하고 있어서 문화가 제일 뒤떨어
져 있었다. 그러나 신라의 역대 군신들은 근검하고 백성을 사랑하며 농
업, 산업을 크게 장려해 국력을 항상 충실하게 했으며, 555년 진흥대왕
이 한강 유역을 점령한 이래로 영토가 넓어지고 국방이 강화되었을 뿐
만 아니라, 서해로 중국과 직접 상통해 수당에 대한 외교정책이 민활해
지며 구법승求法僧 및 유학생들의 문화 수입도 또한 활발해졌었다.

　　고구려 및 백제와 외교 관계에서는 진흥대왕이 한강 유역을 점령
하기 전까지는 대체로 신라가 백제와 연합해 고구려의 남침을 방어하
는 태세를 취했으나, 그 후부터는 고구려 을지문덕 장군의 백제 연합

17　기록상 가장 앞섰지만 실제로는 그렇지 않다는 것이 정설이다.

정책이 성공함에 따라 백제는 항상 고구려를 협조하고 신라를 공격하는 데 전력했으며, 그 반면에 신라는 중국의 수나라 및 당나라와 호응해 고구려와 백제 두 나라 세력을 대항해 왔었다. 이와 같은 신라의 원교근공遠交近攻의 정책은 국내적으로는 대단히 위험했으나 국제적으로는 도리어 유리했다. 이것은 강대한 고구려가 한족의 계속적인 침략과 견제를 받아 신라 공격에 전력할 수 없는 반면에 신라는 수당과 연결해 고구려를 동서 협공[18]할 수 있었기 때문이다.

그런데 신라의 입장으로서 두 적국 중 어느 것을 먼저 격멸하는 것이 필요한가 하면 이는 물론 백제였다. 왜 그러냐 하면 첫째로 몇백 리 되지 않는 거리 내에 백제와 신라 두 나라의 수도가 놓여 있어서 항상 충돌하며 격렬한 전투가 벌어졌기 때문이며, 둘째로 백제를 측면에 두고서는 고구려 공격에 전력하기가 불가능한 때문이며, 셋째로 신라가 한강 유역을 점령한 후에는 백제는 고구려와 연결하기가 지리적으로 곤란하고 따라서 신라의 포위 속에 들어 있는 것이나 다름없으므로 그를 정복하기에 힘이 들지 않았기 때문이다. 뒷날 당나라군대가 신라와 함께 먼저 백제를 공격한 것은 신라 외교정책의 성공을 말한다.

이하에서 김유신 장군의 백제에 대한 전공을 고찰해 보자.

신라 선덕여왕 인평 9년(재위 11, 642) 7월에 백제의 의자왕은 대군을 동원해 신라 서쪽 국경의 40여 성을 점령하고, 8월에 또 고구려와 합의하고 당항성[19]을 점령해 신라와 당나라 사이의 교통로를 끊어 버리려

---

18 원문에는 '협동'으로 표기되었는데 협공으로 수정하는 것이 이해하기에 편한 듯하다.
19 현재 화성시 서신면으로 추정.

했다. 신라는 당나라에 급히 사자를 보내어 정세를 통보하고 원조를 청했다. 그러나 그 원조는 곧 실현되지 아니했다.

그리고 이달에 백제 장군인 윤충允忠은 신라 대야성(현재 경상남도 합천군)을 공격해 대승리를 얻은 결과 신라 도독 이찬(伊湌(신라의 17관등 중 2관등) 품석과 사지舍知(신라 17관등 중 13관등) 죽죽竹竹, 용석龍石 등이 모두 전사했다. 품석의 처이며 김춘추의 딸인 고타소랑古陁炤娘[20]도 따라 죽었으므로 백제군대는 품석 부부의 시체를 가져다가 백제의 감옥 중에 묻어 두었다.

이 소식을 들은 김춘추는 격분해 기둥에 기대선 채로 눈을 부릅뜨고 종일토록 사람이 그 앞을 지나가는 것도 모르고 서 있더니 마침내 한숨을 훅 내어 쉬며 "아! 대장부가 어찌 백제를 집어삼키지 못할까?" 하고 국왕에게로 달려가서 자기가 고구려의 원조를 얻어 백제를 쳐 물리치고 나라의 원수를 갚겠다고 청했다. 국왕은 이것을 승락했다. 그러나 김춘추가 고구려에 가서 교섭한 결과는 뜻대로 되지 않았다.

김춘추가 고구려에서 돌아온 지 얼마 되지 않아 김유신 장군은 곧 압량주押梁州(경상도 경산) 군주軍主가 되었다. 신라의 고구려에 대한 교섭이 실패로 돌아가자 신라와 백제의 관계는 더욱 험악해졌다.

신라 선덕여왕 인평 11년(재위 13)에 장군은 소판(17관등 중 3관등)이 되었고 9월에는 상장군上將軍이 되어 백제의 가혜성加兮城, 성열성省熱城, 동화성同火城 등 7개 성을 공격해 크게 승리하고 가혜진加兮津[21]을 개통

---

20 원문에는 고타조랑古陁炤娘이라고 표기돼 있음.
21 낙동강 중류인 경북 고령군 개진면 개포리에 위치한 개산진開山津으로 비정된다.

했다.

그다음 해인 선덕여왕 인평 12년(을사, 645)은 고구려와 당나라의 사이에 대전쟁이 일어났고 따라서 신라와 백제의 사이에서도 전투가 격렬했다. 전년부터 신라는 자주 당나라에 사절을 보내어 고구려, 백제 두 나라가 적극적으로 신라를 침공하니 곧 원병을 보내라고 호소했기 때문에, 당나라의 태종(이세민)은 표면상으로는 고구려와 백제 양국에게 신라를 침공하는 것을 중지하라고 권고했으나 내심으로는 삼국의 분쟁을 좋아하고 자기가 출병할 구실로 삼는 동시에 신라가 고구려의 배후를 공격할 것을 기대했다. 그리하여 동년 정월부터 당태종은 수십만 대군을 동원해 친히 고구려의 요동 지방을 침략해 들어왔으나, 고구려의 연개소문 장군은 한편으로 백제와 동맹해 신라를 견제하면서 그해 가을 안시성의 대전투에서 당나라 침략 군대에 섬멸적인 패배를 주어 이를 격퇴해 버렸다.

요동 벌판에서 당나라와 고구려의 대전투가 벌어지던 그 시기에 남쪽에서는 백제와 신라 사이에도 격렬한 싸움이 진행되었다. 백제 의자왕은 당나라가 고구려를 침범하면서 신라에 원조를 청했다는 소식을 듣고 이 기회를 타서 대군을 출동하게 해 신라의 7개 성을 탈취했다.

이때 김유신 장군은 작년에 백제의 7개 성을 빼앗은 후 새해 정월에 비로소 수도로 귀환해 아직 국왕을 만나 보기 전으로, 국경 파수에게서 백제 대군이 우리의 매리포성(買利浦城)[22]을 습격한다는 급보를 전해 들었다. 왕은 즉시로 장군을 상주(上州)(지금의 상주(尙州))의 장군으로

---

22 낙동강 남안의 경남 함안군 칠서면 용성리 일대로 비정된다.

임명하고 나가서 방어할 것을 명령했다. 장군은 자기의 처자를 만나볼 사이 없이 곧 전선으로 달려가서 2000여의 수급을 베고 적을 격퇴했다.

3월에 돌아와서 왕에게 복명했다. 때마침 백제의 대군이 그 국경에 출동하여 신라를 공격하려 한다는 새 소식이 급히 들어왔다. 왕은 그 자리에서 다시 장군에게 국경으로 달려가서 적이 도착하기 전에 방비하라고 명령했다.

김유신 장군은 아직 자기 집에 들러 보지 못했다. 그러나 그는 자지 않고 쉴 새 없이 군대를 훈련하고 곧 서쪽 국경으로 달렸다. 그때 장군이 진군하는 길은 자기 집 앞을 지나가지 않으면 안 되었으므로 온 가족이 모두 문 밖에 나와 기다렸다. 그러나 장군은 자기 집 앞에 이르러 한 번도 돌아보지 않았으며 가족에게 한마디 말도 건네지 않고 그대로 지나갔다. 한 50보쯤 지나서야 비로소 장군은 말을 멈추고 부하를 시켜서 자기 집 물 한 그릇을 가져다가 마시고 나서 "우리 집 물은 옛 맛 그대로구나" 하고 말을 채질[23]해 바로 전선으로 달렸다.

이렇게 장군이 자기 몸이나 집을 잊고 오직 나랏일에 열중하는 태도는 부하 장병들에게 큰 감격을 주었다. 그들은 서로 돌아보고 '대장이 그러한데 우리가 가족과 생리사별함을 생각하겠는가?' 하며 용기백배해졌다. 장군이 국경 전선에 도착했을 때 신라군대의 사기가 어찌나 왕성했던지 백제군은 이를 바라보고 싸우지 않고 그만 퇴각했다.

---

23 채찍으로 치다.

이때에 신라의 군사 당국은 비록 당나라의 요구에 응해 고구려와도 싸웠으나 여기에는 당나라가 요구하는 거대한 병력을 돌리지 않고 주로 백제를 공격하는 방면에 전력했다. 그 이유로서 첫째 신라는 당나라와 고구려 사이의 싸움을 격화해 누가 이기든지 간에 고구려의 국력은 소모되리라고 기대하고 두 나라 싸움에 자기의 힘을 소비하지 아니하려 했으며, 둘째 고구려와 백제의 신라에 대한 연합 공격이 전연 불가능한 이 기회에 백제를 약화하는 것은 신라의 발전을 위해 필요했기 때문이다.

선덕여왕 말년 즉 진덕여왕眞德女王 원년(647) 10월에 백제 대장 의직義直은 정예한 보병, 기병 3000명을 인솔하고 신라의 무산성茂山城[24]을 공략하고 군대를 세 길로 나누어 감물甘勿, 동잠桐岑 두 성을 다시 공격하니, 김유신 장군은 진덕여왕의 명령을 받고 보병과 기병 1만 명으로 방어전을 진행했는데 백제군의 공격이 어찌나 강했던지 신라군은 고전 상태에 빠졌다.

김유신 장군은 결사대를 내세워서 사기를 고무하기로 작정하고 자기 부하인 비녕자丕寧子를 불러 "오늘 일은 아주 급하게 되었으니 그대가 아니면 누가 능히 부대의 사기를 격려할 것인가?"라고 말하니, 비녕자는 장군에게 절을 하고 자기가 영예롭게 임무를 수행하겠다고 대답했다. 그리고 그는 곧 자기 아들 거진舉眞과 가노 합절合節을 데리고 밀집한 적의 창검을 무릅쓰고 돌격해 나아가다가 장렬하게 전사했다. 이

---

24 신라와 백제 사이에 격전이 벌어진 성으로서, 오늘날 전라북도 무주군 무풍면茂豊面에 위치한 것으로 비정된다.

것을 바라 본 신라의 군대는 용기를 얻고 앞을 다투어 그의 뒤를 따라 갔다. 신라군의 공격은 맹렬했다. 백제군대는 드디어 섬멸되었고 의직은 홀로 도주했다.

그다음 해 즉 진덕여왕 태화太和 원년이었다. 전기 고구려에 대한 교섭에 실패한 김춘추는 다시 당나라에 건너가서 출병을 요청했다. 당태종 이세민은 일찍부터 김유신 장군의 명성을 들었으므로 김춘추에게 장군의 인격과 전술을 자세히 묻고 "김유신은 그렇게 우수한 장군인즉 신라가 혼자 힘으로 백제를 격멸할 수 있지 않은가?"라고 말했다. 김춘추는 민첩하게도 "김유신의 재능과 지능이 아무리 우수하나 귀국의 위력이 아니고는 적을 쉽사리 제거할 수 없다"라고 했다. 이세민은 김춘추의 용모가 영준하며 언변이 정중한 것을 보고 "신라는 참으로 군자의 나라"라고 찬양하며 그의 출병 요청을 허락하고, 대장 소정방에게 20만의 군대를 인솔하고 바다를 건너가서 백제를 칠 것을 명령했다.

그러나 전기한바 여당전쟁에 당나라가 패퇴한 후에 고구려의 위력이 더욱 강해지고 백제의 공세도 한층 더 거세졌기 때문에 신라가 할 수 없이 당나라에 원조를 청하기는 했다고 하더라도, 이때 김유신 장군은 이와 달리하는 군사가적 견지를 가지고 있었다. 그것은 무엇이었던가?

김유신 장군은 다음과 같이 생각했다. 고구려가 비록 승리는 했지마는 큰 전쟁을 치른 나머지 국력이 피로할 뿐더러 장차 도래할 당나라의 복수전을 대비하기 위해서도 고구려는 신라를 공격할 수 있는 충분한 여유를 가지고 있지 못했으며, 또 당나라가 백제를 공격하기를 승낙은 했어도 고구려를 측면에 두고 그렇게 빨리는 바다를 건너올 수 없으리라는 것이다. 그리하여 김유신 장군은 정예롭게 훈련되고 적개심이 왕성한 군대를 동원해 백제에 강력한 타격을 주고 대야성의 수치도 이 것으로 씻어 버릴 것을 결심했다.

이때 김유신 장군은 대량주의 군주軍主로 있었는데 한동안 군대들을 휴식하게 하며 인민을 안정되게 하고 자기는 술과 음악으로 세월을 보내면서 마치 군사상의 모든 관심을 잊어버린 척했다. 군사와 인민은 서로 말하기를 이제는 그만큼 오랫동안 휴식도 했고 싸울 만한 역량이 축적되었음에도 대장이 저와 같이 나랏일에 등한해 안일에 빠지고 있으니 참 딱한 일이라고 했다. 바로 그렇게 되는 것을 장군은 기다렸다. 장군은 이런 물의를 들은 다음에 곧 국왕에게 지금 민심이 충분히 적과 싸워 이길 수 있을 만치 앙양되었으니 한번 나가 싸워서 대야성의 수치를 씻는 것이 좋겠다고 건의했다. 왕은 '대량주의 적은 병력으로써 백제의 강대한 군대를 당할 수 있겠는가? 도리어 위험하지나 않겠는가' 하고 물어 보았다. 인민에 대한 확고한 믿음을 가진 김유신 장군은 다음과 같이 대답했다.

군사상의 승부는 결코 병력의 다소에 의하지 않고 인심과 사기 여하에 달려 있습니다. 그렇기 때문에, 은殷 나라의 주왕紂王은 억조의 인민을 가졌으되 인민이 그를 지지하지 않고 모두 분산했기 때문에 주周 나라 무왕武王의 열 명의 현명한 신하가 동심동덕同心同德해 단결한 것보다 그 힘이 약했던 것입니다. 지금 우리는 인민과 병사가 나라를 사랑하는 정신으로 일치단결되었으니 백제를 두려워할 것이 없습니다.

왕은 드디어 김유신 장군을 신임하고 출전을 허락했다. 때마침 진덕여왕 태화 3년(백제 의자왕 9, 649) 3월에 백제 대장 의직은 신라의 서쪽 국경에 있는 요차腰車[25] 등 10여 성을 습격해 탈취했다. 김유신 장군은 대량주의 병사들을 정선해 대량성 밖으로 나왔다. 양군 사이에는 격렬한 전투가 벌어졌다. 장군은 전투에서 거짓 패배해 옥문곡玉門谷에 이르니 적장 의직은 신라군대를 경시하고 대부대로 공격해 왔는데, 장군이 미리 매복해 두었던 복병이 양면으로 협공해 적의 장수 8명을 생포하고 1000여 명을 죽이었다.

김유신 장군은 이와 같이 승리한 다음 백제 대장에게 전하기를 "연전에 우리나라의 대야성 군주 품석과 그 부인의 해골을 너희들은 옥중에다 묻어 놓았다. 지금 우리는 너희 나라 장령 8명을 생포했으나 그들이 애걸하기 때문에 우리는 죽이지 않고 있다. 지금 만약 너희들이 품석 부부의 백골을 보내 준다면 우리는 귀국 장령 8명을 살려 보낼 것이다"라고 했다.

이 통첩을 받은 백제의 좌평佐平(백제 16관품 중 1품) 충상忠常[26]은 자기 국왕에게 "두 사람의 백골은 아무 쓸모도 없는 것이니 돌려주며, 만약 돌려준 다음 8명을 신라가 보내 주지 않는다면 그것은 신의를 저버린 책임이 신라에게 있는 것입니다"라고 아뢰었다. 백제의 국왕은 그의 말대로 품석 부부의 백골을 파내어 목함에 넣어서 돌려주었다. 이때 신라의 군인 중에서는 적장 8명을 돌려주는 것은 적을 유리하게 하

---

25   경북 상주 지역으로 추정하고 있다.
26   원문에는 중상仲常이라고 표기. 이는 같은 《삼국사기》에 나오는 충상忠常과 동일 인물이어서 충상으로 통일했다.

는 것이라고 반대하는 사람도 있었지만, 김유신 장군은 "한 잎이 떨어진들 성한 수풀에 손해가 없으며 티끌이 모였다고 큰 산이 더 커지겠는가"라고 말하고 그 8명을 살려 보내었다.

그다음 김유신 장군은 승리의 기세가 드높은 이 기회를 타서 군대를 지휘해 백제의 국경 안으로 쳐들어가서 악성嶽城 등 12성을 탈취하고 2만여 명의 적병의 목을 잘랐으며 90여 명을 생포했다. 이번 전공으로 장군은 이찬에 승급하고 상주의 행군대총관行軍大總管[27]이 되었다.

이번 전쟁이 승리로 막 끝나자 김춘추는 당나라에서 돌아왔다. 두 사람은 서로 만난 것을 몹시 기뻐했다. 김춘추는 자기 외교가 성공한 것을 전하는 동시에 돌아오는 길에 해상에서 고구려 순경을 만나 하마터면 죽을 뻔했던 경력을 이야기하고 기쁜 눈물을 흘리면서 김유신 장군이 발휘한 위훈을 축하했다.

실상 이번 전투들은 비단 대량주의 패전에 대한 복수로 끝나지 않았고 전국의 대전변을 일으켜 놓았다. 종전에는 적아간의 역량 대비에서 백제가 우세했는데, 이제는 신라가 우세하게 되었고 가장 강한 군대로 되었다. 그러나 김유신 장군은 김춘추의 축하를 듣고 겸손하게 "하신下臣이 조국의 위령威靈을 기초로 하여 두 번 백제와 크게 싸워, 20개 성을 탈취하고 3만여 명을 살상하고 포로로 하고 품석과 그 부인(김춘추의 딸)의 유골을 고향에 돌아오게 한 것은 모두 다 하늘이 도와준 일이고 내 힘이 아니"라고 대답했다.

진덕여왕 3년 8월에 백제 대장 은상殷相은 석토石吐를 비롯한 신라

---

27 원문에는 行軍大總軍으로 표기됐다.

의 7개 성을 함락했다. 왕은 김유신 장군과 죽지竹旨, 진춘陳春, 천존天存 등 여러 장령에게 방어 전투를 명령했다. 김유신 장군은 3개의 군단을 다섯 길로 나누어서 적을 막았는데 좀처럼 승부가 나지 않았고, 대진한 지 10여 일이 넘게 사체가 들을 채우고 피가 흘러 절굿공이[28]를 띄울 지경에 이르렀지만 싸움은 끝이 보이지 않았다. 김유신 장군은 도살성道薩城[29]에 진을 치고 병사들과 말들을 잘 먹이며 휴식하게 했다. 이는 재차의 진격을 준비한 것이었다.

그런데 때마침 물새(水鳥)가 동쪽에서 날아와서 김유신 장군의 장막 앞을 지나갔다. 장병들은 모두 이것은 좋지 못한 징조라고 했다. 그러나 장군은 새가 날아가는데 무슨 이상한 일이 있는가 하고 태연히 말해 그들을 안심하게 한 다음, 여러 장령을 모아 놓고 오늘 반드시 백제의 간첩이 오니까 그대들은 모두 다 모르는 체하고 절대로 취체하지 말라고 명령했다. 그다음에 장군은 진용을 조금치라도 움직이지 말며 내일 응원 부대가 오는 것을 기다려서 결전하자고 선포했다.

과연 백제 간첩은 장군의 진중에 들어와서 이 선포를 듣고 돌아가서 적장에게 그대로 보고했다. 은상 이하 백제의 장령들은 신라의 응원 부대가 다수히 도착하리라는 데 공포를 느낀 동시에 오늘 저녁에는 신라군의 습격이 절대로 없을 것이라고 생각하고 안심했다. 이런 정세를 예견한 장군은 갑자기 군대를 동원해 그날 병사 100여 명을 포로로 했으며, 적의 대장인 은상과 달솔 자견自堅 등 10명의 장령과 8980명의

---

28 원문에는 '절구공'으로만 표기되었다.
29 현재의 충북 괴산군 도안면이라는 견해와 충남 천안이라는 견해가 있다.

병졸을 참살하고, 군마 1만 필과 갑옷 1800여 건과 기타 수다한 기계를 노획했다.

회군할 때 백제 좌평 정복正福이 병졸 1000여 명을 인솔하고 군문 앞에서 항복하니 김유신 장군은 그들을 모두 놓아 보내어 제 갈 데로 가게 했다. 김유신 장군이 왕도에 개선하니 국왕은 친히 성문에 나와 그를 맞았으며 인민이 부르는 '신라 만세' 소리는 왕도를 뒤집는 듯했다. 이번 전쟁을 통해 신라는 백제를 압도하게 되었으며 당나라도 신라의 강력한 병력과 김유신 장군의 군사가적 재능을 알았다.

* * *

태종 무열왕 2년(655)에 고구려, 백제 연합군은 신라의 북쪽 국경 33성을 탈취했다. 동년 9월에 김유신 장군은 백제 국경에 침입해 도비천성 刀比川城30을 함락했다. 이때 장군은 백제 군신이 사치와 음일에 빠져서 국사를 돌아보지 않는 동시에 민심이 이심한 것을 보고 국왕에게 말하기를, "백제왕이 걸주桀紂보다 더 무도하니, 이는 진실로 하늘 뜻을 받들어 그 나라 인민을 위문하고 그 나라 군주의 죄악을 성토할 적당한 시기입니다" 하고 백제를 토멸하는 계획을 진행했다.

몇 해 전에 신라 급찬級湌(17관등 중 9관등) 조미갑租未坤31이란 자는 부산夫山32 현령縣令으로 백제에 포로가 되어 좌평(백제 16관품 중 1품) 임자任

---

30 지금의 충북 영동군 양산면에 있던 성이다.
31 원문에는 조말곤租末坤으로 잘못 기재되었음.
32 원문에는 천산天山으로 잘못 표기되었음.

김유신 193

子의 가노로서 정성껏 부지런히 복무하니, 임자는 그를 불쌍히 여기고 신임해 자유로이 출입하게 했다. 조미갑은 기회를 타서 도망해 고국에 돌아와서 김유신 장군에게 백제의 정세를 보고했다.

김유신 장군은 조미갑의 사람됨이 정직하고 충성스러워서 쓸모가 있다고 생각했다. 그래서 김유신 장군은 조미갑에게 말하기를 "나는 임자가 백제의 정사를 전임하고 있다는 말을 듣고 그와 통하고자 했으나 도리가 없어서 이루지 못했더니 이제 다행히 그대를 만났다. 그러니 그대는 백제에 돌아가서 임자에게 나의 이러이러한 부탁을 전해 주기 바란다. 이것은 나를 위한 것이다" 하고 그를 백제로 돌려보냈다.

김유신 장군의 말을 듣고 조미갑은 나 같은 사람을 고약한 놈이라 욕하지 아니하고 이렇게 심부름을 시켜 주니 비록 죽더라도 후회할 것은 없다고 결심하고 다시 백제에 돌아가서 임자를 만나 다음과 같이 말했다. "저는 이미 백제의 국민이 되었는데 그렇게 된 바에는 마땅히 백제의 풍속을 알아야만 하겠기에 그동안 여러 날 국내를 돌아다니면서 구경했습니다. 그러다가 지금 주인님 생각이 간절해 다시 돌아왔습니다." 임자는 곧이듣고 책망하지 않을 뿐더러 더 묻지도 않았다.

얼마 지난 후 조용한 짬을 타서 조미갑은 임자를 보고 다시 말하기를 "실상인즉 요전에는 벌을 받을까봐 바로 말씀 드리지 못했지만 저는 신라에 갔다 왔습니다. 신라의 김유신은 그때에 주인님께 비밀 부탁을 전해 달라고 했는데, 그것은 지금 신라와 백제가 서로 판갈이 싸움을 하고 있는 이때 나라의 흥망은 미리 알 수 없으니, 만일 그대의 나라가 망하면 그대는 나에게 의지해 우리나라에 와서 살고 만일 우리가 망하면 나는 그대에게 의지해 그대의 나라에 가서 살 것을 서로 약속하자는 것입니다" 하니, 임자는 아무 대답도 하지 않았다.

조미갑은 황송한 얼굴로 물러가서 처분을 기다리고 있었더니 두어 달 후에 임자는 조미갑을 불러 놓고 다시 김유신의 부탁이 무엇이었던 가 하고 물었다. 조미갑은 놀라고 두려워하면서 전과 꼭같이 말했다. 임자는 이미 잘 알고 있다고 말하고 신라에 돌아가서 김유신에게 그의 약속을 나도 동의한다고 전해 달라 했다. 조미갑은 곧 김유신 장군에게 달려가서 모든 것을 전하고 백제의 내정과 상황을 여실히 진술했다.

김유신 장군은 백제의 집정자를 사상적으로 시험해 본 결과 그는 하나의 비열한 인간이었고 애국심과 적개심이 조금도 없는 탐욕적인 매국노라는 것을 간파할 수 있었다. 백제의 조정은 부패하고 인민과 이 탈되고 있다는 것이 이로써 명백해졌다. 김유신 장군은 자신 있게 백제 토멸책을 급속히 추진했다.

신라가 오래전부터 계획하고 있던바 백제를 먼저 멸망하게 하려는 정책은 그의 현명한 내정 처리와 민활한 외교 활동으로 촉진되고 실현 되었다. 신라 무열왕 7년[당고종(이치) 현경 5, 660] 5월 26일 왕은 태자 김법 민(장래 문무왕)과 김유신 장군 이하 김진주, 천존 등 장군들을 거느리고 백제 정벌의 길에 올랐다.

6월 18일 남천정南川停(현재 경기도 이천군, 정은 신라 병영의 명칭)에 신라의 대군은 도착했는데, 때를 같이해 김인문金仁問(무열왕의 2자)은 당나라에 서 당나라 장군들인 대장군 소정방, 좌장군 유백영 이하의 13만 대군 을 불러오는 데 성공했다. 김인문과 당나라군대는 바로 이때에 내주(산 동성山東省 등래登萊[33])를 출발해 바다를 건너 신라의 덕물도德物島에 도착 했다. 무열왕은 태자 김법민과 김유신 이하의 제 장군에게 대선 100척에 실은 군대를 거느리고 덕물도에 가서 당나라 장군들과 작전 계획을 의논하게 했다. 그리하여 신라의 군대는 육로로, 당나라의 군대는 해로로 7월 10일 백제 왕도인 사자성泗泚城(현재의 충청남도 부여군)을 향해 공격했다.

이때 김유신 장군은 이찬에서 상대등上大等(법흥왕法興王 18년에 제정한 벼슬로서 상신上臣이라고도 한다)으로 승급했고 직무는 신라군대의 총사령관이었다. 왕은 다시 김유신 장군과 품일品日, 흠춘欽春(또는 흠순欽純) 등 여러 장군에게 군사 5만 명을 영솔하고 당나라군대와 협동 작전을 하게 했다. 장군은 7월 9일에 황산원黃山原(현재 충청남도 연산連山)으로 진격했다. 백제의 명장 계백堦伯은 신라의 군대를 당나라군대보다 먼저 격퇴하려는 백제 조정의 전략으로 대군을 인솔하고 먼저 험한 지대를 점거해 3개 진영을 차리고 대기하고 있었다. 이리하여 유명한 황산전투가 전개되었다.

김유신 장군은 군대를 세 길로 나누어 진격했다. 그러나 네 번 싸웠어도 아직 승부가 나지 않았고 군사들은 심히 피로했다. 여기에서 신라군대는 자기들의 특례인 결사대의 전술을 사용했다. 김유신 장군의 부하 흠순欽純[34]은 자기 아들 반굴盤屈을 불러서 "신하로서는 나라에 충성하는 것보다 더 훌륭한 일이 없으며 아들로서는 부모에게 효도하는 것보다 더 훌륭한 것이 없다. 나라의 위급한 때를 당해 생명을 내어놓는다는 것은 충성과 효도를 다하는 것이로다" 하고 격려했다. 반굴

---

33 등주登州와 내주萊州의 합칭.
34 원문에는 呂純으로 잘못 기재됐다. 흠순은 김유신의 동생이다.

은 "예!" 하고 일어나서 곧 적진을 향해 맹렬히 돌격하며 힘차게 싸우다가 장렬한 전사를 했다.

그다음 품일品日[35]이라는 무사는 자기의 아들 관창官昌(또는 관장官狀)을 불러 말 앞에 세우고 여러 장병을 가리키면서 "너는 겨우 16세 나는 어린 소년으로서 기개가 자못 용감한데 오늘 싸움에서 우리나라 군사의 모범으로 될 수 있는가?" 하고 물었다. 관창은 조금도 주저하지 않고 대답하면서 창을 잡고 말을 달려 단신으로 적진을 돌격해 용감히 싸웠다. 그러나 그는 적들에게 마침내 포로가 되어 대장 계백의 앞으로 끌려갔다. 계백은 그의 투구를 벗기고 보니 새파란 어린 소년이었다. 어찌나 사랑스럽던지 그는 죽이지 않고 "신라를 당할 수 없구나! 소년도 이처럼 용감한데 하물며 장년들이야 어떠하겠는가?" 하고 감탄하며 그대로 살려 보내었다.

관창은 자기 진영에 돌아와서 자기 아버지에게 "내가 적진에 들어가서 적장의 목을 베고 적의 깃발을 가져오지 못한 것은 결코 죽음을 겁낸 것이 아니었는데…" 하고 두 손으로 우물물을 움켜 마시고 곧 다시 적진으로 달려 나갔다. 그는 날쌔게 싸웠으나 또 생포되었다. 계백은 그를 보고 감탄했으나 하는 수 없이 그의 목을 베고 그대로 버릴 수 없어서 관창이 탔던 말의 안장에 그 머리를 매달아 신라의 진영으로 돌려보내었다. 품동은 붉은 피가 흘러내리는 아들의 머리를 품에 안고 "내 아들의 면목이 살았노라! 네 어린 몸으로 조국 신라를 위해 죽었으니 참말 다행이로다" 하며 조금도 후회하는 기색이 없었다.

---

35 원문에는 품동品同으로 잘못 기재됐다. 품일은 당시 좌장군이었다.

신라의 장병들은 이런 광경을 직접 눈으로 보았다. 그 장렬하고 용감한 광경은 신라 군사의 사기를 백배로 높여 주었다. 용기백배한 신라 군대는 북을 울리고 고함을 지르면서 원수들에게로 육박했다. 그 기세는 한 사람이 백 명을 당하는 듯했다. 백제군은 크게 패배했다. 대장 계백도 전사했으며 좌평 충상, 상영常永 등 20여 명의 장수가 포로가 되었다. 이렇게 유명한 황산 대승리는 이루어졌다.

이날에 당나라군대는 소정방의 지휘로 김인문과 함께 사자성 부근에 있는 기벌포伐伐浦[36]에 도달했으나, 김유신 장군은 황산 대격전 때문에 예정 시간보다 조금 늦게 도착했다. 소정방은 김유신 장군의 부대가 약속한 시간을 어기었다고 책잡고 신라군의 독군督軍 김문영金文穎(또는 金文永)을 군문軍門 앞에서 처참하려 했다.

이 광경을 바라보던 김유신 장군은 자기 군대에 선언하기를 "당나라 대장은 우리 군대가 거둔 황산의 대승리는 보지 않고, 한갓 약속한 시기에 도착하지 못한 것을 구실로 하여 우리 장령을 처벌하려 한다. 나는 까닭 없이 이 모욕을 받을 수 없다. 우리는 저 무례한 당나라군대와 먼저 결전한 연후에 백제를 토멸할 것이다" 하고 격분하고도 엄숙한 기개로 충만한 장군은 군대의 전면에 버티고 섰는데, 머리털은 곧추섰으며 어느덧 그의 손에서 번개처럼 칼날이 번쩍이었다(《삼국사기》〈김유신전〉에는 그의 허리에 찬 보검이 저절로 칼집에서 튀어나왔다고 써 있다).

이때 소정방의 우장右將 동보량董寶亮은 이 급전하는 공기에 눈이 휘둥그레져서 소정방에게 "대장님의 처리에 신라군대가 불만을 품고

---

36 현재 충청남도 서천군 장항읍長項邑 일대. 나당전쟁 당시 최후의 결전이 있었던 곳이기도 하다.

방금 사변을 일으킬 모양입니다" 하고 귓속말로 전하니, 그는 깜짝 놀라서 "엉!" 하고 열었던 입을 다물지 못한 채 황겁히 김문영에 대한 선고를 취소했다. 그리하여 드디어 무사히 되었다.

소정방의 부대는 바닷가를 따라 기벌포에 들어오니 해안의 진흙탕에 발이 빠져 행군할 수 없으므로 버들가지로 틀어 만든 자리들을 땅에 깔고 전진했다. 여기에서 나당연합군은 백제 왕도를 진공했다. 이 진공 시에 소정방은 백제군대의 맹렬한 공격 앞에서 겁을 먹고 진격을 두려워하므로 김유신 장군은 적과 우리의 역량을 대비하면서 그를 고무해 주고, 결국 두 나라의 군대는 네 길로 맹렬한 공격을 진행해 백제를 멸망하게 했다.

700년 강국의 역사를 가진 백제는 집권자들의 안일 방종한 생활과 계속적인 전쟁의 피해와 경제적 피폐로 드디어 패멸되었다. 그러나 그 패멸의 시기에 성충의 옥중상서에 보인바 우수한 전략과 열려한 애국심, 그리고 흥수興首가 유형 중에 진술한 그 우월한 방위 대책, 기타 충신열사들의 용장한 전투 기록들은 백제의 최후를 찬란하게 장식하고 있다. 심지어 궁정의 많은 여성도 적의 포로가 되어 모욕을 당하기를 거절하고 자기의 순결한 정절을 보전하기 위해 백마강白馬江의 깊고 깨끗한 물결 속에 일제히 몸을 던졌던 것이다. 그들은 연약한 여성으로서 비할 바 없는 순결한 절개와 비장한 적개심을 조선 인민의 구비에 길이 남겨 놓았다. 낙화암의 전설은 즉 이것이었다.

〈낙화암洛花岩〉

사자성 옛 나라에 산 절로 물 절로 변하였건만(國破山河異昔時),

강 위에 비치는 저 달만이 옛 바퀴 그대로다(獨留江月幾盈虧).

3000궁녀 떨어진 낙화암에 꽃이 오히려 피나니(洛花岩畔花猶在),

아마도 그때 불던 비바람 다 불지 않았세라(風雨當年不盡吹).[37]

– 석벽石壁 홍춘경洪春卿(16세기 상반기 이조 중종中宗 때 사람)

이 전쟁 기간 나당연합부대 중에서 김유신 장군의 공로가 가장 컸기 때문에 신라는 그를 대각간大角干(각간角干＝서발한舒發翰＝이벌찬伊伐湌, 신라 17관등 중 1관등)의 직위에 승급시키었으며, 당나라 황제(高宗)도 사절을 보내어 특별히 표창했다.

소정방은 이때 김유신 장군과 김인문, 양도良圖 3명에게 "나는 우리나라 황제에게서 수시로 처리할 직권을 받았기 때문에 지금 점령한 백제 지역에 식읍을 정해 그대들의 공로에 보수하려 한다"라고 말했는데, 이것은 장군의 마음속을 떠보고 결국 회유하려는 것이었다. 김유신 장군은 이 술책에 대해 "대장군이 귀국의 군대를 거느리고 우리나라 임금의 소원을 이루어 주고 우리의 원수를 갚아 주었으므로 우리 임금과 인민은 모두 기뻐하며 고무되고 있는데, 우리가 자기 개인의 이익을 위해 보수를 받는다면 이것은 의리에 부당한 일일 것이다" 하고 정중히 사절했다.

* * *

---

37 상당히 의역을 했는데 직역을 하면 다음과 같다. "나라 망해 산하도 지난날과 같지 않고/ 강위 달만 혼자 남아 차고 기움 몇 번인가/ 낙화암 바윗가에 꽃은 아직 남아 있고/ 비바람 불던 그때 다 지지는 않았던 듯"

당나라군대는 백제를 강점한 후에 사자성에 진을 치고 신라를 격멸할 음모를 꾸미고 있었다. 신라의 무열왕은 이것을 알고 신하들을 소집해 회의했는데, 그때 다미공多美公이 건의하기를 "그러면 우리 군인들에게 백제인의 복장을 하게 하고 당나라군대를 반대하는 백제 인민의 투쟁을 도와주게 하면, 당나라군대는 반드시 그를 공격할 것이니 그 기회를 타서 싸운다면 이길 수 있을 것이며 또 당나라군대는 감히 신라를 침공할 여유를 가질 수 없을 것이다" 했다. 김유신 장군은 이 건의를 찬동했다.

그러나 왕은 "당나라가 우리를 도와 적국을 토멸했는데 당나라군대와 우리가 싸운다면 하늘이 우리를 도와줄 것인가" 하고 물었다. 장군은 "주인을 두려워하는 개도 주인이 그 다리를 밟으면 주인을 무는 법인데 하물며 우리나라를 침공하는 적을 어찌 그대로 두겠습니까? 대왕은 우리의 자위책을 곧 허가하소서" 하여, 왕의 허락을 얻고 곧 항전을 준비했다.

소정방은 이것을 탐지하고 신라에 대한 공격을 단념했다. 그리고 백제왕 의자와 그의 조신 93명과 2만 명의 병졸을 포로로 해 9월 3일 사자를 떠나 해로로 회군하고 낭장郞將 유인원劉仁願을 남겨 두어서 백제의 지역을 지키게 했다.

소정방이 개선하매 당고종은 그를 위로하고 "어찌하여 신라를 마저 치지 못했는가" 하고 물었다. 소정방은 그에 대해 "신라는 비록 작은 나라이지만, 그 임금은 인자해 인민을 사랑하며 그 신하들은 충성으로 국가에 복무하며 하부가 상부를 자기의 부형처럼 섬기어 일치단결하고 있으니, 우리로서는 전연 진공할 수가 없었"다고 대답했다. 이것은 당시 신라의 정치상 및 군사상에서 김유신 장군의 지도적 역할이 얼마나 큰 효과를 가져왔던가를 짐작하게 한다.

백제가 망한 후부터 고구려가 망하기까지 8년 동안에 백제의 잔존 세력으로서 왕족 복신福信은 왕자 부여풍扶餘豊을 일본에서 맞아들이며 주류周留, 임존任存 등 여러 성을 근거로 하여 당나라의 진수군대鎭守軍隊를 대항했는데, 이때 신라의 정책은 물론 당나라를 협력하는 태도로 나아갔지만 내용으로서는 자기의 주력을 이곳에 기울이지 않고, 또는 백제의 인민을 선동해 당나라의 진수군대가 발을 붙이기 곤란하게 했다.

그래서 당나라는 신라를 정복하려는 음모가 파탄된 이후 신라의 세력이 강화됨을 우려해, 백제 왕자 부여융隆을 다시 돌려보내서 웅진 도독으로 임명하고 반드시 당나라 진수군대의 감독하에 백제의 잔존 세력을 수습해 형식상으로는 신라와 숙감을 풀고 화평 서약을 맺게 했으나, 사실은 신라를 견제하려는 기도였다. 그러나 신라는 이에 대해 은인자중하고 있다가 나당연합군이 고구려를 토멸한 뒤에 비로소 일거에 백제의 옛 땅을 병합하고 당나라 진수부대를 구축 소탕해 버렸다.

이는 대개 김유신 장군의 신축자재한 전략의 성과였다.

03 김유신 장군의 고구려 평정 사업과 당나라군대의 패퇴 및 삼국통일의 성공

김유신 장군은 군사 생활에서 먼저 고구려와 벌인 전투로 그의 영용한 명성을 올렸다. 동시에 그의 전략적 관심도 백제보다 고구려를 더 중대 시했으며, 또 고구려도 장군의 군사가적 재능을 대단히 두려워했으므로 장군에 대한 일화, 전설이 고구려에 관계되었음을 많이 볼 수 있다.

전기에 의하면 장군의 첫 전공은 낭비성狼臂城 전투에서 나타났었다. 신라 진평왕 건복 46년(629) 8월 왕은 이찬 임영리任永里와 파진찬波珍湌(4관등) 용춘龍春과 소판 대인大因, 김서현 등을 보내어 고구려 낭비성을 공격하게 하니, 고구려군은 성을 나와 진을 벌리매 형세가 강성하므로 신라군은 바라보고 두려워했으며 또 고구려군의 반격으로 신라군의 사상자가 많아서 사기가 떨어졌다.

35세인 김유신 장군은 중당당주中幢幢主(신라의 관제에 당은 군단이며 당주는 군단장)이며 부장副將으로 종군했다가 신라군이 위기에 빠진 것을 보고 자기 아버지 김서현의 앞에 나아가서 투구를 벗고 고하기를, "지금 우리 군대는 패배했습니다. 저는 평일에 충성과 성으로써 자기를 기대했으니 전투 마당에서 용감하지 아니할 수 없습니다. 벼릿줄(綱)을 들면 그물이 벌려지며 옷깃을 떨치면 갓옷이 발라진다[38](提綱而網張 振領而裘正)는 옛말이 있는데, 저는 지금 우리 군대의 강령綱領이 되오리다" 하고 곧 말에 올라 칼을 빼어 들고 참호를 뛰어 건너 적진에 들어가서 적장의 머리를 베어 들고 나오니, 신라군대는 장군의 용감성에 격동되어 승세를 타서 진격해 5000여 명을 살해하고 1000여 명을 생포했다. 성중에 있던 적군은 모두 겁을 집어먹고 감히 저항치 못하고 나와서 항복했다. 이로써 장군의 영용한 명성은 고구려 전국에 떨쳐졌다.

전장에 이미 논급한 바와 같이 신라 선덕여왕 인평仁平 9년(642) 김춘추는 백제의 계속된 침략과 대야성의 수치스러운 함락에 대한 복수전을 위해 고구려에 가서 청병할 것을 결정하고, 출발할 적에 김유신 장군을 보고 이번 "내가 고구려에 청병을 교섭하는 것은 백제에 대한 복수를 위하는 한편 여제동맹을 파탄되게 하려는 것인 만큼 고구려가 동의할는지 알 수 없다. 만일 동의치 아니하면 나는 범의 굴속에 들어간 셈이다. 그대와 나는 일심동체로 우리나라의 팔다리가 되어 있는데 이제 만일 내가 고구려에 가서 불행하게 된다면 그대는 무심히 있을 것인가!" 하니, 김유신 장군은 "그대가 만일 가서 돌아오지 아니하면 나의 말발굽은 고구려와 백제의 궁정을 밟고야 말 것이다. 이렇게 하지 아니하면 무슨 면목으로 우리나라 인민을 대할 것인가!" 하고 굳센 결심을 표했다. 김춘추는 크게 감복하고 장군과 함께 손가락을 물고 피를 마시며 맹세해 말하기를 "내가 늦어도 60일이면 돌아올 예정이나 만일

---

38 바르게 된다.

이 날짜가 지나거든 서로 다시 만나 볼 수 없을 것이다" 하고 작별했다.

김춘추는 사간沙干(사찬 17관등 중 8관등) 조신調信과 함께 출발해 대매현代買縣에 이르니 현인 사간 두사지豆沙支가 필요할 때 쓰라고 청포靑布 300보(1보는 6척)를 선사했다. 그는 고구려의 국경에 도착했다. 김춘추의 명성을 이미 들었던 고구려 보장왕은 태대대로太大對盧(고구려의 최고 관위 즉 태대막리지太大莫離支) 개금(연개소문)을 보내어 영접해 특별히 대우하고 시위병侍衛兵을 삼엄하게 세운 다음에 접견했다. 김춘추는 진술하기를 "지금 백제가 무도해 독사, 맹수처럼 우리나라를 침략하므로 우리나라 임금은 귀국의 병력을 얻어 국치를 씻으려고 하신을 보내어 청원하는 바입니다" 했다.

고구려 조정에서는 김춘추의 교섭에 대해 회의를 열었는데, 어떤 신하 하나가 건의하기를 신라의 사신은 평범한 사람이 아니며 이번에 온 것은 필시 우리나라의 내정을 정탐하려고 한 것인즉 그를 처치해 후환이 없게 하는 것이 좋겠다고 했다.

왕은 그의 건의를 시인하고 대답하기 어려운 점을 골라서 김춘추에게 말하기를 "마목현麻木峴과 죽령은 본래 고구려의 땅이니 만일 우리에게 돌려주지 아니하면 그대는 돌아갈 수 없다"고 하니, 김춘추는 정중한 태도로 "국가의 땅은 신하의 마음대로 처리할 수 없는 것인즉 대왕의 명령을 좇을 수 없"다고 대답했다. 왕은 크게 노여워해 김춘추를 잡아 가두고 죽이려 했다. 김춘추는 사태가 험악한 것을 깨닫고 자기가 가지고 온 청포 300보를 고구려 왕이 가장 사랑하는 신하인 선도해先道解에게 비밀히 주고 구원을 청했더니, 선도해는 김춘추의 선사물을 받고 주식을 갖추어 가지고 와서 김춘추를 접대해 피차 취하게 될 무렵에 한담閑談으로 "그대는 거북과 토끼의 이야기를 들었는가" 하니 김춘추는 듣지 못했다고 대답했다. 선도해는 그러면 이야기를 하겠다고 하고 다음과 같이 말했다.

옛날 동해 용왕의 딸이 심장병에 걸렸는데, 의사는 토끼 간을 얻어서 약에 합작해 먹어야 병이 낫겠다고 하나 바닷속에서 육지 짐승인 토끼 간을 얻어 낼 도리가 없었다. 그래서 용왕은 자기 부하들을 모아 놓고 '누가 능히 육지에 나가서 토끼 간을 구해 오겠느냐'고 물은즉, 흰 거북 하나가 나서면서 '내가 능히 구해 오겠'다고 하고 육지에 올라 산중에 들어가 토끼를 보고 말하기를, '그대는 이처럼 험하고 위협이 많은 산골 속에서 고생스럽게 생활할 것이 무엇 있을까? 바다 가운데에 섬 하나가 있는데, 거기는 맑은 샘, 흰 돌과 무성한 숲, 아름다운 과실이 많고 사나운 짐승이나 매와 독수리 같은 맹금류가 전혀 올 수 없으니, 그대가 거기에 가서 편안히 생활하면 좋지 않겠는가?' 하고, 토끼를 꾀어 등에 업고 바다를 헤엄쳐 2~3리쯤 가서 거북은 토끼를 돌아다보고 자기가 토끼를 데려 가는 목적을 말하고 크게 웃으며 토끼의 어리석음을 조롱했다. 그 말을 들은 토끼는 도리어 코웃음을 하면서 말하기를 '나는 신의 후손이기 때문에 보통 짐승들과는 달라서 가끔 뱃속에 있는 오장을 배 밖으로 내어 깨끗이 씻어서 다시 집어넣는데, 이 동안 조금 뱃속이 답답하기에 심장, 간장 할 것 없이 내어 씻어서 암석 밑에 두고 다시 집어넣을 새도 없이 그대의 달콤한 말에 속아서 여기까지 왔다. 나는 간이 없어도 살 수 있고 그대는 내 간이 꼭 필요한즉 나와 그대가 다시 육지로 나가면 나는 두고 온 내 간을 그대에게 줄 것이다. 그러면 피차 다 좋지 않겠냐'고 했다. 거북은 '그것 더욱 좋겠다' 하고 토끼를 업은 채로 되돌아와서 육지에 오르자 토끼는 문득 숲속에 뛰어 들어가면서 '너 거북아 참 어리석다. 세상에 간장이 없이 살 수 있는 짐승이 어디 있겠느냐'고 했다. 거북은 아무 말도 못하고 헛되이 돌아갔었다.

이와 같이 선도해는 한바탕 옛날이야기를 했다. 이 이야기는 조선 고대부터 내려오는 설화였으며 현행 민간소설인 〈토끼전〉(일명 〈별주부전〉)의 화본이다. 그때 고구려의 선도해가 적국의 김춘추에게 위기에서 탈출할 수 있는 방법을 직접 또는 공공연히 가르쳐 주는 것은 체면상으로나 책임상으로나 허용되지 아니하므로, 그는 저와 같은 설화를 통해 자기 우의寓意를 표시했다.

김춘추는 선도해가 암시하는 뜻을 알아차리고 고구려왕에게 서면으로 말하기를 "마목령과 죽령은 대왕의 말씀과 같이 본래 귀국의 땅인즉 나는 본국에 돌아가서 우리 국왕에게 요청해 귀국에 돌려 드리겠"다. "나는 저 백일白日을 가리켜 신의를 저버리지 않기로 맹세"한다고 했다. 고구려왕은 김춘추의 서면을 받고 기뻐해 그를 곧 놓아 보냈다. 그리하여 김춘추는 고구려 왕도를 떠나 신라 국경에 도달하자 곧 전송하는 사자에게 말을 전하기를 "나는 본디 백제에 대한 원수를 갚기 위해 청병하러 갔는데, 대왕이 이것을 허락하지 아니하고 도리어 땅을 청구하니 이런 문제는 신하로서 독단할 수 없는 것이다. 전번 내가 서면으로 확언한 것은 다만 죽을 경우에서 벗어나기 위한 방편에 지나지 않는 것"이라고 했다.

이때로 말하면 고구려에서는 대막리지 연개소문이 집정자로서 정치상 및 군사상 비상한 수완을 발휘하고 있었으며, 신라에서는 김춘추와 김유신이 삼국의 통일을 위해 영웅적으로 활약하고 있었으며, 또 중국에서는 이세민(당태종)이 당조의 창립자로 호시탐탐하고 있어서, 소위 영웅정립英雄鼎立의 시대를 현출했다. 김춘추의 이번 교섭은 신라의 연당連唐정책을 일보 발전하게 해서 여제추축麗濟樞軸을 파괴하고 백제를 고립되게 하려는 의도였으나, 그 교섭이 실패한 것은 결국 나당연합 정책이 여제추축의 공세 앞에서 비명을 올린 것에 지나지 않았으며, 따라서 이 교섭의 실패는 뒷날 당제 이세민이 신라의 원조를 믿고 대군을 출동하게 해 고구려를 침략하다가 결국 참패를 당한 사실에 대해 결정적 조건의 하나가 되었다. 다시 말하면 당시 김춘추, 김유신 등의 외교정책은 연개소문의 외교정책에 변동을 줄 만한 역량이 준비되어 있지 못했음을 증명했다.

김춘추의 교섭 전말은 더 다시 진술할 필요가 없거니와 이때 김유신 장군의 태도는 어떠했던가?

김유신 장군은 김춘추의 고구려 교섭이 처음부터 성공할 것으로 기대하지 아니하고 도리어 김춘추의 모험성에 대해 십분 경계했으므로 그들이 작별할 때에 그와 같이 선후책善後策을 약속했던 것이다. 김춘추가 고구려로 간 뒤에 예정 기간인 60일이 지나도 돌아오지 아니하므로 김유신 장군은 김춘추가 구류된 것을 알고 국내 용사 3000명을 선발해 그들에게 훈시하기를, "위험한 지경을 당해 생명을 바치며 국가의 난관을 만나 자기 몸을 잊어버리는 것은 열사의 뜻이라고 한다. 무릇 한 사람이 죽음을 각오하면 열 사람을 당할 것이요, 열 사람이 죽음을 각오하면 백 사람을 당할 것이요, 백 사람이 죽음을 각오하면 천 사람을 당할 것이요, 천 사람이 죽음을 각오하면 만 사람을 당하고 능히 천하에 횡행할 것이다. 이제 우리나라 현명한 정승(김춘추를 가리킨 듯)이 적국에 가서 구류되어 있으니 우리가 어찌 비겁하여 곤란을 무릅쓰고 그를 구출하지 아니하겠는가?" 했다. 용사들은 김유신 장군의 말에 모두 감격해 "비록 만사일생의 경우를 당한다 하더라도 우리가 장군의 명령에 복종치 않겠"는가 했다. 김유신 장군은 사기가 왕성한 것을 보고 국왕에게 출발할 기일을 고해 일대 시위운동을 일으켰었다.

이때 고구려의 간첩으로 신라에 와서 있던 덕창德昌이라는 승려는 김유신 장군이 김춘추를 위해 장차 출병하려 한다는 사실을 자기 나라 왕에게 보고했다. 고구려왕은 전기한바 김춘추의 서면을 이미 받은 차에 또 간첩의 정보를 받고는 감히 억류할 수 없어서 김춘추를 우대해 돌려보냈다.*

* 이상은 《삼국사기》〈김유신전〉에 의거했으며, 동서 《신라본기》에는 김유신이 결사대 1만 명을 영솔하고 한강을 건너 고구려의 국경에 도달하니 고구려왕은 이 소식을 듣고 김춘추를 놓아 보냈다고 했다. 김춘추 구출에 선도해의 거북과 토끼 이야기가 어느 정도로 효과를 가져왔다고 하더라도 결정적 역할은 김유신 장군의 군사적 시위운동에 있었던 것이 사실이다.

김유신 장군은 어느 해 8월 15일 밤에 신라 풍속인 가위(嘉俳) 명절을 지키기 위해 자기 자제들과 함께 자기 집 대문 밖에서 달빛을 보고 거닐었다. 풍년가와 태평곡은 거리마다 들렸다. 장군도 흥에 겨워 걸음을 멈추고 서서 있는 즈음 돌연히 어떤 사람 하나가 서쪽에서 장군의 집으로 오는 것을 보고 그의 모양이 고구려 간첩인 것을 간파했다. 장군은 그를 불러 앞에 세우고 "너의 나라(고구려)에 무슨 일이 있는가" 하고 물으니 그는 머리를 수그리고 감히 대답하지 못했다. 김유신 장군은 "네가 두려워하지 말고 사실대로 고하라"고 하나 그는 여전히 아무 말도 하지 못했다. 장군은 그를 타

이르기를 "우리나라는 위로 하늘의 뜻을 어기지 아니하고 아래로 인민의 마음을 잃어버리지 아니하며, 백성이 모두 안심하고 자기들의 직업을 기쁘게 하고 있다. 네 눈으로 잘 보고 돌아가서 너의 나라 사람들에게 말하라" 하고, 또 먼 길에 잘 가라고 위로해 보냈었다. 이 보고를 들은 고구려 사람들은 모두 탄복하며 신라가 비록 작은 나라이나 김유신 같은 영웅이 나라 정승으로 있어서 정치를 잘 해 나가니 절대로 업신여길 수 없다고 했다.

* * *

이때 당나라는 황제 이세민이 친히 영솔한 수십만 대군이 안시성에서 크게 패배하고 돌아간 이후 고구려에 대한 침략을 무릇 6~7회나 거듭했으나 고구려 영웅 연개소문의 전략과 병사들의 용감한 항전에 패퇴했으므로, 그의 아들 이치는 백제를 정복한 위력을 이용해 고구려의 항복을 받으려고 했다. 그리하여 이치는 백제가 멸망하고 그 이듬해(661)에 소정방, 소사업蘇嗣業 등 여러 장군에게 35군을 거느리고 수륙 병진하게 해 평양을 진공케 하고, 당나라에 와서 숙위하던 김인문(문무왕의 친동생)에게 신라로 돌아가서 당나라의 출병 기일을 고하고 동시에 신라군의 원조를 청했다. 이 해에 무열왕(김춘추)은 서거하고 태자 김법민이 즉위하니 이가 즉 문무왕이었다.

문무왕은 당나라군대를 이용해 고구려도 마저 정복하려는 기성 방침을 실현하기 위해 김유신을 대장으로 삼고 김인문, 김문훈文訓 등과 함께 대군을 동원해 고구려로 향하는 도중에 남천주南川州(현금 경기도 이

천군)에 도착했다. 백제 고지를 진수하던 당나라 장수 유인원도 자기 부대를 인솔하고 사자성에서 수로로 혜포鞋浦[39]에 와서 착륙해 역시 남천주에 유진했다.

때마침 백제 잔병이 옹산성瓮山城[40]에 모여 있어서 신라군의 진로를 차단해 전진할 수 없게 했으므로 김유신 장군은 나아가 옹산성을 포위하고 사람을 시켜 성하에 가서 성의 장령들에게 통고하기를, "명령을 순종하면 상을 받을 것이오 거역하면 죽음을 받을 것이다. 지금 너희들이 홀로 고성孤城을 지켜서 무엇하랴? 결국은 패배하고 말 것이니 어서 나와서 항복하기만 같지 못하다. 항복하면 살 뿐만 아니라 부귀도 할 수 있다"라고 했다. 그러나 성의 장령은 고함을 치며 대답하기를 "비록 조그마한 성이나 병사와 식량이 다족하며 군사도 의용이 넘치니 차라리 죽음으로 싸울지언정 살아서 항복하지는 아니하겠다"라고 했다.

이 회답을 들은 김유신 장군은 웃으며 말하기를 "궁한 새와 곤한 짐승도 오히려 자기를 구출할 줄을 안다는 옛말이 이런 것을 이른 것이라" 하고, 곧 기를 휘두르고 북을 치며 진공했다. 문무왕은 고지에 올라가서 자기 전사들을 보고 눈물을 흘리며 격려하니 군사들은 죽음을 돌아보지 않고 용전분투했다. 9월 27일에 신라군은 성을 점령하고 성의 장령을 잡아 죽이고 인민을 모두 석방하고 신라군의 장령들에게 상을 주었다.

신라군은 옹산성 승전을 마치고 군사와 군마들을 잘 먹인 다음 당

---

39 백강. 오늘날 금강 지역으로 추정한다.
40 현 대전시 대덕구 계족산성鷄足山城에 비정하고 있다.

나라 장군 소정방 대부대를 원조하기 위해 전진하려고 할 즈음에, 왕이 전에 보냈던 대감大監(진평왕 때에 처음 설치. 3~6관등 의 관직) 문천文泉이 돌아와서 소정방의 요청을 전달하기를 "내가 지금 만 리의 바다를 건너와서 해안에 배를 댄 지 이미 달이 지났는데 대왕의 군대가 이르지 아니하고 양식의 조달이 계속되지 못해 대단히 위기에 빠졌으니, 대왕은 곧 속히 양식을 조달해 달라"라고 했다. 왕은 신하들에게 상의한즉 신하들은 막대한 군량을 적국의 내지에까지 보내준다는 것은 불가능한 일이라 했으나, 김유신 장군은 홀로 주장하기를 '이 몸은 나라의 은혜를 과도히 입어 중책을 받고 있으니 국가의 일은 비록 죽더라도 피하지 아니하겠습니다. 오늘에야 참 노신老臣의 힘을 다할 날이오니 신이 당당히 적국의 땅에 깊이 들어가서 소 장군의 긴급한 요청에 응하려 합니다' 했다. 왕은 김유신 장군의 앞에 가서 그의 손을 잡고 눈물을 흘리면서 '장군 같은 어진 보필을 가지고 있는 이상 아무 걱정이 없다. 이번 일이 성공되면 그대의 공훈을 영원히 잊지 않겠다' 했다.

김유신 장군은 이 중대하고 곤란한 임무를 맡고 군량과 운반 기구를 준비하도록 부하들에게 지휘한 다음, 자기는 현고잠懸鼓岑[41]이라는 산에 있는 절 방에 들어앉아서 며칠 동안 향을 태우고 고요히 앉아서 정신을 가다듬어 조국을 위한 결심을 굳게 세웠다. 그리고 나서 김유신 장군이 길을 떠날 때 왕은 친서로써 적국에 들어간 뒤부터는 장병들에 대한 상벌은 장군이 독자적으로 행할 수 있는 직권을 위임했다.

---

41 경주 근처 산으로서 북을 매달아 놓았거나 북을 매단 모양을 한 산이라는 뜻인데, 현재 정확한 위치를 알 수 없다.

12월 10일 김유신 장군은 부장군 김인문, 직복直服, 양도 등 아홉 장군과 함께 군대를 거느리고 2000여 차량에 정미精米 4000석과 조미粗米 2만 2000여 석을 싣고 고구려 국경에 들어갔었다. 얼음판에 길이 험하므로 차량에 실렸던 군량은 모두 소와 말에 실리고, 이듬해 정월 23일 칠중하七重河(현금 적성 임진강)에 이르러 장병들은 적전도하敵前渡河[42]하기를 크게 겁내어 감히 먼저 배에 오르지 못한다. 김유신 장군은 "그대들이 만일 죽음을 무서워할진대 어찌 이곳에 왔느냐?" 하고 자기가 먼저 배에 올라서 건너니 그제야 여러 장병이 잇대어 건넜다.

그다음부터는 고구려 내지인만큼 대로로 가면 맹렬한 공격을 받을 것이므로 대로를 두고 험악한 길을 좇아 진군해 산양蒜壤[43]에 이르러 적병을 만났다. 이때 고구려는 당나라 대군이 수도 평양에 접근했으므로 이것을 방어 격퇴하기에 정력을 집중했고 신라의 운수 부대가 배후에서 침입할 것을 전연 예상치 아니했으므로, 김유신 장군은 이와 같이 빈틈을 타서 적국의 내지에 깊이 들어온 것이었다. 여기에는 비상한 결사대적인 전술이 필요했으므로 장군은 장병들에게 다음과 같이 훈시했다.

고구려와 백제 양국이 우리나라를 침략하고 우리 인민을 침략해 장정을 학살하고 어린 남녀들을 노예로 혹사해 온 지가 이미 오랬으니 어찌 통분할 일이 아니냐? 우리가 지금 죽음을 잊고 곤란을 무릅쓴 것은 당나라군대의 원조를 얻어 양국을 토멸하며 조국의 원수를 갚으려는 것이다. 나는

---

42   적이 진을 친 바로 앞에서 강을 건너다.
43   임진강과 예성강 사이인 듯.

내 마음에 맹세하고 하늘에 고해 하늘이 도와줄 것을 믿으나 여러 장병의 마음이 어떠한지 알 수 없어서 나는 이렇게 말한다. 적을 우습게 보는 자는 반드시 성공하고 돌아갈 것이며 적을 겁내는 자는 도리어 적의 포로가 될 것이다. 동심합력해 하나도 백을 당하기를 여러 장병에게 바란다.

김유신 장군의 열렬한 훈시를 들은 장병들은 모두 장군의 명령대로 결심한다 했다. 그리고 적병을 역습해 이기고 적병이 버리고 달아난 무기를 많이 얻었다.

그다음 장새獐塞(지금의 황해도 수안)에 이르니 눈바람이 몹시 추워서 인마가 가끔 죽어 넘어진다. 김유신 장군은 도리어 웃통을 벗고 채찍을 잡고 앞서서 말을 채질했다. 병사들은 장군의 영용한 모습을 바라보고 제각기 힘을 다해 달리며 땀을 흘리고 감히 춥다고 말하지 못했다.

이 장새의 험악한 곳을 지나 평양이 멀지 아니한 거리에 도착했다. 김유신 장군은 보기감步騎監 열기裂起에게 구진仇進 등 장사 15명을 데리고 평양에 먼저 달려가서 소정방에게 군량이 곧 조달될 것을 통지하게 하니 소정방은 기뻐해 서한으로써 장군에게 치사했다.

그다음 김유신 장군은 양오楊隞[44]에 이르러 한 노인을 보고 고구려 국내의 정세를 물으니 그는 자세히 대답했으므로 포백布帛을 선사로 주나 받지 아니하고 가버렸다.

김유신 장군은 자기 임무인 군량 조달을 완수하고 그 밖에 은 5700

---

44 지금의 평양 강동군으로 비정된다. 원문에는 양욱으로 표기되었다.

푼과 세포細布 30필과 두발[45] 30량[46]과 우황牛黃 19량을 선사하니 소정방은 모두 받았다. 그러나 소정방은 다만 자기 군대가 오랫동안 주려서 힘써 싸울 수 없다는 구실로 평양 진격을 단념하고 자기 나라로 회군했다.

이때 당나라는 수륙 양면으로 대군을 출동해 평양에 집합하기로 했으나, 고구려 영웅 연개소문은 해로로 온 소정방의 군대에 대해 일단 상륙하게 한 다음 정면 교전을 피하고 그의 운수 선박들을 습격해 그들이 기아에 빠지게 하고, 한편으로 자기 아들 연남생에게 군사를 인솔하고 압록강을 엄중히 파수해 당나라 육로군이 전진치 못하게 했으므로, 소정방은 형세가 외롭고 곤란한 지경에 빠져 있다가 다행히 신라의 식량 보급을 받고 그만 퇴주했다.

소정방이 회군하는 소식을 들은 김유신 장군은 양도에게 군사 800명을 인솔하고 해로로 귀국케 했으며 자기는 여러 장령과 함께 오던 길로 돌아가는데, 고구려 복병이 중로에서 맹렬한 공격을 하려 하니 김유신 장군은 북을 허리에 달고 북채는 말 꼬리에 매어 북소리가 끊어지지 않게 하고, 또 나뭇더미에 불을 질러 계속해 타게 해 신라군대가 머물러 있는 것을 가장하고 밤중에 가만히 행군해 표하瓢河에 이르러서 빨리 건너 남쪽 기슭에서 휴식하고 있었는데, 고구려군은 나중에 알고 추격하므로 장군은 군대를 돌려 맹렬한 반격을 가하니 적군은 조금 퇴각했다. 김유신 장군은 부대를 나누어 크게 싸워서 고구려군사 만여 명

45　頭髮. 머리카락인데 정확한 용도는 알 수 없다.
46　'량'은 무게 단위.

을 죽이고 그 장수 소형小兄(고구려 벼슬) 달혜達兮 등을 생포하고 병기 만여 점을 노획하고 무사히 귀국 했다.*

* 표하는 《삼국사기》《신라본기》에는 과천果 瓜川으로 쓰여 있고 문무왕이 《당나라 설인 귀에게 준 편지(與薛仁貴書)》에는 호로하弧 瀘河⁴⁷로 쓰여 있는데, 이는 지금 파주坡州 임진강인 듯하다.

이것이 삼국 전쟁 역사에서 유명한 김유신 장군의 평양 운량運糧 행군의 승리이다.

왕은 일행 장병들에게 상을 주고 벼슬을 더했으며 특히 장군에게 는 본피궁本彼宮⁴⁸의 재산, 전장 및 노예를 주었다.

전기 소정방의 부대가 평양에서 패퇴한 이듬해에 당제 이치는 다 시 대군을 보내어 고구려를 침략했으나, 연개소문 장군에게 지도된 고 구려군대의 영웅적 방어전으로 적장 방효태는 유명한 사수전투蛇水戰 鬪에서 그의 아들 13명 이하 군대 전체와 함께 섬멸되었으며, 평양을 재차 포위하던 소정방 부대는 신라의 응원 부대와 함께 일시에 격퇴되 었다.

그러다가 신라 문무왕 6년 고구려 보장왕 25년(666) 연개소문 장 군이 서거하고 그의 아들 남생, 남건, 남산, 3형제가 권력 쟁탈하는 틈 을 타서 신라와 당나라 두 조정은 고구려 조정의 내부에 대해 이간, 매 수 등의 정책을 적극적으로 사용하고 동서 협격의 계획을 급속히 진행 했다.

당제 이치는 고구려를 격멸하려면 신라의 원조가 절대 필요하다고

---

47 원문에는 호려하弧瀘河로 잘못 표기되어 있음.
48 신라 왕족의 하나인 석昔 씨가 처음 나타난 곳에, 680년(문무왕 20)에 세운 궁.

인정한 동시에 신라의 원조를 확보하기 위해 김유신 장군과 긴밀한 관계를 맺으려고 노력했다.

신라 문무왕 8년(당고종 총장 원년, 668)에 당나라는 이적, 설인귀 등에게 고구려를 강점하려는 대군을 출동하게 하는 한편 신라의 원조를 요청했으므로, 문무왕은 이에 응하기 위해 김흠순과 김인문을 대장으로 삼고 출발하려 할 즈음에 김흠순이 왕에게 고하기를 만일 김유신과 동행하지 아니하면 군사상 착오와 후회가 없지 않을 것이라 했다. 그러나 왕은 대답하기를 "김유신과 그대들은 우리나라의 삼대 국보인데 모두 전장에 나갔다가 만일 불의의 사변이 있어서 돌아오지 못하게 되면 국가를 누가 통제할 것인가? 그렇기 때문에 나는 김유신을 우리 수도에 머무르게 두어 은연히 장성長城과 같이 있으면 아무 걱정이 없을 것이라" 하고 장군을 전선에 보내지 아니했다.

김흠순은 김유신 장군의 친동생이며 김인문은 장군의 생질로서 장군을 지극히 존경하는 처지였는데, 이번 중대한 사명을 받고 장군에게 고하기를 "무재무능한 저희들이 이제 대왕을 모시고 위험한 땅으로 나가게 되었으니 어찌하면 좋겠습니까? 가르쳐 주시기를 바랍니다" 하니, 김유신 장군은 대답하기를 "무릇 장수는 국가의 간성干城과 국왕의 조아爪牙[49]가 되어 승부를 시석矢石의 사이에서 결정하는 것이므로, 반드시 위로는 천도를 얻고 아래로는 지리를 얻고 가운데로는 인민을 얻은 연후에야 성공할 수 있다. 지금 우리나라는 신의로써 융성하고 고구려는 교만으로써 위태하니 이제 만일 우리의 곧은 것으로 적의 굽은 것

---

49 발톱과 이빨. 매우 쓸모 있는 사람이나 물건을 비유적으로 이르는 말.

을 치면 성공할 수 있는데, 하물며 당나라의 원조가 있지 아니한가? 어서 잘 가서 노력해 맡은 바 임무를 충실히 실행하라" 했다. 두 사람은 절하고 감사를 드리며 김유신 장군의 군사상 원칙적인 교훈을 받들어 감히 저버리지 않겠다고 결심했다.

문무왕은 당나라 군대와 협력해 싸운 결과 평양을 점령하고 고구려를 격멸한 다음 돌아오는 길에 남한주南漢州(지금 경기도 광주)에 이르러 여러 신하더러 일러 가로되, "옛날 백제 명농왕明襛王[50]이 고리산古利山[51]에서 우리나라를 침략하려 하는 것을 김유신의 조부 각간角干 김무력이 장수로서 반격해 승세를 타서 적의 국왕과 재상 4명 및 병사들을 생포하고 그들의 주력을 꺾어 버렸으며, 또 김유신의 아버지 김서현은 양주良州 총관摠管[52]으로서 여러 번 백제와 싸워서 백제의 선봉을 좌절하게 하고 적병이 다시 국경을 범하지 못하게 했으므로 국경 지대의 인민은 농업, 잠업 등 필수 산업을 안심하고 경영했으며 조정은 항상 아무 걱정이 없었는데, 이제 김유신은 자기 부조의 업적을 계승하며 국가의 큰 담보자로서 나가서는 대장, 들어와서는 정승이 되어 공적이 성대하다. 만일 김유신 일문의 공적에 힘입지 아니했다면 국가의 흥망은 알 수 없었을 것이다. 이제 그의 직위를 올리고 상을 주는 것이 어떠할까?" 했다. 국왕의 이 발언을 듣고 여러 신하는 모두 이구동성으로 찬동했다.

그래서 왕은 장군에게 태대각간太大角干(신라 17관등 위에 특별히 설치된

---

50   성왕을 가리킴.
51   충북 옥천군 군북면 이백리로 추정됨.
52   원문에는 총관總管으로 잘못 표기돼 있음.

최고 직위)[53]의 관위와 식읍 500호를 주고 또 수레와 지팡이를 주어 조회 시에 전상에 올라오되 몸을 구부려 걸어오지 아니하게 했으며, 기타 장 령들에게 관위 일급을 주었다. 그리고 당나라에서 김유신 장군에게 서 한을 보내어 그의 공로를 축하하고 당나라에 한번 오기를 초청했으나 그는 응하지 아니했다.

* * *

원래 당제 이치는 신라의 원조를 얻어 백제를 격멸한 후에 신라를 정복 하려다가 위에서 이미 논술한 바와 같이 실패했고, 또 신라와 함께 고 구려를 토멸한 후 다시 신라를 병합하려 했으나 종시 기회를 얻지 못하 고 도리어 신라에게 기선을 빼앗겼다.

　다시 말하면 신라는 고구려를 정복하기 전까지는 수년 동안 항상 은인자중한 태도로 당나라의 진수군과 직접 충돌을 피하고, 백제 유민 의 환심을 획득해 그들을 당나라군대에 대립하게 하는 방향을 취하다 가 고구려가 멸망된 뒤부터는 백제의 옛 땅과 주민을 공공연히 점령했 으며, 이뿐만 아니라 신라는 고구려 유민과 연합해 고구려 옛 땅을 지 키고 있는 당나라군대를 고립되게 하고 평양 이남의 고구려 지역을 착 착 점령했으므로, 당나라의 문책 및 출병을 자주 받았으나 항상 당나라 군대를 성공치 못한 채로 패퇴하게 했다.

53　태대각간은 최고의 관직인 대각간보다 한 단계 더 위의 관직. 김유신에게만 내렸다. 태대발한太大發
　　翰 또는 태대서발한太大舒發翰이라고도 한다.

문무왕 10년(670) 정월에 당제 이치는 신라가 백제 영지를 마음대로 점유한다는 이유로 신라 사신 양도를 억류해 옥중에서 죽게 했으며, 4월에 당나라군대는 말갈의 군사와 함께, 신라의 사찬沙湌(8관등) 설오유薛烏儒 및 고구려 태대형太大兄(고구려 관명) 고연무高延武의 연합군대를 압록강의 서쪽에서 저항하다가 패배했다. 6월에는 고구려 수림성 사람 검모잠劍牟岑 대형(관명)은 인민을 단결하게 해 궁모성에서 패강 남쪽에 와서 당나라 관리 및 승려 법안法安 등을 죽이고, 고구려 연정토(연개소문의 아우)의 아들 안승(보장왕의 외손)을 받들어 신라의 봉책을 받고 고구려 왕통을 계승했으니, 이런 사실은 신라와 당나라의 정면 대립인 동시에 항상 전자의 승리와 후자의 패퇴로 종결되었다.

　　문무왕 11년 6월에 신라 죽지 등은 당나라 병사와 백제 괴뢰군의 연합부대를 석성石城(충청남도 석성현)에서 크게 격파했는데, 7월에 당나라 해군총감 설인귀는 신라 문무왕에게 기다란 서한을 보내어 왕의 '배신'을 문책하는 한편 대군을 출동하겠다고 위협했다. 그러나 왕은 또한 유창 명쾌한 글로써 회답해 종래 신라가 백제와 고구려를 정복하는 사업에 실행한 막대한 원조와 공로를 논술하고, 또 원래 신라 무열왕(김춘추)이 당나라 조정에 가서 청병할 때에 당태종(이세민)은 고구려와 백제를 평정한 뒤에 백제의 지역과 평양 이남의 강토는 신라가 점유한다는 약속을 했다는 것을 내세워서 그의 무리한 문책을 반박했다. 이 서한 교환 후에도 신라와 당나라의 관계는 타협되지 아니했다.

　　동년 9월에 당나라 장군 고간高侃 등은 말갈 군사 4만 명을 인솔하고 평양에 와서 진터를 굳게 쌓고 대방(황해도 일대)을 침략하므로, 10월에 급찬 당천當千 등은 당나라의 운수 선박 70여 척을 격파하고 낭장 겸

이대후鉬耳大候 및 병사 100여 명을 생포했으며 물에 빠져 죽는 적병은 이루 계산할 수가 없을 만큼 많았다.

이듬해 정월에 신라군대는 당나라 군사와 백제 잔병의 연합부대를 고극성古克城(고성현古省縣, 지금 부여 금강 부근인 듯)에서 격파했으며, 7월에는 당나라 장수 고보高保의 부대 1만 명과 이근행李謹行 부대 3만 명이 일시에 평양에 이르러 8개의 진영을 만들어 주둔하다가 8월에 한시성韓始城과 마읍성馬邑城(대동강 하류에 있는 산성인 듯)을 치고 백수성白水城(지금 황해도 재령군인 듯) 부근에 진을 치므로, 신라, 고구려 연합부대는 역습해 수천 명을 살해했다. 그리고 한편으로는 사절과 서한을 당나라에 보내어 백제 괴뢰군부의 무고를 논박하며 당나라군대의 침략이 무리했음을 지적 항의했다.

이상에서 논술한바 신라와 당나라의 관계는 김유신 장군의 생존 시에 진행된 사태였으므로 그 내면에 장군의 대외정책이 작용했던 것은 물론이며, 따라서 김유신 장군의 조국 독립과 삼국통일을 위한 영웅주의는 장군의 사후에도 계승 발전되어, 결국 당나라 침략군대가 누차 실패한 나머지 백제 진수군을 철폐하게 하고 안동도호부를 평양에서 요동으로 후퇴하게 해 신라의 삼국통일을 합법적인 것으로 승인하지 아니할 수 없게 했다.

04 | 김유신 장군의 서거와 그 영향

문무왕 13년(673) 7월 1일에 김유신 장군은 79세의 고령으로 자택에서 영웅의 일생을 마쳤다. 그의 전기《삼국사기》《열전》에 의하면 동년 봄에 요성妖星이 나타나고 지진이 있으므로 왕은 (고대의 미신적 관계에 의해) 걱정하니, 김유신 장군은 왕께 아뢰기를 '지금의 재이災異는 노신에게 해당할 것이요 국가의 재변은 아닐 것이니 대왕은 걱정마소서' 했다. 이 말을 들은 왕은 '만일 그렇다면 더욱 내가 심히 걱정할 바'라 하고 사람을 시켜 장군의 장수를 기도했다.

또 동년 6월에 어떤 사람이 본즉 군복 입고 무기 잡은 수십 명이 김유신 장군의 주택에서 울면서 나와서 돌연히 없어졌다고 했는데, 김유신 장군은 이 말을 듣고 '이는 반드시 나를 보호하는 신병神兵이 나의 수명이 다한 것을 보고 가버린 것이니 나는 죽을 것이다' 하더니 십여 일이 지나서 장군은 병들어 일어나지 못했다 한다. 이런 전설은 그 시대 사람들이 김유신 장군의 영웅성을 존경하는 심리에서 파생되었다.

왕은 김유신 장군의 병세가 위중하다는 것을 듣고 곧 장군의 병상에 친히 가서 문병했다. 왕의 위문을 받은 장군은 왕에게 향해 "신은 국가의 팔과 다리로서 힘을 다해 왔사오나 견마의 병이 이처럼 위중하오니 이다음부터는 용안을 다시 뵈옵지 못할 것입니다" 했다. 왕은 장군의 침통한 말을 듣자 곧 뜨거운 눈물과 함께 속 깊이 느끼는 울음소리로 "내가 경을 가진 것은 마치 고기가 물을 얻은 것과 같은데 만일 경이 불행하게 되면 인민을 어찌하며 사직(국가)을 어찌하겠는가?" 하며 위대한 장군의 최후의 교훈을 요청했다. 장군은 국가의 원로로서 자기 국왕에게 최후의 금언을 다음과 같이 남겼다.

어리석고 불초한 신하가 국가에 무슨 이익이 있었겠습니까? 다행한 것은 밝으신 상감께서 저를 등용하고 의심치 아니하시며 일을 맡기고 변동치 아니하시므로, 신이 상감의 위신 밑에서 작은 공로를 이루어 삼한三韓(삼국)은 한 집이 되었고 백성은 두 마음이 없으니 비록 태평 시대에는 이르지 못했으나 소강 상태라고는 할 수 있습니다. 신은 보건대 자고로 수성하는 군주는 대개 처음은 있으되 끝은 없어서 조상들이 쌓아 올린 공적이 하루아침에 수포로 돌아가게 되니 이는 심히 통탄할 일이외다. 원컨대 상감께서는 창업이 쉽지 아니한 것을 아시고 수성이 또한 어려운 것을 명심하시며, 소인을 멀리 하시고 군자를 가까이 하시어 조정을 위에서 화평케 하고 인민을 아래에서 편히 생활케 하며, 화란이 일어나지 아니하고 국가의 터전과 사업이 무궁하면 신은 죽어도 아무 여한이 없겠사외다.

왕은 울면서 깊이 접수했다.

김유신 장군의 부고를 받은 국왕은 크게 비통해 하며, 채색비단(彩

帛) 1000필, 조 2000석을 주어 상사를 돕고 군악대 100명을 보내어 금산원金山原[54]으로 상여를 인도하게 하고 비석을 세워 그의 위훈을 기록하고 또 민호를 선발해 묘지를 수호케 했다.

그러나 이보다도 우리가 더욱이 주목할 것은 장군의 서거에 대해 신라 인민이 남녀노소 할 것 없이 부모를 여읜 듯이 모두 애도의 뜻을 표했으며, 그 뒤 천여 년의 오랜 세월을 지나도 나무하는 아이와 소 먹이는 사람도 모두 김유신 장군이 위대한 영웅이었던 것을 기억하며 그의 영웅성과 애국적 정신에 대한 전설들을 구비로 보존하고 있으니, 이것으로써 장군의 인격과 공훈이 어떠했던가를 넉넉히 짐작할 수 있다.

김유신 장군의 처 지소智炤부인은 무열왕의 3녀인데(장군의 누이동생 문희의 소생은 아니다) 다섯 아들을 낳았으니, 장자는 이찬 삼광三光이오 다음은 소판 원술元述, 해간海干(4관등 즉 파진찬) 원정元貞, 대아찬大阿湌(5관등) 장이長耳, 대아찬 원망元望이며, 또 딸 4명과 서자 1명이 있었다.

지소부인은 장군이 서거한 뒤에 머리를 깎고 갈옷(葛衣, 갈포 옷)을 입고 여승이 되었다. 문무왕은 부인을 보고 말하기를 "지금 국내가 편안 무사하며 상하가 모두 베개를 높이 하고 걱정이 없이 지내는 것은 태대각간의 덕택이며, 또 부인이 그의 현숙한 배필로서 태대각간의 성공에 많은 내면적 방조를 준 까닭이니, 내가 그 공덕을 갚기 위해 하루라도 마음에서 잊지 아니한다" 하고 매년 남성조南城租[55] 1000석을 공

---

54 지금의 경북 경주시.
55 남성에 보관한 조. 남성은 경주 남쪽에 위치한 남산신성을 가리킨다. 663년(문무왕 3) 정월에 남산신성에 장창長倉을 설치했다. 현재 남산에서 곡식을 저장하던 중창 터와 무기 등을 보관하던 좌창, 우창 터가 발견되었다. 신라는 전국에서 조를 거두어 남산신성의 중창에 보관했고, 관리에게 녹봉으로 세조歲租를 지급한 689년(신문왕 9)부터 757년(경덕왕 16)까지 중창의 곡식으로 관리들에게 세조를 지

급했다.

그 후 신라 역대에서는 세월이 오랠수록 김유신 장군의 공덕을 더욱 추모해 흥덕왕興德王 10년(835) 즉 장군의 서거 후 162주년에 장군을 흥무대왕興武大王으로 추봉했다. 이는 역사에서 유례가 없는 예우였다.

* * *

전기한 바와 같이 문무왕 12년(672, 장군 서거의 1년 전) 8월 백수성전투에서 신라, 고구려 연합군은 당나라 장수 고보, 이근행의 부대 4만여 명을 반격해 수천 명을 살해하고 대승리를 이루었으며, 당나라군대는 말갈의 군사와 함께 석문石門(서흥군瑞興郡의 서북인 듯)에서 퇴각했다. 문무왕은 의복義福, 춘장春長 등 여러 장군을 보내어 대방(황해도 지방)의 들에서 결전하게 하고 적을 방어케 했다.

이 전투에서 신라 장창당長槍幢(일종 특별 군단)은 따로 진영을 차리고 있다가 적병을 만나 3000여 명을 생포해 대장군의 본영에 송치했다. 이것을 본 제 당들은 모두 말하기를 "장창당이 혼자서 따로 공격해 성공했으니 반드시 큰 상을 받을 것이다. 우리도 한 곳에 머물러 아무런 성공이 없는 것보다는 차라리 제각기 개별적으로 활동하는 것이 득책이다" 하고 서로 부대를 나누려 할 즈음에, 당나라군대와 말갈병은 신라 제 당이 아직 전세를 정비하지 못한 틈을 타서 급히 진격하므로 신라군은 드디어 패배하며 요천曉川, 의문義文 등 여러 장군은 전사했다.

급했다고 이해되고 있다.

이때 김유신 장군의 둘째 아들 원술은 비장裨將으로 또한 전사하려 했더니 그의 좌관佐官 담릉淡凌이 만류하며 '대장부는 죽는 것이 어렵지 아니하고 오직 죽을 데 죽는 것이 어려운 것이다. 만일 죽어서 성공을 못 한다면 살아서 나중에 효과를 거두는 것만 같지 못하다' 하니, 원술은 대답하기를 '사나이는 전장에서 구차하게 살 수가 없다. 만일 패전하고 구차하게 살면 무슨 면목으로 나의 아버지를 뵈옵겠느냐' 하고 곧 말을 채질해 적진에 돌입하려 했다.

그러나 담릉은 말고삐를 놓지 아니하며 자중하기를 간청했다. 그래서 원술은 여러 장군과 같이 싸워 죽지 못하고 후퇴해 상장군을 따라 무이령蕪荑嶺[56]으로 나오니 당나라 군사는 추격했다.

이때 거열주居烈州 대감 아진함阿珍含 일길간一吉干(을길간, 일길찬, 7관등)이 상장군더러 이르되 '공들은 후일의 성공을 위해 속히 퇴각하라. 나는 이미 70세니 얼마나 더 살겠는가? 오늘은 내가 죽을 날이다' 하고 곧 창을 잡고 적진을 돌파하다가 전사하니 그의 아들도 또한 따라 전사했다. 그러나 의복, 춘장 등 제 장군은 패퇴해 군복을 벗고 슬그머니 수도로 들어와서 가히 얼굴을 내놓지 못했다.

왕은 이 소식을 듣고 김유신 장군에게 문의하기를 군대가 패배했으니 어찌하면 좋을 것인가 하니, 장군은 대답하기를 "당나라 사람의 모략은 측정하기 어려우니 우리는 마땅히 장병에게 정면 진격을 당분간 피하고 요새를 각각 굳게 지켜서 적을 방어하게 하는 것이 득책입니다" 했다.

---

56 황해도 서흥에서 개성 쪽으로 내려오는 길 중에 '우이령牛耳嶺'이 있는데, 이곳으로 추정된다.

이는 우리의 방어로써 적의 공세를 대항하며 최후의 반공을 준비키 위해 일시적인 방어를 취하려는 것이었다. 우리는 김유신 장군의 신축자재하는 군사 예술의 일단을 이곳에서도 넉넉히 볼 수 있다. 이와 같이 정확한 김유신 장군의 전략적 헌책을 신라의 장병들은 충실히 실행한 결과 집요한 당나라군대의 침략을 끝끝내 분쇄하고 조국 통일의 위업을 완성했다.

그리고 이때 김유신 장군은 국왕에게 말하기를 "다만 신의 자식 원술이 전사할 대신에 비겁하게 살아 왔으니, 이는 국가의 명령을 저버렸을 뿐만 아니라 또한 가정의 교훈을 위반한 것입니다. 그를 죽여서 일반 병사들을 징계해야 하겠습니다" 했다. 왕은 장군의 결심이 강한 것을 보고 여러 가지로 위안해 '원술은 대장도 아니고 한개 비장인즉 그에게만 중형을 가할 수 없다' 하고 특별히 그에게 사죄명령을 내렸다.

그러나 원술은 심히 부끄러워하며 감히 자기 아버지 앞에 나타나지 못하고 바로 산중에 들어가서 은거 생활을 하고 있다가 김유신 장군이 서거한 후에 자기 어머니 지소부인에게 뵈옵기를 청했다. 부인은 엄정하고 침통한 어조로 말을 전하기를 "부녀는 삼종의 도(三從之道)가 있다. 나는 지금 홀어머니가 되었은즉 마땅히 자식을 좇을 것이나 원술은 패전하고 살아 와서 그 아버지 생전에 자식 노릇을 못했으니 내 어찌 지금 그의 어미가 될 수 있겠는가?" 하고 모자간에 서로 만나 보기를 거절했다. 원술은 자기 집 문밖에서 땅을 치고 가슴을 치고 통곡하면서 차마 떠나지 못하나 그의 어머니는 종시 대면하기를 허락하지 아니했다.

원술은 어머니의 엄정한 말씀에 조금도 항의하지 못하고 한탄하며 내가 담릉이 때문에 이와 같이 되었구나 하고 할 수 없이 집을 등지고 떠나서 태백산太白山(경상북도와 강원도 사이에 있는 산)에 들어가서 숨어 있으며 조국 보위를 위해 자기의 생명을 바쳐서 속죄할 기회가 올 것을 기다리고 있었다.

* * *

이때 신라와 당나라의 관계를 한번 고찰하면 다음과 같다.

김유신 장군이 서거한 후에도 당제 이치(고종)는 자기의 삼국을 삼키려는 침략 계획이 실패하고 신라의 세력이 강성해진 데 크게 분노해 항상 포악한 공세를 취했다. 장군이 서거한 동년(문무왕 13, 673) 9월에 왕은 당나라군대의 해로 침공을 방어하기 위해 대아찬(17관등 중 5관등) 철천徹川 등에게 병선 100척을 영솔하고 서해를 지키게 했더니, 당나라군대는 말갈 및 거란의 군사와 함께 북쪽 변경을 침범하므로 신라군대는 9회나 싸워 다 승전하고 2000여 명을 살해했으며 호로하(임진강)와 왕봉하王逢河(지금 경기도 고양의 향주 한강)[57]에 빠져 죽은 적병은 무수했다.

이듬해(674) 정월에 당제 이치는 신라가 고구려의 주민을 받아들이고 백제의 옛 땅을 점령해 군대로써 지키는 것을 크게 시기해, 문무왕

---

57 왕봉하는 현재 행주산성 부근의 한강으로 이해하고 있다.《삼국사기》〈지리지〉에는 "개백皆伯이라고도 하는데 한씨韓氏 미녀가 안장왕安臧王을 맞이했던 곳이어서 왕봉王逢으로 이름했다(韓氏美女迎安臧王之地, 故名王逢)"라고 전한다. 개백현은 옛 고양군 지도읍知道邑 지역으로 현재 고양시 능곡·화정·행주내동·행신동 일원에 해당한다. 경덕왕 때에 우왕현遇王縣으로 개칭되었다.

에게 자기들이 주었던 관작을 회수한다고 발표하고 당나라 수도에 머물러 있는 문무왕의 친아우 김인문을 신라왕으로 임명하며 강제로 귀국케 하는 동시에, 당나라 장군 유인궤劉仁軌로 계림 대총감大總監을 삼고 이필李弼, 이근행으로 부총감을 삼아 대군을 인솔하고 신라를 공격했으나, 이듬해 2월에 유인궤는 칠중성七重城(지금 황해도 적성積城)전투 후에 귀국하고 이근행은 안동 진무대사鎭撫大使가 되어 침략을 계속하려 하니, 왕은 사절을 보내어 이미 전개된 동방 정세를 진술한 결과 당제 이치도 부득이 국교를 회복하고 김인문을 그의 중로中路에서 소환했다. 그러나 당나라군대는 의연히 거란, 말갈의 군사와 함께 신라 국경을 침입하므로 신라는 9개 군단을 출동해 대비했다.

동년(문무왕 15, 675) 9월에 당나라 장군 설인귀는 당나라에 가서 있는 신라의 학생 김풍훈金風訓(그의 아비 김진주는 연전 반역사건으로 사형되었다)을 향도로 하여 천성泉城에 와서 침공하므로 신라 장군 김문훈 등은 반격해 1400명을 살해하고 40척의 병선과 1000필의 군마를 노획했다.*

> * 천성은 泉城이 아니고, 전기 문무왕 12년 8월 신라. 고구려 연합군이 당나라 장군 고보, 이근행 부대 4만여 명을 반격해 수천 명을 살해한 백수성의 白 水 두 자가 泉의 한자로 된 듯하다. 지금 황해도 재령 지방인 듯하다.[58]

이 천성 대승리가 끝난 다음 동월 29일 당나라 장군 이근행이 20만의 대군을 인솔하고 매소천성買蘇川城(즉 매성성買省城 또는 매초천성買肖川城, 지금 경기도 양주)에 와서 머무르는 것을, 신라군이 진격해 패주하게 하고 전마 3만 380필과 이에 상응한 병기와 물자를 노획했다.

---

58 최근 연구는 천성에 대해서 오늘날 파주시 탄현면 성동리에 위치한 오두산성으로 비정하고 있다(전덕

이 뒤에도 아달성阿達城(지금 안협?),[59] 칠중성(지금 적성), 적목성赤木城(지금 회양), 석현성石峴城(전기 석문 즉 현재 서흥?)[60] 등 여러 성에서 신라군의 장렬한 전투가 있었으며, 대소 전투가 무릇 18일에 걸쳐서 항상 신라군의 승리로 끝맺어서 적군 6047명을 살해하고 군마 200필을 노획했다.

이 매소천성 등의 대승리가 있은 이듬해 즉 문무왕 16년(당고종 의봉 원년, 676) 11월에 사찬 시득施得은 병선을 영솔하고 당나라 장군 설인귀 부대를 소부리주所夫里州(지금 충남 부여) 기벌포에서 진격해 대소 전투 22회에 다 승리하고 4000여 명을 살해했다. 이 기벌포의 대승리는 당나라의 침략군에 대한 최후 승리이고, 당나라의 침략 기도도 이 전투를 전환기로 하여 영원히 포기되었다.

악부樂府 천성행泉城行

당나라 명장 설인귀는(薛仁貴 唐名將)

한 번 싸워 요동을 아시고,[61] 두 번 싸워 평양을 부수었다(一戰取遼東, 再戰擊平壤).

싸우면 이기고 치면 아시는 그 기세 당할 이 누구였던가? 요하 동편에 한 개의 튼튼한 성도 일찍이 볼 수 없었다(戰勝攻取勢莫當, 遼河以東無堅壘).

그런데 어쩌다 천성에선 한 번 싸우고 그만 쥐처럼 달아났던가? 이는 문

재, 〈신라의 북진과 서북경계의 변화〉, 《한국사연구》 173, 2016).

59 강원도 이천군 안협면(지금의 북한 쪽 강원도 철원군 내)에 있는 성으로 추정된다. 최익한은 확실하지 않다고 물음표를 달았다.

60 경상북도 문경시 마성면 신현리에 있는 고모산성의 익성翼城으로 추정된다. 최익한이 서흥으로 잘못 추측한 듯하다.

61 가지다의 제주 방언.

훈의 재주 비할 데 없이 훌륭한 때문이다(如何泉城一戰走如鼠, 文訓之才無與比).

한갓 문훈의 재주 비할 데 없이 훌륭했을 뿐 아니라 이때 신라는 부강한 운명을 갖고 일으섰더니라(不持文訓之才無與比, 此時新羅應運起).

임금은 어질고 신하는 착해 빈틈을 탈 수 없었거니 당나라 임금은 어찌하여 부질없이 분병[62]을 일으켰던가?(主賢臣良無可乘, 唐皇忿兵胡乃興)

옛날부터 망하는 나라는 반드시 자체의 병집[63]을 가졌나니 그런 뒤에야 적대자는 바야흐로 그의 재능을 나타내었다(自古亡國必有釁 然後敵人奮才能).

호해(진나라 2세 황제)가 덕을 잃으니 항왕(항우)은 비로소 용맹했으며, 부차(오나라 왕)가 게으르고 음란하므로 범려(월나라 신하)는 지혜로울 수 있었다(胡亥失德項王勇, 夫差怠荒范蠡智).

나의 말은 노망이 아니고 이치가 그러하거니, 아! 뒷세상의 임금들은 마땅히 새겨들을지니라(我言非耄信如此, 嗚呼後辟當念記).[64]

– 순암順菴 안정복安鼎福

18세기 실학자의 한 사람이며《동사강목東史綱目》의 저자인 순암 안정복은 이 천성 대승리를 계기로 하여 당나라의 침략이 성공할 수 없고 신라의 삼국통일이 반드시 실현된다고 지적했다. 당나라 장군 설인귀가 아무리 잘 싸우더라도 그의 재능이 신라 장군 김문훈을 당할 수 없을 뿐더러, 그 당시 신라의 군신 상하가 일치단결해 외적으로서는 깨

---

62 조그마한 문제에 한을 품고 그 분을 참지 못해 군대를 일으키는 일.
63 병病 집. 깊이 뿌리박힌 결점이나 잘못.
64 안정복,《순암복부고順菴覆瓿稿》권2 시.

뜨릴 수 없는 강대한 역량을 가지고 있었다는 것을 이 시는 보여 주었으므로 교훈적 의의가 적지 않다고 할 것이다.

* * *

전기한 바와 같이 태백산 중에 숨어 있던 원술은 당병의 계속적 침략을 분개하며 또 자기의 전번 수치스러운 행동을 씻어 버리려고 복수의 칼을 잡고 산문을 나서서 적진에 참가하니, 이것이 즉 매소천성(또는 매초성이라고도 함) 대전투였다.

　원술에게 조국의 통일·독립을 위하든지 자기 아버지의 교훈을 생각하든지 또는 "싸울 적에는 물러가지 말라(臨戰無退)"는 신라 병사의 명예를 돌아보든지, 어느 방면으로 보더라도 이번 전투는 자기를 영용한 죽음으로써 조국에 바치지 아니하면 안 될 가장 중요한 기회였다. 그래서 그는 힘을 다해 용감하게 싸운 결과 전공을 세우고 국가의 표창을 받았다. 그러나 그는 일찍이 자기 부모에게 용서받지 못한 것을 철천의 원한으로 여기어 다시 출세하지 아니하고 한개 죄인으로 자처하며 일생을 마치었다.

　김유신 장군과 원술의 이와 같은 관계는 장군을 중심한 많은 미담가화[65] 중 가장 우수하고 광채가 있는 충용담이다. 이것이 당시 신라 인민의 애국정신을 고도로 자극했으며, 그 뒤 1천 수백 년간 길이 조선 인민의 충의심을 격동 고무해 왔다.

65　가화佳話는 사람을 감동하게 할 만큼 재미있고 좋은 이야기.

김유신 장군의 영웅성은 당시 신라 인민의 모범으로 되어 있었을 뿐만 아니라 그의 자손에 의해서도 오래 계승되었다. 그의 서손 김윤중 金允中은 선덕왕 때에 벼슬이 대아찬에 이르렀고 왕의 특별대우를 받았다. 왕의 32년(당현종 개원 21. 733)에 당현종玄宗은 발해와 말갈을 공격하기 위해 신라의 원조를 청한 동시에 명장 김유신의 손자인 김윤중을 장수로 보내어 달라고 특별히 요청하고 금백金帛 등 예물을 김윤중에게 선사했다. 그래서 왕은 김윤중과 그의 아우 김윤문允文을 장군으로 보내었다.

또 김윤중의 서손 김암金巖은 총민하고 방술을 습득했으며 소년 시에 당나라에 가서 숙위로 있는 동안 음양학陰陽學을 배워 그의 스승을 압도했다 한다. 김암은 귀국해 사천대司天坮 박사(천문학을 맡은 관리)가 되었으며 양良, 강康, 한漢 3주 태수와 패강진浿江鎭 두상頭上(관명)을 역임했는데, 도처에 백성을 사랑하고 교양했으며 농사 여가에 육진병법六陣兵法을 가르쳐 주어 국방 준비에 노력했다. 인민은 그를 존경했다 한다.

김암은 혜공왕 15년에 사절로 일본에 가니 일본 국왕은 그를 억류하려다가, 때마침 당나라 사신 고학림高鶴林이 일본에 와서 김암과 서로 만나 심히 단락하는[66] 것을 보고 김암이 국제적으로 명망이 있는 인물임을 비로소 알고 감히 억류하지 못했다.

김유신 장군의 영용한 의범은 신라 화랑의 무리에게 절대적인 감화를 주었고, 신라 화랑도의 명예는 장군 및 장군의 많은 제자에 이르

---

66 《삼국사기》 권43 《열전》의 "서로 만나 심히 기뻐했다(相見甚懽)"는 기사를 표현한 것인데, 단락의 정확한 뜻은 알 수 없다.

러 가장 높았다. 신라 김대문金大問이 화랑제도를 평론해 충신과 현좌가 여기서 나왔으며 양장과 용졸이 여기서 나왔다고 한 것은 김유신 장군의 역사를 통해 더욱 실증된다.

05 | 결론

장군은 영용하고 위대한 우리 선조의 한 사람이다. 그러나 조선 고시대의 위인으로서 김유신 장군처럼 전설과 일화가 많고 따라서 과거 일부 사람에게 그와 같이 한 개 초인간적인 인물로 숭배받은 사람은 없었다.

김유신 장군의 현손 신라 집사랑執事郞 김장청金長淸이 장군 행록 10권을 지어 세상에 전했는데,《삼국사기》저자 김부식金富軾은 그 행록에 과장한 언사가 자못 많은 것을 지적하고 자기는 그중 신빙할 만한 사실만을 취택했다 하나, 김부식의 저작인《김유신전》세 권에서도 미신적 전설을 그냥 사실인 것처럼 인정한 점이 없지 아니하다. 그러나 지금 우리가 김유신 장군의 정치적 및 군사적 생활에 대해 실제 언행을 검토해 본다면 장군처럼 평범한 진리와 현실적 정세에서 자기의 계획과 전술을 추출한 고시대 영웅은 또한 드물었다.

장군은 비록 어느 석굴에서나 어느 불사에서 분향 기도하거나 천신에 맹세하며 또는 단식 정진해 마치 현실의 세상 이외에 어떤 신비한 위력의 원천을 탐구한 듯했으나, 이런 행사들은 대체로 그가 당시 종교적 및 민속적인 관습을 좇아서 자기의 정신을 집중하고 결심을 굳히는 방법이었고 기도, 맹세 등 그것들로써 만사를 해결하려는 신비론자는 아니었다. 그러므로 장군은 종래 사람들이 흔히 인정한 바와 같이 기적과 신통력을 행사하던 '이인異人'이 아니었고, 또 그 자신이 이와 같은 사람으로 자처하지 아니했던 것은 다음의 사실 하나로써도 증명할 수 있다.

선덕여왕 만년(647)에 대신 비담毗曇은 왕위 계승 문제를 중심해 여왕이 정치를 잘못한다는 이유로 폐위운동을 일으켰다. 그래서 여왕의 군대는 월성月城에 주둔하고 비담의 군대는 명활성明活城에 주둔해 서로 대진한 지 10일이 되어도 승부의 판갈이가 나지 아니했다. 그런데 때마침 큰 별 하나가 월성에 떨어졌다. 비담 등은 자기 병사들에게 선전하기를 옛말에 별이 떨어진 곳에는 반드시 피를 흘릴 일이 있다고 했으므로 이는 여왕이 패망할 징조라고 하니 그의 병사들은 이에 호응해 땅이 꺼질 만큼 고함을 쳤다. 이 선전과 고함 소리를 들은 여왕은 공포에 질려 어쩔 줄을 몰랐다. 김유신 장군은 여왕에게 다음과 같이 아뢰었다.

길흉과 화복은 일정불변하지 않고 오직 사람 자신이 화복을 부르기 때문에, 옛날 은나라 주왕은 일반이 길조로 볼 수 있는 주작을 보고도 망했으며, 노魯나라는 성스러운 짐승인 기린麒麟을 얻었으나 쇠약했으며, 은나라 고종은 흉조로 보이는 꿩의 울음이 있었으나 부흥했으며, 정공鄭公은 상서롭지 못한 용의 싸움이 있었으나 창성했습니다. 그렇기 때문에 덕이 요망한 것을 이기면 별의 이상한 것과 같은 것은 조금도 두려워할 것 없으니 왕은 걱정마소서.

김유신 장군은 이렇게 말한 다음 허수아비를 만들어 불을 안기고 풍연風鳶에 실어 공중에 올리고 사람들을 시켜 거리에 전파하기를 '어젯밤에 떨어졌던 별이 도로 하늘로 올라 갔다'고 하여 적군이 크게 의혹케 했으며, 또 장군은 자기 군대의 심리를 안정되게 하기 위해 백마를 잡아 별 떨어진 곳에 제사를 지내고 다음과 같은 축문을 고했다.

천도는 양강음유陽剛陰柔하고 인도는 군존신비君尊臣卑한데 만일 이것을 고치면 세상은 곧 크게 어지러울 것이다. 지금 비담 등이 무도하게 신하로서 임금을 배반해 아래로부터 위를 침범하니 이것이 소위 '난신적자'이므로 사람과 귀신이 다 같이 미워하며 하늘과 땅이 용납할 수 없다. 그러나 이제 하늘이 이에 대해 아무런 관심이 없는 듯하고 도리어 별(星)의 변을 왕의 국토 안에서 보니 이는 내가 알 수 없는 바이다. 오직 **하늘의 신령은 사람의 의욕대로 선을 좋아하고 악을 미워하여 신의 수치를 짓지 말도록 하라.**(강조는 최익한)

이와 같이 풍언風言을 올리고 축문을 고한 다음 장군은 장병을 독려해 적진을 분격하니 비담의 군대는 패주했다.

이 사실에서 우리는 김유신 장군의 세계관이 숙명론이나 신비성의 질곡적인 구속을 받지 아니하고, 도리어 자기의 주관적 윤리의 척도로 심과 천도를 **강요 질책**(강조는 최익한)하는 사상적 특징을 가지고 있음을 알 수 있다. 그리고 그는 비속한 점성술적 미신을 인정치 아니한 반면에, 갑자기 깨뜨릴 수 없는 군중의 미신과 요언을 자기 승리의 방향으로 이용했다.

김유신 장군은 전략을 수립하는 데 항상 피아의 정세와 역량 관계를 정밀히 비교 검토하는 것을 승리의 전제 조건으로 했다. 그는 적국을 공격하고 조국을 수호하는 사업에서, 무엇보다도 항상 민심과 사기를 1차적으로 주시하고 군대의 다소와 무장의 강약은 오히려 2차적으로 보았다. 현대 군사과학자들은 전쟁 승리의 항구적인 요소 중에 후방의 공고성과 장병의 사상성을 제일 중요한 것으로 지적한다. 김유신 장군은 원칙적으로 그것을 이미 파악했다 해도 과언이 아닐 것이다.

김유신 장군은 백제 공멸을 착수할 때에 백제의 통치계급의 사치 음일로 인민이 이산하는 것을 그들의 패배의 가장 중요한 조건으로 지적했으며, 고구려 정복을 계획할 때에도 그들의 교만 방종한 태도가 그 나라 인민의 지지를 받지 못하고 있는 것을 그들 멸망의 유일한 조건으로 인식했으니, 이는 장군의 전쟁관이 우수하고 정당하다는 것을 말한다.

김유신 장군은 장병의 애국적 정신과 결사적 헌신성을 승리의 결정적 무기로 간주했다. 그래서 장군은 인민에게 조국에 대한 충성심을 고취하고 그들의 단결을 격려하고 장병들의 의용성을 고취해 소수의 병력을 가지고도 능히 대적을 제압했으며, 자기의 안전으로써 적의 피로에 대응했다.

김유신 장군은 군사상, 그의 전기가 보여준 약간의 단편적 언사들을 검토해 보더라도 연구마다, 격언과 고전을 풍부히 또는 자유로이 이용해 복잡 난해한 문제들을 쾌도난마식으로 해결했다. 이것은 장군의 학문적 소양과 지식 수준이 우수했음을 표시한다.

　신라 통일국가의 수립에 대한 김유신 장군의 정치적 공적은 그의 군사적 공적으로 엄폐되고 있으나 사실 그 시대의 정치적 요령에 관해 김유신 장군은 정확하고 정통한 정식을 가지고 있었다. 일례를 들면 그는 임종 시에 문무대왕의 자문에 응해 창업 수성의 관계와 군자 소인의 친소親疎 문제를 특별히 진술했는데, 이것이 극히 평범한 듯하나 극히 절실한 교훈적 의의를 가진 말로서 노련한 정치가의 가치 있는 진언이었다.

　끝으로 다시 한 번 지적해야 할 것은 장구한 삼국의 분쟁을 평정하고 여러 차례에 걸친 외적 당나라군대의 집요한 침략을 분쇄하는 과정에서, 김유신 장군이 성공적으로 실천한 전략 전술에 대해 모든 기록이 대개 추상적이었고 구체적인 서술이 부족하다는 점이다. 이것을 연구하는 우리로서는 유감의 뜻을 가지지 아니할 수 없다.

강감찬

서언

고려 왕 씨 조의 500년 동안에 외적의 침입은 조선의 과거와 후래의 어느 시대보다 가장 빈번하고도 격렬했으며, 동시에 이에 대응해 침략을 분쇄하고 조국을 방위한 위대한 공훈을 세워서 혜택을 민족에게 끼쳐 준 지사와 명장이 역사에 별처럼 벌여 있다.[1] 예를 들면 거란에 대한 양규楊規, 김숙흥金叔興, 정신용鄭神勇과 여진에 대한 윤관尹瓘, 오연총吳延寵과 몽고에 대한 박서朴犀, 김경손金慶孫과 왜구倭寇에 대한 최영崔瑩, 이성계李成桂, 정지鄭地 등이 모두 이들이다.

그러나 후래 평론가들은 고려의 명장을 말할 때에 저들 중에 항상 강감찬을 대표로 들어서 고구려의 을지문덕과 이조의 이순신과 동렬로 평가했으며, 이조 정조正祖는 조선 역대 명장찬을 지어 고려의 강감

---

[1]   원문에는 '벌어 있다'라고 기재됐는데, 오타인 듯하다.

찬을 고구려의 을지문덕과 신라의 김유신과 이조의 이순신과 4대 명장으로 평정했다.

이제 우리가 어떤 명장이든지 그가 발휘한 전략과 전공을 평가할 때에 그의 전쟁 상대자가 어떠했으며 또 누구였던가를 반드시 보아야 한다. 이것의 절실한 실례로서, 이번 소련의 조국 전쟁에서 서남 유럽을 전광석화와 같이 석권하고 백전백승한 위력과 경험을 세계에 자랑하던 독일의 히틀러와 그의 파쇼 군대를, 소비에트 군대의 독력으로써 타도해 버린 그 사실로 소비에트 장군들의 전략과 전공은 더욱 빛나고 있는 것이다.

본 전의 주인공인 강감찬 장군은 거란의 성종聖宗을 그의 전쟁 상대자로 했다. 성종은 거란 전성기의 유명한 침략자로서 북으로 여진, 남으로 송宋 등 이른 곳마다 승전의 기세를 발휘했으나, 다만 고려에 대해서는 2차 침입에 40만 대군을 친히 인솔하고 들어왔다가 겨우 단신 패주했으며, 3차 침입에 10만의 정예를 전격적으로 종심縱深에 침투하게 했다가 다시는 일어날 수 없는 정도로 패배하고 말았다.

이는 물론 그때 고려 인민의 열렬한 항적 기개와 튼튼한 단결력이 그 승리의 토대로 되어 있었을 뿐만 아니라, 그때 고려는 창업기의 뒤를 이어 중앙집권체제 밑에서 봉건경제조직은 발전하고 있었고 아직 부패하지 않은 동시에, 고구려의 무강武强한 전통을 계승해 국방에 관한 준비가 자못 충실했던 것이 또한 외적을 극복하는 중요한 조건으로 되어 있었던 까닭이다.

그러나 전쟁을 지도하고 조직하는 책임 있는 지위에서 자체의 승리적 조건을 잘 활용하며 적의 정세를 명확히 파악해 강포 무비한 적군을 연전연파하고 조국을 멸망의 위기에서 구출하기에 성공한 것은, 강감찬 장군의 영용한 인격과 천재적인 전략 전술이 아니면 실현될 수 없는 것이었다. 따라서 우리의 조국 보위 전쟁 역사에서 거란 성종에 대한 강감찬 장군은, 과거 고구려 시대 수양제에 대한 을지문덕 장군과 당태종에 대한 연개소문 장군과 더불어 또는 후래 이조시대 왜적의 괴수 도요토미 히데요시에 대한 이순신 장군과 더불어 위대한 명장의 영예적 지위를 차지하기에 아무런 손색과 이의가 없다.

강포한 거란의 대군을 두 번이나 물리치고 조국과 인민을 그들의 포악한 유린과 지배에서 구출한 강감찬 장군의 일정한 결과가 물론 강감찬 장군을 위대하게 평가하는 구체적 조건이 되어 있겠지만, 이제 몇 가지 각도로써 장군을 분석해 보면, 첫째 강감찬 장군의 명장으로서의 전략과 전술은 당시 성공 이상으로 평가하지 않으면 안 될 귀중한 내용을 가졌으며, 둘째 강감찬 장군의 숭고하고 성실한 인격은 조국과 인민을 사랑하며 원수를 털끝만치라도 용서하지 않고 어디까지든지 비검한 투항론을 배격한 동시에 민심과 국력에 적응한 작전 계획을 제시해 국가의 자유와 독립을 옹호했으며, 셋째 강감찬 장군은 정치와 군사에 대해 풍부한 학문적 소양을 가졌던 장군이었고 일시 우연히 전승한 명장으로서 인정할 수 없다. 이러한 내용들이 결국 강감찬 장군을 명장 이상의 명장이 되게 한 까닭이다.

그리고 그 전공 자체도 3차 거란의 침입에서 적병 10만에 대해 우리는 20여만의 대군을 가졌으며 또 적이 멀리 오는 피로가 심한 데 대해 우리는 앉아서 응전하는 편리를 가지고 있었으니, 얼른 생각하면 강감찬 장군의 승리는 그렇게 신기하고 어려운 것이 아니었다고 할 수 있다.

그러나 당시 적병이 10만이란 것은 적의 최대 정예인 동시에 선봉 부대였으므로 반드시 10만이란 숫자로 적의 총동원의 역량을 따질 것이 아니며, 이 반면에 강감찬 장군의 승리 방법은 최소 희생으로써 최대 효과를 거두었다는 점에서 그의 탁월하고 우수한 전략 전술이 반영된 것이었다.*

이번 승리를 계기로 하여 고려의 위력은 그 절정에 오른 반면에 거란은 국세가 기울어져서 고려에 대한 종래의 격멸적 태도를 일변하고 국교상 충돌을 될 수 있는 대로 회피해 금인金人 즉 여진에게 멸망될 때까지(1125) 약 100년 동안 감히 경솔히 침범하지 못했으니, 이것을 보아도 당시 강감찬 장군의 승리가 얼마나 비상한 위력을 가졌

* 《고려사》에 적병이 10만이라고 했으나 이것은 다만 고려 왕도 개성에 침입한 적의 선봉부대였고, 후방 계속 부대와 동원된 전수를 이른 것은 아니다. 그래서 후래 양성지(이조 세종 시대의 명신)는 "강감찬이 거란병 30만을 방어해 한 필의 말도 살아서 돌아가지 못하게 했다"라고 했다(《눌재집》 권3, 주의 〈군정십책軍政十策〉).

던가를 능히 짐작할 수 있는 일이다.

　이상과 같은 의의에서 누구나 강감찬 장군을 위대한 명장의 한 사람으로서 평정하기에 주저하지 않을 것이다. 그런데 다만 장군에 대한 현존 사전史傳이 《요사遼史》는 물론이요 《고려사》도 당시 작전의 구체적 사실에 대해 오히려 소략하다는 느낌이 적지 않다.

01 | 강감찬 장군의 출신과 그의 인품

강감찬 장군의 처음 이름은 은천殷川이며, 고려 태조太祖의 신하로서 삼한벽상공신三韓壁上功臣에 참가한 강궁진弓珍의 아들이었으며, 고려 3대 정종定宗 3년(948)에 금주衿州²(경기도 시흥군. 5대조 강여청餘淸이 신라에서 이곳으로 이주)에서 탄생했다.*

강감찬 장군은 몸이 자그마하고 외모가 아름답지 못했다. 전설에 그는 '마마' 즉 천연두를 두 번이나 치러서 얼굴이 몹시 얽었다고 한다. 그는 고려 개국 공신의 아들이었으나 천성이 대단히 검소하고 평민적이어서 외모가 아름답지 못한 데다가 차림새를 아무렇게나 했으며, 어렸을 때부터 학문을 좋아하고 기이한 책략이 많았다.

강감찬 장군은 6대 성종成宗 때에 갑과甲科 제일로 출신했으며 나중에 문관으로서 대신의 지위에

* 개성 흥국사興國寺 옛터에 서 있는 석탑의 기문에 감찬邯瓚이라고 썼으나, 《고려사》 이하 일체 문헌에 모두 감찬邯贊으로 기록되어 있다.

---

2   원문에는 금천으로 기재되었다.

올랐고 동시에 대장으로서 국가의 원훈이 되었다. 고려는 중엽까지 문관, 무관이 서로 넘나들어 두 갈래로 고정하지 않고 문관으로 무관에 종사할 수 있었는데, 강감찬 장군의 경력도 그의 일례이다. 그러나 그의 재질이 원래 문무를 겸했던 것은 사실이다.

강감찬 장군은 체모가 훌륭하지 못해 평시에는 보통 사람 같이 보이나, 위의威儀를 정숙히 하고 조정에서 대사를 결정할 때에는 어떠

* 어느 사신이 밤에 시흥군에 들어가서 커다란 별 하나가 하늘에서 어느 인가에 떨어지기에 이상히 여겨 이속에게 찾아가서 보게 한즉 그 집 부인이 방금 생남했으므로 그 사신이 데려다가 길렀으니, 이 아이가 즉 강감찬이라고 했다. 그리고 그 뒤 강감찬 장군이 상신相臣으로 있을 때에 송나라 사신이 고려에 와서 장군을 한 번 보고 곧 장군의 앞에 절을 하면서 말하기를, "내가 문곡성文曲星(옛날 천문학에서 문운 文運을 맡은 별)을 보지 못한 지 오래 되었었는데 이제 이곳에서 보노라" 했다. 이런 말이 《고려사》 강감찬 장군의 전기에 쓰여 있으니 이는 그의 영웅적 업적을 존경하는 당시 인민의 전설에서 나온 것이다. 이 밖에도 여러 가지 기이한 전설과 구비가 있으나 과학적 근거가 없으므로 말하지 않는다.

한 어려운 문제라도 항상 대의에 의거하고 창발적인 의견을 발휘해 가장 명확하고 또한 신속하게 해결하며, 어떠한 사람이라도 감히 범접하지 못할 정기가 있었다. 강감찬 장군의 인격은 우뚝 솟은 듯이 국가와 인민이 믿고 기댈 수 있는 기둥과 주춧돌처럼 튼튼해 보이었다 한다.

강감찬 장군은 천성이 고결하고 가산에 관심하지 않았으며, 일찍이 이부상서吏部尙書로 있을 때에 개령현開寧縣에 있는 사전私田 12결을 국가에 바쳐서 군호軍戶[3]에 나누어 주었다. 그는 일생에 봉공정신으로 일관하고 국가와 민족을 위해 헌신 분투했다.*

---

3   고려시대 군대 편성상의 단위.

02 | 고려와 거란 양국 간의 고구려 옛 지역에 대한 문제

이제 강감찬 장군이 거란군을 격퇴한 사실을 논술하기 전에 고려와 거란의 관계를 간단히 말하는 것이 본 문제를 이해하는 데 필요할 것이다.

고려 태조 왕건王建은 후고구려 왕인 궁예弓裔를 쫓아내고 견훤甄萱의 후백제를 병합하고 신라의 전 지역을 차지했을 뿐만 아니라 신라 조정의 귀순을 받았으니, 국토적 및 정치적 견지로 보아서는 당연히 신라 왕조의 전통을 계승한 것으로 자인할 것이겠지마는, 그는 도리어 고대 고구려의 계승자로서 국호를 고려라 하고(918) 고구려의 고도인 평양성을 수축해 서경西京이라고 칭하고 남방(염주, 백주, 황주, 해주, 봉주)⁴ 인민을 이주하게 하고 그곳에 왕족 및 대관과 군사를 주재하게 하며 매년 춘추에 왕은 친히 순행했다. 또 태조의 유언으로서 1년 4중仲⁵마다 반드시 왕이 평양에 행재行在해 평양의 수도적 지위를 강조하는 동시에 서방

---

4   모두 오늘날 황해도에 속한다. 각각 지금의 해주, 연백군, 황주, 해주, 봉산 등이다.
5   하지, 동지, 춘분, 추분을 가리키는 듯.

개척의 기점으로 만들었다.

이는 물론 태조 자신이 고구려 유민의 후예인 것과 후고구려 궁예의 기업基業을 토대로 한 것과 또 당시 왕도 개성이 역시 고구려의 옛 지역 안에 있었다는 것 등등이, 태조를 중심으로 한 반反신라 세력의 봉건적 지방적인 지반에 비춰 보아 고구려적 전통을 경시할 수 없는 중요한 조건이었던 까닭이다.

그러나 동시에 태조의 커다란 포부는 다만 평양 이남에 국한된 통일신라의 영토에 만족하지 않고 평양 이북과 압록강 이남은 물론이요, 나아가 압록강을 건너 광대한 고구려의 옛 지역을 회복하려고 했다. 고구려의 옛 땅을 회복하려는 것은 왕건 태조의 창안이 아니라 그의 선배 영웅인 궁예에 의해 이미 철저히 표시되었다.

궁예는 일찍이 후고구려를 선언하고 "신라는 당나라에 청병해 고구려를 격파하고 평양을 폐허로 만들었으니, 나는 반드시 이 원수를 갚겠다"고 하여 고구려 유민에게 반신라운동을 고취했으며, 국호를 마진摩震이라 한 것도 고구려의 계승자인 발해 국호 진을 습용하고 그 위에 '마' 즉 남南이란 말을 첨가해 발해의 북진北震에 대조되는 남진을 의미하게 함이었다.*

왕건 태조는 고구려를 계승하는 의미에서도 궁예의 전례를 그냥 답습했으며, 후래 평양을 호경鎬京이라고도 하여 자기 왕조의 발

* 혹설에 불경의 '마하摩訶'(즉 크다는 말)의 '마'를 취해 '마진'[6] 즉 대진大震으로 한 것이라고 하나 이는 사실이 아닌 듯하다. 이뿐만 아니라 궁예의 연호인 수덕水德은 고구려의 옛 땅인 북방을 본위로 하여 남방 신라를 반대하는 의미를 표시한 것이다.

───────────

6   마진은 마하진단摩訶震旦(Maha-chinthana)에서 유래되었다는 주장도 있다.

상지로 규정했다. 이와 같은 고구려의 옛 땅을 회복하려는 의도는 고려 500년 동안 거란, 여진, 몽고 등의 역대 강적의 방해로 압록강까지 국경을 확대한 이후 더 실현되지 못하고 말았으나, 태조의 고려 창업에서 묘청妙淸의 대위국大爲國건설운동을 거쳐 최영 장군이 요동을 회수하기 위해 출병에 이르기까지 그 의도가 항상 일관해 내려오다가 이성계의 위화도威化島 회군에서 비로소 그 종지부를 찍었다.

* * *

이 고구려 옛 지역의 문제는 고구려 초기에 거란과의 관계에서 벌써 선명하게 등장되었다. 그것은 무엇이었던가?

첫째 거란은 일찍이 고구려와 당나라의 장기 전쟁의 틈을 타서 고구려를 배반하고 고구려의 요서 지역에 거란의 소굴을 연장하므로,[7] 대씨 일족을 중심으로 한 고구려 유민의 발해건국운동은 처음에는 반당운동으로 개시되었고 나중에는 반거란운동으로 발전되었다. 고구려 유민 전체의 거란 침략에 대한 적개심은 이미 전투화됐다.

둘째 거란은 발해건국운동에 위압되어 고구려의 옛 지역에 대한 야심을 발휘하지 못하고 다만 동몽고를 본거로 하여 일시는 신흥하는 회골回鶻 (회흘回訖)에 복종해 그 세력을 신장하다가, 발해의 선왕宣王(대인수大仁秀) 시대에 와서는 벌써 발해의 송화강 북편 유역까지 거란의 경계가 서로 닿게 되었다.

---

7 거란이 거주지를 늘려 나간다는 뜻.

그리고 당나라 멸망 시기에 야율아보기耶律阿保機(거란 태조)는 거란 8부의 대인(장長)으로 선거되었다가 임기 3년을 마치고, 고한성古漢城(현재 열하성 승덕현 서남 평천현 동북, 요의 시대의 상경上京)에서 한인漢人 포로를 이용해 농업을 장려하며 중국을 본격적으로 침략하기 전에 먼저 배후 근거지를 견고히 하려고 발해에 침략군을 출동하게 했다.

야율아보기가 죽던 해(신라 경애왕 원년, 926)[8] 정월에 발해의 부여성(현재 길림성 농안현)을 점령하고 다시 발해의 상경(홀한성忽汗城, 길림성 돈화현)을 진격해 드디어 발해 15대 왕 인선諲譔을 잡고, 2월에 발해를 동단국東丹國으로, 홀한성을 천복성天福城으로 개칭해 점차 고구려의 동북 옛 지역에 야망을 두었다.

국제적 사태가 이에 이름에 만몽 일대를 지배하는 거란과 반도 전체를 새로 통일한 고려의 관계는 벌써 날카로운 대립과 충돌을 예고한 것이었다. 이때 발해의 태자 대광현大光顯 이하 문무 대관과 민중 수만 호가 고려에 귀화하니 고려 태조는 그들을 후대해 각각 관작과 직업을 주고 국내에서 평안히 살게 했다. 이 반면에 고려 태조는 동족 나라 발해를 무모하게 강점했다고 하여 거란을 크게 미워하고 국교 단절도 단행해 장래의 일대 결전을 각오했다.

거란은 발해를 쳐 없앤 뒤에 국교라는 명의[9]로 우리 반도에 대한 간섭의 단서를 얻기 위해 고려 태조 친수天授 25년(거란 태종 회동會同 5, 942)에 고려에 사신을 보내어 친선을 구하고 낙타 50필을 주었다. 그러

---

8   원문에는 경순왕 원년 927년으로 잘못 기재했다.
9   名義인 듯.

나 고려 태조는 거란이 발해와 맺은 맹약을 배반하고 발해를 정복했다 하여 거란의 불의와 무신을 책망한 다음, 사신 30명을 바다 섬 가운데 유배하고 낙타를 개성의 만부교萬夫橋[10] 밑에 붙들어 매어 굶어 죽게 했다.

이는 태조가 거란의 침략이 반드시 고려에 올 것을 예견하고 강경한 태도를 보이어 위협한 것이며, 또 거란의 반복 무신한 태도는 거란과 평화적 국교를 맺을 수 없다는 것을 인민과 후대에 명백히 제시해 거란에 대한 경각성을 높인 것이었다. 그리고 당시 거란에게 추방되어 고려에 귀의한 발해의 인민이 수다했을 뿐더러 발해의 동북 지방에는 거란에게 불복하는 부족이 또한 상당히 광범했으므로, 태조는 이들의 인심을 수습해 후일 고구려의 옛 지역을 회수하는 데 중요한 역량을 만들려는 웅도雄圖에서 이러한 정책적 처치를 취했다.*

그 후 이 두 나라는 정치상, 군사상 모든 방면에서 아무런 교섭도 없이 50년을 지냈다. 이는 태조의 위협적 외교가 일시적 효과를 거두었던 것을 말한다.

그러나 반세기 동안에 고려는 봉건국가의 중앙집권체제를 완비하고 국토를 점차 개척해 압록강 이남의 고구려 옛 땅을 회수했으며, 이 반면에 거란은 침략의 손을

*《요사》에 거란 태조 야율아보기의 즉위 9년(915)에 고려가 사자를 보내어 보검을 진정하고 그다음 신책神冊 3년(918) 2월에 내공來貢 했다 하나, 고려 태조 왕건이 궁예를 배신해 왕위에 오르고 국호를 고려라고 한 것은 918년(신라 경명왕 2) 6월의 일인즉 상기의 《요사》는 믿을 수 없는 것이다.

---

10 만부교는 '1만 명이 나서서 놓은 다리'라는 뜻인데, 이 사건 이후 탁타교橐駝橋(약대다리)로 개칭했으며, 2008년에 북한은 탁타교 유적을 발굴했다고 한다.

일찍이 중국의 북부로 돌려서 연운燕雲 16주를 후진後晉에서 탈취(936)한 다음 다시 신흥한 송나라와 싸워서 승리했다.

거란의 6대 성종(야율융서耶律隆緖)은 자기의 세력을 믿고 화려 풍부한 고려의 강토에 탐욕의 침을 흘리며, 융성 발전하는 고려의 국가를 시기하는 동시에 고려와 송나라의 교통 및 친선 관계를 파괴하려 하며, 또 남으로 송나라를 침공하는 데 고려가 자기 배후의 위협이 될 것을 우려해 먼저 고려를 정복하기로 계획했다.

그리하여 고려 6대 왕인 성종 12년(993)에 거란은 고구려 옛 지역에 대한 문제를 구실로 하여 압록강을 건너 고려를 침범했다. 거란의 동경東京 유수留守 소손녕蕭遜寧(손녕은 자요 이름은 항덕恒德, 거란 성종의 사위) 대군을 동원해 80만이라 가칭하고 청천강 부근까지 불의에 돌진해 안융진安戎鎭(안주安州)을 침범하다가, 우리 중랑장 대도수大道秀(발해 왕족)와 낭장 유방庾方의 반격을 받아 패전해 감히 더 전진하지 못하고 담판을 열어 문제를 해결하려고 사자를 보내어 위협적으로 요구하기를, "귀국은 신라의 땅에서 일어났고 고구려의 땅은 우리나라 소유로 되었는데 귀국이 어찌 이를 침략하느냐"라고 했다.

이에 대항해 고려 조정은 일부 비겁한 무리의 할지割地 청화론請和論을 부결하고, "땅을 적에게 할양하는 것은 만세의 치욕이다"라고 주장하는 서희徐熙를 특파해 다음과 같이 항론했다.

우리나라는 즉 고구려의 후계이므로 국호를 고려라 하고 그 고도인 평양에 국도를 정했다. 만일 지역을 말한다면 귀국의 동경(요동성)도 모두 우리나라의 영토 안에 있는 것이므로 당연히 우리에게 돌려주어야 할 것이거늘, 이제 우리가 압록강 이남의 고구려 옛 땅을 점유하고 있는 것을 도리어 침략이라고 하는 것은 크게 부당한 말이다.

횡포무비한 소손녕도 서희의 대담하고 대쪽같이 바른 항변에는 대답이 없었으며 더구나 항전 태세가 강고한 고려의 무력을 내심으로 두려워해 거란군은 일단 철회했으나, 문제는 이것으로써 종결되지 않았다.

03 | 거란의 2차 침략에 대한 강감찬 장군의 주전론 및 그 제승책

위에서도 대강 말한 바 있지만 거란은 본래 흉노와 선비의 혼합족으로, 고구려의 서북경과 내몽고의 사이에 위치해 일찍이 고구려의 광개토왕 때에는 고구려에 정복되었으며(392) 중국의 육조시대에는 후위後魏와 통했다. 그 후에 수, 당과 관계가 있었으나 오히려 고구려에 복종하는 편이었으며, 고구려가 멸망하고 그 후계로 발해가 융성할 때에는 발해와 당나라 사이에 왕래하다가 당나라와 발해가 쇠약한 기회를 타서 다시 내몽고를 점령하고 발해를 격멸해(926) 그 서부 지방인 요동 일대를 점거하고 거란을 고쳐 국호를 요遼라 했다(937).

러시아인이 일찍부터 중국을 '끼따이'[11]로 부른 것은 당시 거란의 세력이 강대해 중국을 가로 막고 있었던 것을 증명한다. 그 후 거란은 일면으로는 송나라를 황하 이남으로 구축하고 송나라에 자주 성하지맹城下之盟을 강요했으며, 타면으로는 압록강 이남의 지역을 노려보면

---

11   카타이 또는 케세이. 중국 북방을 지배했던 '키타이Khitai', 즉 거란족의 이름에서 유래했다.

서 가끔 고려에 침입했으니 만일 이때에 강감찬 장군이 인민의 애국 전쟁을 강력히 조직해 적에게 큰 타격을 주지 않았더라면 고려는 거란의 전면적 유린을 면하지 못했을 것이다.

이미 이루어진 조국의 강토는 그 단위를 확보하기에 이미 경고했으며, 3대 정종 시기에 거란의 침략 의도가 있는 것을 탐지하고 '광군光軍'이란 이름으로 군인 30만을 선발했으며, 또 당시 안북부安北府(안주) 이북에서 압록강 일대에 출몰하는 여진족을 모두 위압하고 가주嘉州, 송성松城 등의 성을 쌓아 거란에 대한 방비전을 조직했다. 그러나 침략하고야 말 적의 형세는 이미 농후했다.

고려 성종 시대에 거란의 소손녕이 고구려 옛 땅을 회수하겠다는 구실로 북변을 침범하다가 결국 고려의 국방력에 놀라서 강화의 형식을 취하고 퇴거한 것은 이미 논술한 바이거니와, 거란의 침략 의도는 이것으로써 중지되지 않고 항상 출병의 구실을 엿보고 있던 차에 고려 7대 목종穆宗 12년(1009)에 장신將臣 강조康兆가 목종을 폐위해 죽이고 17세 되는 왕족을 왕으로 세우니 이가 현종顯宗이다.

거란은 이 정변의 기회에 고려 조정의 내부가 혼란 상태에 있는 줄로 알고 소위 '문죄'의 전쟁을 일으키려 했다. 이뿐만 아니라 현종 즉위 다음 해에 화주和州(영흥永興) 방어낭중防禦郎中 유종柳宗이 일찍이 여진에게 패전했던 감정으로 내조하는 동여진 사람 95명을 화주관에서 살해했더니, 그들은 이것을 거란에게 호소했으므로 거란은 이것을 또한 출병의 구실로 삼았다.

그리하여 동년 즉 현종 원년(경술, 1010) 4월에 거란은 대장군 야율윤耶律允을 보내어 고려를 침공했다. 이에 고려는 놀라 강조를 행영도

통사行營都統使로 삼고, 이현운李鉉雲, 장연우張延祐, 안소安紹, 노정盧廷, 최현민崔賢敏, 이방李昉, 박충숙朴忠淑, 최사위崔士威 등을 행군 부서에 배치하고, 30만의 군대를 통주通州(선천宣川)에 집결하게 해서 적을 방어하는 한편 사절을 보내어 화친을 청했으나 적은 듣지 않았다.

이때 거란의 성종은 송나라와 이미 전연澶淵(하북성 복양현濮陽縣)의 맹약을 맺어서 해마다 재물을 바치게 하고(1004), 다시 배후의 고려를 압제하기 위해 동년 11월에 친히 보병과 기병 40만을 인솔하고 '의군천병義軍天兵'이라고 자칭하며 고려를 침략하는 길을 떠났다. 이는 우리 조국에서 옛날 당태종이 고구려를 침략한 이후 처음 보는 외래의 강대한 적군이었다.

거란군은 압록강을 건너 흥화진興化鎭(의주)을 포위했다. 그러나 순검사巡檢使 양규와 진사鎭使 정성鄭成과 부사副使 이수화李守和와 판관判官 장현張顯 등은 성을 굳게 지켰다. 적들은 두 차례나 항복 권고서를 보냈으나 이수화는 단호하게 거절했다. 그래서 적들은 그의 의지가 견고한 것을 알고 할 수 없이 포위를 풀고 20만 병은 인주麟州(의주)에 주둔하게 하고 20만 병은 통주(선천)로 진출하게 해 강조와 결전하려 했다.*

당시 고려의 총사령관 강조는 통주성의 동쪽에서 전체 군대를 세 개 진영으로 나누어 적군을 대기했다. 그는 검차劍車[12]로 포진하고 있

* 적이 40만 명 중 20만 명을 인주에 주둔하게 한 것은 전진하는 부대에 대한 후계 부대로 쓰자는 것이며, 동시에 전진 부대가 국도 개성으로 직향해 그것을 강점한 다음 압록강과 개성의 사이에 있는 고려의 병력을 앞뒤로 공격 섬멸하려는 전략이었다.

---

12 한꺼번에 여러 발의 창을 쏘는 장치를 단 수레.

다가 적군이 들어오면 그 세 개 진영을 합일해 적을 여러 번 격퇴했다. 그래서 강조는 적을 경시하고 막 중에서 바둑을 두면서 적병이 다시 온다는 보고를 믿지 않고 있다가 돌연히 적의 공격을 받아 저항치 못하고 마침내 생포되었으며, 부하 여러 장군도 포로가 되거나 전사자가 많았고, 군대는 혼란에 빠져 수십 리나 패퇴하면서 사상자가 2만여 명에 달했으며, 내버린 식량과 무기는 이루 헤아릴 수 없었다.

적의 괴수 성종은 강조의 결박을 풀어 놓고 항복을 권고했다. "네가 나의 신하가 되겠느냐?"라고 하니 강조는 "나는 고려 사람이니 어찌 너의 신하가 되겠느냐?"라고 대답했다. 적주[13]는 다시 물었으나 강조의 대답은 여전했다. 그다음 적주는 혹독한 형벌을 가하며 되풀이해 다조았으나[14] 강조는 끝까지 절개를 바꾸지 않았다.

그때 강조와 함께 포로가 된 이현운은 적주의 항복 권고에 대해 "두 눈은 이미 함께 새 일월을 보았거니, 한 마음은 어찌 옛 산천을 생각하랴(兩眼已瞻新日月, 一心何憶舊山川)"라는 시구를 불러서 적의 신하가 되겠다는 변절적 태도를 보였다. 강조는 그 옆에서 이현운의 비굴하고 변절하는 태도를 보고 분노의 불길이 불끈 솟아서 그를 발길로 차면서 "너는 고려 사람이 아니냐? 어째서 이따위 말을 하는가?"라고 했다.

강조가 자기 국내에서는 비록 임금을 죽인 죄가 있다고 하나 외적에 대해서는 죽음으로써 고려 인민의 절개와 명예를 더럽히지 아니했으니, 이것을 보아도 당시 고려 인민이 외적의 침략에 대해 적개심을

---

13 賊主. 적의 주군 또는 두목의 뜻.
14 강요하다는 뜻인 듯.

그 얼마나 강하게 가지고 있었던가를 잘 알 수 있다.

적주는 강조를 죽이고 동으로 진군하다가 완항령綏項嶺에서 김훈金訓, 김계천金繼天 등 복병의 단병접전短兵接戰을 만나 패전하고 조금 퇴각했다. 그리고 성종은 강조의 서신을 위조해 홍화진에 보내어 항복을 권고했으나, 양규는 "나는 국가의 명령을 받고 왔으며 강조의 명령을 받고 온 것은 아니다" 하고 준엄하게 거절했다.

그다음 적은 곽주郭州(곽산郭山), 안북도호부, 숙주肅州(숙천肅川)를 차례로 함락하고 항복 권유서를 평양 성중에 보냈으나, 지채문智蔡文, 탁사정卓思政 등은 부유수 원종석元宗奭 등이 기초한 투항문을 불사르고 부하 병사와 승군으로써 임원

역林原驛(현금 평양시 북편 부산면 斧山面)에서 적병 3000여 명을 죽여 적에게 적지 않은 타격을 가했다.*

그러나 계속 증강되는 적군의 압도적 형세에 놀라고 겁내어 전

* 양성지의 《눌재집》 4권 주의 〈군정사사〉에 "옛날에 고구려가 승병 5만을 뽑아 당태종의 군대를 패퇴하게 했는데 고려가 거란을 방어할 때도 승군을 겸용했다(昔高句麗, 抄僧五萬, 以敗唐太宗之師, 以至高麗之禦契丹, 亦兼用僧軍)"라고 했다.

기 탁사정은 자기 부대를 인솔하고 퇴거했으며 장군 대도수는 적에게 항복했다. 이에 격분한 인민과 병사들은 자발적으로 긴급회의를 열고 당시 군대 내의 하급 관직인 통군녹사統軍錄事로 있던 조원趙元을 병마사兵馬使로 추대해 그의 지휘하에 장렬한 수성전을 전개했다. 인민의 선발을 받은 조원은 흩어졌던 병사를 집결하고 강민첨姜民瞻과 함께 성문을 굳게 닫고 사수하기에 성공했다.

이 한 실례만 보더라도 이번 전쟁에서 소위 상부 관료들의 비굴하고 반동적인 태도에 대비해 일반 인민 대중과 병사들의 애국정신이 얼

마나 강렬했는지를 알 수 있다. 그들은 대내적으로 그때에 조직된 고려의 봉건제도 안에서 귀족과 양반의 착취와 억압을 받으며, 또 전쟁의 위급한 경우에 상부 장령들의 배신적인 도주와 변절적인 투항이 속출하므로 도리어 막대한 화난을 입었음에도, 대외적으로는 외적의 침략에 일치 대항해 조국을 수호하기에 자기들의 희생을 돌보지 않았다.

인민들의 태도는 어느 시대를 불문하고 본디 이러하다. 이 평양성의 장렬한 지구전에 대해 적들은 백방으로 파괴 공작을 해 보았으나 어찌할 수 없어서 포위를 풀고 주력군을 몰아 수도 개성을 향해 돌진했다. 서방의 제일 큰 도회인 평양성이 고수되고 있는 것은 남진하는 적군의 배후에 중대한 위협으로 되지 않을 수 없었다.

* * *

이상에서 본 바와 같이 당시 전국의 형세는 각 지방의 수성전이 부분적으로 승리했으나, 수도 개성에 남아 있는 병력으로써는 조수같이 밀려드는 적의 대군을 막아낼 수가 도저히 없었다. 이때 고려 조정은 주력 부대인 강조의 군대가 통주에서 패배한 것에 놀랐으며, 또 적의 대군이 수도를 향해 돌진하는 데 겁을 먹고 항복하기를 발의한 자가 많았다.

이때 예부시랑禮部侍郎 강감찬은 군사상 직접 담당한 책임은 없었으나, 그때 각처에서 진행된 인민 대중과 병사들의 적에 대한 투쟁이 광범하고 장렬한 것을 높이 평가하는 동시에, 흥화진, 곽주(적이 처음에는 점령했었으나 양규 장군의 투쟁으로 해방되었음), 평양과 같이 확보되어 있는 여러 성을 배후에 두고 깊이 침입한 적군은 그 형세가 반드시 유리하지 못한 것을 간파했다. 그리하여 그는 국왕에게 다음과 같이 의견을 말했다.

> 오늘의 사태는 그 죄가 강조에게 있으나 걱정할 바가 아닙니다. 다만 적병
> 은 많고 우리 군대는 적어서 정면으로는 대적할 수 없으니 마땅히 적의 예
> 봉을 피하고 서서히 승리를 기도해야 할 것입니다.

강감찬 장군은 비굴한 매국적인 투항론을 반박하고 국왕에게 잠시 왕도를 버리고 남방으로 피난할 것을 권고했다. 강감찬 장군의 의견은 적군은 강대하고 우리 병력은 적어서 그의 예봉과 정면 교전하는 것이 우리에게 불리하니 될 수 있는 대로 정면 교전을 피하고 청야와 수성으로써 장기 태세를 취해 적을 피곤하게 하고, 부득이한 경우에는 도성을 포기하고라도 적을 유도했다가 기습전으로 적의 후방과 공급로를 차단해 적이 할 수 없이 퇴각하게 한 다음에 그를 추격해 섬멸하자는 것이다.

다시 말하면 종래 고구려의 을지문덕 장군이나 연개소문 장군의 수, 당 침입에 대한 항전 전략을 답습하자는 것이다. 강포하기 짝이 없는 적군에서 조국을 구출하는 강감찬 장군의 주장에 지채문은 찬동하고 자기가 국왕을 모시고 남방으로 피난할 것을 희망했다. 그리하여 왕은 왕비와 함께 그해 12월 28일에 왕도 개성을 출발해 광주廣州를 거쳐 멀리 나주羅州에 갔었다.

이듬해인 현종 2년(1011) 2월 1일에 거란 성종은 대군을 인솔하고 개성에 침입해 궁궐, 민가 할 것 없이 모조리 불살라 버리고 살육과 약탈을 감행해 갖은 야만적 포악을 다하는 한편, 국왕을 추격해 한강漢江

까지 갔다가 국왕이 벌써 강남으로 도피했다는 것과 또 강남이 멀어서 몇만 리나 되는지 알 수 없다는 그 지방 주민들의 대답에, 적들은 할 수 없이 개성에 주둔한 지 10일 만에 고려 측의 강화 요청에 응하는 형식을 취하고 드디어 회군했다.*

이와 같이 도성을 초토화해 적의 퇴각을 촉진한 것은 강감찬 장군이 헌책한바 전쟁의 1계단 전략이었으며, 그다음 2계단 전략은 부득이 퇴각하는 적을 도로의 요소들에서 돌격 및 기습 전술로써 섬멸하려는 것이었다. 침략의 주모자 성종이 대군을 끌고 청천강의 서쪽인 귀주龜州(귀성龜城) 부근의 산악 지대에 이르자 귀주 별장別將 양규는 무로대無

---

* 국왕 현종이 개성을 떠나던 때로부터 거란 성종이 개성에 입성하는 동안 개성에서는 관군 이외에 '도노徒奴'**15**들이 왕도 방위군을 조직하고 활동했다. 《고려사》의 현종 2년 7월 갑신조에 "형부가 보고하기를 낭중 백행린百行隣이 왕이 남행할 때에 개성에 유재해 어사중승御史中丞이라 자칭하고 이인례李因禮, 거정巨貞**16** 등과 더불어 도노를 모집해 군대를 편성했으나, 적을 보고서 싸우지 않고 달아났다 하여 관리 명부에서 제명하기를 청하니 왕은 허가했다"라고 기록되어 있다.

이 간략한 문구에서 그 내용을 확실히 추측해 판단하기는 어려우나, 당시 귀족 양반들은 대개 생명과 재산을 위해 국왕과 함께 또는 개별적으로 도주하고 오직 군노群奴 즉 천민이 외적을 방어하며 국토를 사수하기 위해 자발적으로 군대를 조직했으니, 이는 후일 몽고군이 침입하는 때에 '노奴'들은 자기의 상전들이 버리고 간 국토 개성을 자발적으로 방위하려고 노력하던 실례를 가지고 보아도 이번 '도노'의 애국적인 활동을 추측할 수가 있다.

그러나 백행린과 같은 정치적 모리배가 작위를 가칭하고 이 기회를 악용해 도리어 인심의 단결과 전투력을 손상되게 했다. 평시에는 양반 상전들의 가혹한 착취와 천대에 불평을 가졌으며 난시에는 그들의 배신과 비겁에 불만을 품고 있던 비천한 인민이 애국 전쟁에 자원적으로 용감하게 참가하는 것은 이번이 한 가지 실례로써도 충분히 증명되는 바이다.

그리고 이때 입성한 적군에게 요란전술擾亂戰術을 사용해 그들을 그곳에서 배기지 못하게 하는 공작에서 '도노'들의 희생적이고 용감한 활동이 많은 역할을 했음은 사실이며, 또 이에 대해 강감찬 장군의 직접적 지휘와 지도가 있었던 것도 상상하기 곤란하지 않다.

---

15 정확한 뜻을 알 수 없음.
16 원문에는 신정臣貞으로 잘못 기재됨.

老大, 석령石嶺, 여리참餘里站 등지에서 적병을 습격 또는 추격해 수일간에 7회나 전승하고 장렬한 전사를 했는데, 적도 무수한 부상자를 내었으며 포로가 되었던 우리 인민 남녀 3만여 명을 해방했으며 말과 무기를 노획한 것이 헤아릴 수 없을 정도였다.

고려 인민의 맹렬한 공격을 계속 당하고 또 거기에다 큰비를 만나서 적의 병사들뿐만 아니라 말과 낙타도 모두 피곤했으며 무기를 다 잃어버리고 초라한 모양으로 적들은 압록강을 건너 내원성來遠城(구연성九連城과 의주의 중간에 위치한 강 가운데 있는 섬)에 이르렀다. 이곳에서 대기하고 있던 진사鎭使 정성鄭成[17]은 적병이 강을 반쯤이나 건너는 것을 추격한 바 살상된 자 이외에 물에 빠져 죽은 자도 대단히 많았다. 이때 침략의 괴수 성종은 옛날 수나라 양제와 당나라 태종이 고구려에 대한 침략에 실패하고 처참하게 도망하던 운명을 일반에게 회상하게 하지 않을 수 없었다.

이번 전쟁은 불과 3개월간 치러졌는데, 적병이 압록강을 건너가자 점령당했던 여러 성은 모두 즉시에 해방되었으며 국왕도 3개월 만에 수도에 돌아왔다.

강감찬 장군은 이와 같이 애국적인 정의감과 우수한 지혜로 작성한 명철하고도 주밀한 전략으로써 조국을 멸망의 위기에서 구출하고 패주하는 적의 대부대에 치명적인 타격을 가했다. 이번 전쟁에서 강감찬 장군은 비록 직접 출전의 책임을 맡지 않았으나 '출모제승出謨制勝'[18] 즉

---

17 원문에는 鄭城으로 잘못 기재되었다.
18 계책을 내어서 싸워 이김.

총참모의 직책을 솔선 수행했던 것이다. 이는 연개소문, 김유신 장군이 당나라 침략 군대를 섬멸적으로 타격한 이후 처음 보는 민족적인 대승리였다. 그러나 그 간악한 적이 또다시 내습할 것을 예견하고 강감찬 장군은 국가 방위를 위해 허다한 방책을 세웠었다. 강감찬 장군이 이부상서로 있을 때에 자기의 사전 12결을 군호에 나누어 준 것은 그가 국방력의 강화를 위해 노력한 실례의 하나이다.

강감찬 장군은 국자좨주國子祭酒,[19] 한림학사翰林學士, 승지承旨, 동북면東北面(함경도 지방) 행영병마사, 좌산기상시左散騎常侍, 중추사中樞使를 역임하고 이부상서가 되었다가, 그해[20] 5월에 서경西京 유수, 내사시랑內史侍郎, 국내사國內史 문하門下 평장사平章事에 전직했는데, 현종은 그의 고신告身(임명장)의 끝에 다음과 같은 시를 지어 썼었다.

경술년 피비린 먼지 갑자기 날아서, 적병은 한강 가까이 깊이 들었더니라
(庚戌年間有虜塵, 于戈深入漢江濱).
그때 강공의 계책을 쓰지 않았던들, 온 나라 사람 오랑캐로 되었으리라(當時不用姜公策, 擧國皆爲左袵人).

이와 같이 강감찬 장군의 조국 보위의 위훈을 노래한 그 임명장은 한 개 아름다운 이야기로서 당시 인민의 입으로 전파되었다. 이는 국왕이 주는 강감찬 장군 개인의 광영이 아니라 고려 인민이 인정하는 조국

---

19 원문에는 국자제주로 기재되었으나 관직일 때는 좨주라고 발음하는 용례를 따랐다.
20 1011년을 가리킨다.

애의 광영이었다. 그리고 전후에 강감찬 장군은 곧 군직에 등용되었으며 동북면 행영병마사에서 서경 유수—서북 방면의 요직으로 전직되었으니, 이는 다시 닥쳐올 거란의 침략을 방어하기 위한 중요한 인사 배치의 하나이었다.

04 | 거란의 3차 침략과 강감찬 장군의 전략 전술 및 위대한 승리

현종 시대는 고려 왕 씨 조의 전성 시기였다. 원래 고려 태조를 중심으로 한 지방 호걸들이 당시 농민 계급의 봉기를 이용해 그들의 이익을 표방하며 신라 말기의 경제적 정치적 폐해를 다소 개혁했으므로, 국가적으로 새로 실시한 전제田制, 녹제祿制, 병제兵制, 기타 일반 제도는 성종 시대를 거쳐 현종 시기에 와서 거의 완성하는 면목을 갖추어 봉건국가 체제가 비로소 강력한 중앙집권적 형태로 나타났다.

이는 물론 당시 봉건사회에서 지주적 정권이 정비됨에 따라 농민 대중에 대한 착취제도가 조직화되었음을 말하는 데에 지나지 않았지만, 이 반면에 그것이 자기의 봉건적 국방력을 강화해 외적의 침범과 살육에서 인민을 보장할 수 있는 능력을 준비하고 있다는 것을 또한 말한다.

이러한 때에 40만의 거란 대군이 정의의 항전 앞에 침략의 깃발을 내리고 창황하게 패배하고 도주한 것은 전승국인 고려의 위신을 크게 제고했다. 그러나 한두 번 패배를 당한 거란은 침략의 야망을 끝끝내 단념하지 않고 또다시 그에 대한 준비를 진행하고 있었다.

거란의 고려 침략의 이유는 이미 위에서도 약간 언급했지만 이제 다시 조금 구체적으로 말하면 다음과 같다.

첫째 거란은 발해를 멸망하게 했지만 그 나라 인민은 대부분이 심복하지 않고 고려에 귀화해, 고려의 고구려 옛 땅을 회복하는 운동에 중요한 안내자가 되어 청천강 이북과 압록강 이남의 일대가 고려의 판도에 쉽사리 들게 하고 그 지대에 출몰하던 생여진生女眞을 회유 제압하는 데 적지 않은 공헌을 했다.

둘째 발해 옛 땅의 동북에 산재하고 있는 여진 일족은 고려와 근족적 관계가 농후한 동시에 거란의 포악한 통치에는 여전히 복종하지 않고 있었다.

셋째 거란은 남으로 중국 침략에 전력하려면 반드시 고려를 일격해 뒷근심이 없게 해야 할 뿐만 아니라, 남해상의 교통 및 교역의 이익을 위해서도 반드시 고려를 그 수중에 장악해야 했다.

넷째 중국은 송태종 이래로 빈번히 사절을 고려에 파견해 거란의 배후를 견제할 것을 요구했으며, 또 고려는 송나라와 통상 및 문화 교류 제반에 걸쳐서 국교를 계속하고 있는 한에 고려의 향배는 거란으로서 중대해졌다.

이러한 몇 가지 이유가 거란에게 패전의 위협을 무릅써 가면서도 계속 고려를 침략하게 한 중요한 조건이다.

거란의 성종은 2차 패전 후에 고려왕에게 친히 내조하라고 가끔 협박했으나 고려는 그 모욕적 요구를 거절했으므로, 구류중이었던 강화사講和使 하공진河拱辰[21]을 살해하고 그 후 수년에 걸쳐 압록강 6진인 홍화興化(의주), 통주(선천), 용주龍州(용천), 철주鐵州(철산), 곽주(곽산), 귀주(구성)를 "돌려 보내라"고 강요했다. 그러나 고려는 여전히 그 무리한 요구를 거절했다.

이로부터 6진을 중심으로 한 소규모의 공방전이 피차에 여러 번 일어났던 것이다. 현종 5년(1014) 거란 성종은 자기의 처부인 소산렬蕭散烈과 야율단석耶律團石 등을 보내서 압록강에 부교를 만들고 보주保州, 선주宣州 등의 연안에 성을 쌓고 용주를 침범하게 하다가 흥화진의 장군 정신용 등의 영용한 투쟁으로 패배당했다.

이듬해 적은 다시 흥화진, 통주, 용주 등의 지방에 침입했으며 9월에는 통주를 포위했다. 이때 정신용과 별장 주연[周演] 등은 전공과 함께 장렬하게 전사했다. 적은 나아가 영주성[寧州城](안북도호부, 안주)을 포위하고자 하다가 패배했으며, 또 그 후 현종 8년에 침입했으나 또한 실패했다.

그러다가 현종 9년(1018) 9월에 거란의 성종은 소배압蕭排押을 도통으로(이 자는 소손녕의 형. 《고려사》에는 도통이 수손녕이라 했으나 《요사》에는 소배압이라고 기록되었으므로 이를 취함), 소허열蕭虛烈을 부총으로, 야율팔가耶律八哥를 도감으로 하여 정예부대 10만 명을 선봉부대로 거느리고 고려에 침입했다.

동년 12월 초에 적군은 국경에 다다랐다. 이것이 거란의 3차 대규모 침략이었다. 적은 이번 출병의 전략을 2차 때와 달리 획책했다. 즉 2

차는 40만의 적군이 도로 연변의 매개 성을 점령하고 그 수비군을 차례로 격파한 다음에, 왕도 개성에 이르러 포위하고 국왕의 항복을 받자는 것이었다. 그런데 그때 도로 연변의 매개 성의 공방전에서 적은 이미 다대한 손실을 당했으며 개성을 진격할 때에는 도성은 벌써 비었고 국왕은 멀리 피난했으므로, 적은 목적을 달성하지 못하고 헛되이 패주하고 말았다.

　적은 이 패배의 경험을 고려해 이번에는 전과는 반대로 계책을 꾸미었다. 즉 극히 정예한 부대를 인솔하고 침입하면 고려군의 대부대는 반드시 국경 또는 도로 연변의 수성전에 총집중하고 왕도 방위는 허소 虛疎[22]하리라는 예상으로, 개성으로 빨리 진격해 함락하고 국왕을 포로로 할 것이며 만일 국왕이 도주한 경우에는 여가를 주지 않고 즉시 추격하기를 예상했다.

* * *

이때 현종은 이미 강감찬을 서경 유수, 내사시랑, 평장사에서 서북면(평안도) 행영도통사로 전임하게 해 거란 침략에 대비하게 했다가, 적의 동원을 알고 다시 그를 상원수대장군(동년 10월)으로 삼고 대장군 강민첨을 부원수로, 박종검朴從儉과 유참柳參 등을 보좌로 하여 적군 격퇴에 대한 전 책임을 위임했다. 국왕의 강감찬 장군에 대한 신임이 극히 컸다는 것은 이것으로써 충분히 알 수 있다.

22　얼마쯤 비어서 허술하다.

전군 총사령관 강감찬 장군이 이번 전쟁에서 적의 작전 태세에 대응한 주요 전략은 다음과 같다.

이번에는 적이 비록 정예부대를 가지고 오나 그 수가 우리보다는 적으므로, 지구전과 퇴각 전술로만 대항해 전쟁을 연장해 인민을 괴롭게 할 것이 아니라 속전속결의 방책으로 적을 적극적으로 공격하고 습격해야 할 것이니, 왕도는 어디까지나 수호하고 적이 빈 틈을 타지 못하게 할 것이다. 그리고 경우에 따라서 청야전술을 사용해 적의 약탈과 또 식량 보급을 차단하며, 방어와 공격을 병용해 고군孤軍으로 깊이 쳐들어온 적을 기동적으로 조종하고 압박해야 할 것이다. 이것이 강감찬 장군이 이번 승리를 약속한 전략의 골자였다.

강감찬 장군은 20만 8300명의 대군을 영주(안주)에 총집결하게 하고, 1018년 12월에 국경 전선의 요새인 홍화진(의주)에 가서 기병 1만 2000명을 선발해 산중에 매복하게 하는 동시에, 굵은 노끈(繩)으로 다량의 소가죽을 이어 가지고 결빙기를 이용해 성의 동편에 흐르는 대천大川(현재 의주 삼교천三橋川)을 막아 두었다가 적군이 이르러 강을 건너는 무렵에 갑자기 물을 터뜨리고 복병에게 기습하게 해 적군의 첫 기세를 크게 좌절하게 했다. 이것이 유명한 홍화진 승리이다.

적장 소배압은 고려군의 대부분이 국경 전선에 출동되었고 수도 방비가 허소한 줄로만 인식하고 있었다. 그리하여 국경 전선에서 첫 실패를 맛본 적은 강감찬 장군과 접전하는 것을 피하고 수도 개성으로 신속히 향하는데, 도강 작전이 극히 곤란한 요새인 영주에 고려의 주력 부대가 집결하고 있는 것을 알고 그곳을 피해 귀주(귀성)의 산협 지대로 들어서 위천渭川(영변), 연천漣川(개천), 자주慈州(현재 순천군 자산) 방면으로 행진했다. 이에 강감찬 장군은 강민첨에게 적을 추적케 해 강민첨은 자주의 뇌구산杀口山(흔히 내구산來口山이라고 쓰는 것은 잘못이며 현재 순천군 자산면 사인장 부근)[23]에서 크게 타격하고, 또 시랑 조원(전기 평양 수천성의 용장)은 마탄馬灘(대동강 나루. 현재 평양 미림리 동편 20리 지점에 있는 '매리여울')에서 습격해 적병 1만여 명을 살상했다.

이듬해 1019년 정월에 강감찬 장군은 병마판관兵馬判官 김종현金宗鉉에게 1만 명을 주어 적군의 진도보다 2배의 속력으로 빨리 달려가서 수도를 방어하게 하고, 또 동북면 병마사에게 병사 3300명을 보내어 수도 방위를 원조하게 했다. 수도로 직접 향해 달리던 적장이 개성에서 100리쯤 되는 신은현新恩縣에 도착해 보니, 개성을 중심으로 한 성외 일대의 인민은 이미 전부 성내에 집합하고 청야전술을 철저히 진행했으며 2군 6위의 경군京軍은 엄연히 적군을 대기하고 있었다.

적군은 수도의 수비가 견고한 것을 탐지하고 야율호덕耶律好德을 보내어 통덕문通德門 밖에서 회군하겠다는 서한을 고려 국왕에게 올리어 수비에 방심하게 하고 가만히 척후병을 보내서 금교역金郊驛에 와서 수도의 동태를 탐지하려 했다. 이것을 안 왕은 용사 100명을 선발해 그들을 전부 섬멸하게 했다. 적장은 개성의 방위전이 강력하므로 감히 접근하지 못하고 약 10일간은 신은현 부근에서 머물고 있다가 할 수 없이 퇴각을 개시했다.

강감찬 장군은 적이 돌아가는 길목들에 미리 군사를 배치하고 있다가 연천(개천), 위천(영변)에서 습격해 적병 500여 명을 섬멸하고, 2월

---

23 《고려사》《열전》에는 내구산으로 기재됐는데, 최익한은 뇌구산으로 추정한 듯하다.

에 다시 귀주(귀성)의 동쪽 교외에서 공격했다. 수도를 방위하러 갔던 김종현은 강감찬 장군의 지시대로 퇴각하는 적을 추격해 왔으므로 양군은 합력해 이곳에서 일대 섬멸전을 최종적으로 전개했다.

때마침 바람과 비가 남쪽에서 불어 몰려오며 깃발들은 북쪽을 가리켰다. 강감찬 장군은 이 자연의 기세를 더욱 이용해 전군을 지휘해 피곤과 기한에 쌓인 적군에게 일제히 맹공격을 가했으니, 우리 군사의 용기는 갑절이나 더 올라서 석천石川을 건너 반령盤嶺까지 패주하는 적군을 압도적으로 추격했다.

그리하여 적군의 시체는 산등을 덮었고 노획한 말과 무기와 포로는 헤아릴 수 없을 만했다. 10만 대군으로서 살아 돌아간 자가 겨우 수천 명에 지나지 않았으니 이는 수나라 우문술이 패주한 이후 처음 있는 외적의 처참한 패전이었다. 동시에 이는 전쟁 역사에서 유명한 강감찬 장군의 귀주대승리로서 을지문덕 장군의 살수대승리와 백중을 다투는 우리 조국의 가장 영예스러운 사실이다.

침략의 괴수 성종은 패배한 소식을 듣고 야수같이 분노해 적장 소배압을 꾸짖기를 "네가 적을 경시해 단독으로 침입하다가 이렇게 되었으니 무슨 면목으로 돌아와서 나를 보려 하는가? 나는 마땅히 얼굴에 가죽을 쓰고 너를 죽이리라" 했다.

강포하기 짝이 없는 거란의 3차 침입은 3개월의 단기간에 이와 같은 결정적인 패전으로써 종결되었다.

05 | 강감찬 장군의 전공과 그 영향

현종 10년(1019) 2월에 강감찬 장군은 전군을 거느리고 수도에 개선해 노획을 드리었다. 국왕은 친히 영파역迎波驛까지 출영해 채붕彩棚[24]을 매고 음악을 갖추고 출정 장병들에게 잔치를 크게 베풀어 주며 금화팔 지金花八枝를 강감찬 장군의 머리에 친히 꽂아 주며, 오른손으로 술잔을 잡고 왼손으로 장군의 손을 잡고 위로하며 축하하기를 마지아니하나, 강감찬 장군은 이번 전승이 오로지 부모의 나라를 사랑하는 인민과 영용 과감하게 싸운 여러 장병의 공적이라고 하여 겸손한 태도로 대답했다.

그리고 고려는 정의와 승리로 빛나는 이 역사적 개선을 영원히 기념하기 위해 영파역을 '흥의興義'역으로 개칭하고 역리驛吏에게 관대冠帶를 하사해 주현리州縣吏와 동등한 지위를 가지게 했다. 이때 강감찬 장군은 벌써 72세나 되는 노장군이었었다. 공을 이루고 퇴야退野하기

---

24 경축 행사에 사용하는 색종이, 무늬 있는 비단, 소나무 가지 따위로 장식한 가설막.

를 청했으나 왕은 허락하지 않고 궤장几丈을 주어 3일에 한 번씩 조정에 들어오게 하고, 검교태위檢校太尉, 문하시랑門下侍郎, 동내사문하同内史門下 평장사, 천수현天水縣 개국남開國男, 식읍 300호를 봉하고 추충협모안국공신推忠協謨安國功臣의 호를 주었으며, 동왕 11년에 장군의 재청으로 왕은 비로소 치사致仕(노퇴老退)를 허락하고 다시 특진검교태부特進檢校太傅, 천수현 개국자開國子에 식읍 500호를 봉했다.

그러나 강감찬 장군은 늙어 퇴임한 뒤에도 항상 국사를 고려했으며 수도 개성 성곽이 미비하므로 나성羅城(외성)을 쌓아 수도 방어의 태세를 강화할 것을 청하니 왕은 20년에 왕가도王可道, 이응보異膺輔 등에게 성을 쌓게 했다.*

> *《고려사》《악지樂志》에 거란을 격퇴한 뒤에 현종이 개성에 성을 쌓으니 나라 사람들이 기뻐하며 〈금강성 金剛城〉이란 노래를 지어 불렀다 했는데, 이는 아마 '나성'을 쌓을 때의 노래인 듯하다.

현종 22년에 강감찬 장군은 문하시중門下侍中에 올랐으며, 동년에 현종이 죽고 덕종德宗이 즉위해 다시 개부의동삼사開府儀同三司 추충협모안국봉상공신推忠協謨安國奉上功臣 특진검교태사시중特進檢校太師侍中 천수군天水郡 개국후開國侯에 식읍 1000호를 봉했다(1031).

그해 8월에 장군은 84살의 고령으로 서거했다. 왕은 3일간이나 조회를 정지해 애도의 뜻을 표하고 백관에게 장례에 참석하라고(會葬) 명령했다. 또 인헌仁憲이라 증시贈諡하고 뒤에 현종의 묘정廟廷에 배향配享했다.

왕조가 강감찬 장군에 대해 이처럼 우대한 것은 당연 이상의 당연이었다. 11대 문종文宗 시대에 수태사守太師 겸 중서령의 관직을 다시 추증했으므로 후세에 강감찬 장군을 강태사라고도 불렀다.

세상 사람들은 강감찬 장군의 귀주대전승을 을지문덕 장군의 살수 대전승과 병칭해 우리 민족의 역사에 길이 영예로 자랑하고 있다. 이는 물론 정당한 일이다. 그러나 거란의 3차 침입에 대한 강감찬 장군의 대 승리만을 세상 사람들은 잘 알고 있으나, 2차 침입에 대한 고려의 대승 리가 강감찬 장군의 전략으로 진행된 위대한 사실임은 흔히 간과하고 있으니 이는 강감찬 장군의 위대한 애국적 공적에 대해 인식 부족의 하 나로 보지 않을 수 없다.

귀주대전승이 끝난 뒤로 고려와 거란의 관계는 근 100년 동안이나 즉 거란이 금金나라에 멸망당할 때(1125)까지 대체로 화평 상태를 지속 하고 전과 같은 대규모의 계획적 침입은 없었다. 이는 일면으로는 여진 즉 금인의 대두가 거란의 야욕을 위협한 것이 중요한 이유였지만, 그보 다도 강감찬 장군의 승리가 고려 인민의 애국적인 위력을 국제적으로 시위해 적에게 최대의 응징을 가했던 까닭이다. 정의와 인민이 있는 곳 에 승리가 있는 것은 옛날이나 지금이나 마찬가지이다.

이 거란의 침략에 대한 승리는 고려의 위력을 멀리 서북의 여러 종 족과 중국의 송나라까지 나아가서 크게 시위했다. 이 뒤로 고려는 내우 외환이 별로 없고 국운은 한결같이 융성의 길로 나아가서 현종에서 덕 종, 정종을 지나 문종 시대에 이르기까지 고려 문화의 황금 시대를 현 출했다. 이것은 고려 인민의 애국적인 투쟁 역량과 그것을 승리로 조직 한 강감찬 장군의 공적이라 하여 인민은 강감찬 장군을 크게 존경했다.

그뿐만 아니라 이 승리는 거란의 중국에 대한 침략을 배후에서 견 제하는 중요한 국제적 역할을 의미한다. 그것은 또한 당시 동양 평화의 확보를 위해 기여한 바가 컸다.

강감찬 장군은 열렬하고 고결하고 학문에 정통하고 사업에 능숙한 영웅으로서 그의 모범적이며 아름다운 언행이 응당 많았을 것이다. 그러나 대체로 전해지지 않고 있다. 그는 공을 이루고 벼슬에서 물러 나온 후 80 고령으로 성남의 별장에 거주하면서 야인 농부와 벗을 삼고 저작에 취미를 붙여서 《낙도교거집樂道郊居集》,《구선집求善集》 등을 저작했으나, 지금은 모두 전해지지 않고 있다.*

* 현재 개성 만월대 부근 고려 홍국사의 옛 터전에서 강감찬 장군이 일찍이 세운바 공양석탑이 있는데, 그 높이는 7척 1촌이고 그 기단 중앙에 바른 글자로 다음과 같이 새겨져 있다. "보살계 제자인 평장사 강감찬은 삼가 받들어 우리나라가 영원히 태평하며 먼 곳과 가까운 곳이 항상 평안토록 하기 위해 공손히 이 탑을 조성해 영원토록 공양하고자 한다. 이때는 천희 5년(1021, 현종 12) 5월 일이다(菩薩戒弟子, 平章事, 姜邯贊 奉爲邦家永泰, 遐邇常安, 敬造此塔, 永遠供養. 時, 天禧 五年 五月 日也)"(《조선금석총람朝鮮金石總覽》에 의함). 이것은 장군이 당시 통행하는 풍습을 따라서 행사한 것이며 반드시 불교 신자로서 한 것이라고는 단정할 수는 없는 것이다.

이상에서 천희天禧라 함은 송나라의 연호이다. 당시 고려가 송과 거란의 양국에 대해 '원교근공'의 정책을 썼던 것과 고려와 송나라 사이의 국교가 해상을 통해 긴밀했던 것을 증명한다. 고려는 태조 이래로 자국의 연호를 가끔 사용했으나, 한인漢人의 형식주의자들과 같이 자국의 연호에 중대한 관심을 가지기에 너무나 소방疎放[25]했고 당시 친선 국가의 연호를 하나의 외교적 형식으로 사용했으므로, 천희 연호를 사용한 것이 고려가 송나라의 실질적 속국임을 의미하는 것은 결코 아니다. 지금 동양인으로서 편의상 서력 기원을 사용하는 것에 근사한 것이었다.

그리고 천희 5년은 고려 현종 12년 즉 귀주 대승리가 있은 후 3년이었으니, "우리나라가 영원히 태평하며 먼 곳과 가까운 곳이 항상 평안함(邦家永泰 遐邇常安)"을 축원하는 강감찬 장군의 애국적 심경이 일시의 승리에 도취하지 않았음을 말한다.

---

25 구애받지 않고 자유로움.

곽재우

서언

임진조국전쟁은 각 지방에서 발발한 의병운동으로서 인민 전쟁의 성격을 표시했다. 그 당시까지의 역사에서 일찍이 보지 못한 애국 인민적 활동이었다. 이것은 즉 조선 민족이 스탈린적 규정에 해당한, 근대 민족의 형성에 대한 맹아적 형태를 의미한다. 참으로 고귀한 조국의 투쟁사이다.

그 당시 각 지방의 의병운동 중에서도 영남 의병부대들이 제일 먼저 발기되었고 제일 광범했고 또 제일 많은 전투적 업적을 남기었는데, 이것은 물론 영남 일대가 왜적의 침범을 제일 먼저 받고 피해도 제일 혹심해 인민의 적개심을 그만큼 고도로 자극한 까닭이었다.

그리고 영남 의병부대 중에서도 곽재우 장군 부대는 모든 점으로 보아 가장 우수하고 모범적이었다. 그의 전적에 대해서는 지금 우리가 새삼스럽게 규정할 것 없이 당시 호남 의병장군인 김덕령金德齡의 평어評語를 인용함으로써 만족하려 한다. 김덕령 장군은 호남에서 기의起義하고 있는 중 곽재우 장군의 명성을 듣고 다음과 같은 서한을 보내어 축하의 뜻을 표했다.

장군의 웅장한 지모와 전공을 이미 듣고 우러러본 지 이미 오랬습니다. 장군은 자기 일신으로 국가의 장성을 지어서 요해처를 장악해 낙동강 이서의 지역을 처음부터 끝까지 보장하고 있으니 그 중흥공업中興功業은 응당 능연각凌烟閣[1]의 1위를 차지할 것입니다.[*]

* 능연각은 당태종 때 공신의 화상을 차례로 안치한 건물이다.

당시 의병운동은 대체로 훈련, 무기, 전술 등 준비가 없이 단순히 충의심과 희생정신으로 출발했으므로 그 가치는 전공보다도 정치적 의

I   원문에는 '능인각'이라고 표기돼 있음.

의에 주로 의존했다. 호남의 고경명高敬命, 최경회崔慶會, 김천일金千鎰과 호서의 조헌趙憲, 영규靈圭 등 유명한 의병부대가 대부분 그러했다.

그러나 곽재우 장군은 절세한 애국심과 천재적인 전술을 구비한 장군으로서 가장 곤란한 지방에서 가장 우수한 전공을 수립했으며, 모든 전투에서 한 번도 실패해 본 일이 없었다.

만일 나의 총평을 허락한다면 임진조국전쟁 당시 다수한 명장 중 군략가로서는 이순신 장군을 최고위에 모신 다음에는 권율權慄 장군보다 곽재우 장군을 먼저 들지 않을 수 없을 것이다. 왜 그러냐 하면 권율 장군은 곽재우 장군에 비해 이미 얻은 지위와 직권이 훨씬 유리함에 따라 전공을 많이 수립한 반면에, 적의 모략을 통찰하고 인재의 진위를 밝게 변별하는 지력이 우수하지 못해 군사 지휘자로서의 실수가 가끔 있었던 까닭이다. 그러므로 종래 평론가들이 이순신과 권율을 동등한 명장으로 인정한 것은 큰 착오이다.

곽재우 장군의 유격 활동은 과거 조선 군사계가 산출한 우수한 부분이었다. 곽재우 장군은 평민적 성격을 가진 열렬한 애국자로서 인민을 자기 주위에 집결하게 할 줄 아는 인민 장군이었다. 동시에 그는 적을 알며 자기를 아는 천재적인 전술가로서 항상 이기고 실패하지 아니한 상승장군常勝將軍이었다.

이상과 같은 견지에 입각해 임진조국전쟁 시기의 다수한 의병장군 중에 특히 곽재우 장군을 선택해 그의 전기를 서술한다. 따라서 독자들을 위해 한두 가지 주의를 환기할 점은 첫째 장군은 단순한 명장이 아니고 국가 정치와 인심 세택²에 대해 심원한 일가견을 가진 애국자였다는 것이며, 둘째 장군의 병법과 전략은 자기가 맡은바 지위와 직권이 너무나 협소한 범위에 국한되었던 만큼 만폭[3]적으로 발휘되지 못했다는 것이다.

그러나 이보다 더 중요하고 위대한 특징을 곽재우 장군의 인민적 성격에서 발견할 수 있다. 그것은 무엇이었던가?

곽재우 장군은 자기 신분으로 보아 벼슬의 길이 자기 앞에 순조롭게 전개되었음에도 그는 한개 평민적 생활로써 반생을 지내며 부귀 영달을 조금도 꿈꾸지 아니하다가, 가열 처참한 조국 전쟁이 돌발하자 그는 누구보다도 먼저 뛰어 일어나서 인민의 속에서 인민을 무장하게 하고 인민의병부대를 조직해 헌신적으로 영웅적으로 싸워서 반드시 이기었으며, 급기야 적이 패퇴하고 조국이 구출되자 그는 곧 총칼을 놓고 인印 끈을 끊고 모든 영달을 다 거절하고 다시 빈궁한 평민 생활로 환원했다.

이것이 은일주의隱逸主義나, 염세주의나 금욕주의를 자기의 사상으로 하지 아니했던 것은 물론이다. 이는 오직 장군이 한 개 인민으로서 조국과 인민을 위해 복무할지언정, 어떤 제왕이나 양반 당쟁이나 개인의 이욕을 위해 자기 몸을 바치지 않겠다는 고상하고 진정한 결심을 표명한 인민적 사상이었다.

곽재우 장군은 전쟁 과정에서 인민의병적 성격을 여실히 또는 유감없이 발휘했다. 이제 그 실례를 든다면 장군은 전투 행정에서 적의 수급을 베어 상부에 바치어 공로를 표시하는 것을 애국적 행동이 아니

---

2   세택世澤인 듯. 조상이 남긴 은혜.
3   만폭滿幅인 듯. 정해진 너비에 꽉 차게.

라고 규정하고, 자기 부대의 병사들에게 적을 살상하는 데만 전력하며 당시 통례와 같이 수급을 베어오기를 하지 말 것을 지시했다. 또 곽재우 장군은 자기의 전과에 대해 조정에 보고하기를 싫어하며 '내가 누구를 위해 싸우관데 전공을 자랑할 것인가' 했다. 이는 다만 곽재우 장군에게서만 볼 수 있는 우수한 특징이었다.

또 곽재우 장군은 적을 독사처럼 미워하는 동시에 조국에 충성하지 않고 비겁한 장령과 관리들을 또한 인민의 원수로 미워해 조금도 용서치 아니했으므로, 그의 애국적 감정은 때로는 광인으로 오해받을 만큼 열렬하고 철저했다.

이상에서 말한바 곽재우 장군의 성격 및 사상은 그의 전기를 통해 우리 영웅 조선이 가지고 있는 우수한 애국주의적 전통의 하나로 천명 발전되게 하지 아니하면 안 될 것이다.

01 | 곽재우 장군의
출신과 인품

곽재우 장군은 현풍玄風 곽 씨며 자는 계수季綏[4]며 호는 망우당忘憂堂이
었다. 1552년(이조 명종 7, 임자) 경상우(남)도 의령군宜寧郡 누찬이(세천리世
千里)에서 곽월郭越의 3자로 탄생했다.

누찬이는 곽재우 장군의 모친 진주 강姜 씨의 거지居地였으므로 그
의 아버지는 선향인 현풍 솔례동率禮洞에서 그곳으로 이주해 장군을 낳
았고 자기 서재인 용연정龍淵亭에 취학하게 했다. 누찬이 촌락 앞에 늙
은 은행나무(杏子木) 하나가 서 있는데 전설에 의하면 장군이 소시에 활
쏘기를 연습할 때면 반드시 그 나무를 방관榜關[5]으로 이용했다 한다.

곽재우 장군의 아버지 곽월은 호가 정재定齋이며 용모가 괴걸하고
눈빛이 사람을 쏘는 듯하여 위풍이 있었다. 곽월은 선조宣祖 시대에 수
령과 감사를 20년 동안이나 역임하면서 성격이 청렴해 한 번도 자기 전

---

4 원문에는 계유라고 잘못 기재돼 있다.
5 과녁을 뜻하는 듯.

답과 가산을 보태는 일이 없었다. 또한 사무에 능숙해 아무리 복잡 미묘한 사건이라도 빨리 또 명확히 판결했으며 문학뿐 아니라 무예에도 정통했으므로 세상은 그를 문무 겸전한 인재로 평가했다. 곽재우 장군의 재질과 인품은 그의 아버지를 많이 닮았으며 가정 교훈에서 수양된 바가 많았다.

뒷날 '임진왜란'이 일어나매 곧 의병을 조직해 조국 방위에 몸을 바칠 결심을 가지고 자기 아버지 무덤 앞에 가서 통곡하면서 "만일 아버지께서 생존하셨다면 왜놈들이 이처럼 우리 부모의 나라를 유린하지는 못할 것입니다"라고 했으니, 이는 결코 곽재우 장군의 우연한 말로 볼 수 없다. 또 뒷날 '정유왜적재란' 당시에 안음安陰(경상남도 안의) 현감으로 황석산성黃石山城[6]을 고수하다가 네 부자녀와 동시 순절한 곽준郭䞭[7]은 곽재우 장군의 종숙부였다.

곽재우 장군은 어렸을 적부터 뜻이 범상치 아니했으며 의협심이 강하고 자유 호방한 기풍이 있었으며, 글 읽기를 좋아하고 활쏘기, 말달리기를 좋아하고 병서에 대한 연구가 깊었다. 일찍이 그의 아버지가 의주 목사로 재직했을 때, 곽재우 장군은 의주 관가에서 3년을 지내면서 이른바 호화스러운 '사또 자제'임에도 한 번도 기생놀이에 접근해본 적이 없었으므로 남들은 모두 그의 지조가 고상한 것을 탄복했다 한다.

---

6   경남 함양군 서하면 봉전리에 있는 산성으로 고려 때 수축되었다.
7   1551~1597. 안음 현감으로 1597년 함양군수 조종도趙宗道와 함께 호남의 길목인 황석산성을 지키던 중 가토 기요마사加藤淸正 휘하의 왜군과 격전을 벌이다가 성이 함락되자, 두 아들 곽이상·곽이후와 사위 류문호가 함께 전사했으며, 딸(류문호의 처)은 이 소식을 듣고 자결했다. 경북 영천시 청통면 우천리에 충렬공사당忠烈公祠堂이 남아 있다.

곽재우 장군이 일찍이 자기 아버지의 사절 행차를 따라 북경에 갔을 적에 중국 어떤 사람이 장군을 보고 장래 반드시 대인이 되어 이름을 천하에 날릴 것이라고 했다.

곽재우 장군은 34세에 정시廷試(국왕 궁정에서 거행하는 고등 문관 시험)에 합격했으나 그의 시험 답안문의 내용이 국왕의 비위에 맞지 않는다는 이유로 동방同榜 급제생 전부를 낙제하게 하니, 곽재우 장군은 과거제도의 불합리한 것을 알고 그만 과거 보기를 단념하고 고향에 돌아와서 짚신 신고 삿갓 쓰고 농부와 어부를 벗 삼아 강호 생활에 취미를 붙여, 자기의 자유 호방한 기개를 조금이라도 굽히거나 세상의 용렬한 무리와 어깨를 걸고 부귀 공명을 탐구하기를 싫어했다. 그러나 그가 한운야학閒雲野鶴[8]과 같은 생활을 하면서도 조국의 정세와 인민의 동향에 대해서는 항상 심각한 관심을 가지고 있었다. 곽재우 장군은 불우한 신세로 어느덧 40세를 지냈었다.

---

8 하늘을 한가하게 무심히 떠돌아다니는 구름과 넓은 들판을 마음대로 날아다니는 학이라는 뜻으로, 벼슬을 하지 아니하고 한가롭게 숨어 사는 선비나 은사隱士를 이르는 말.

02 | '임진왜란'의 개시와
당시 영남 일대의
정세

선조 25년(1592) 4월 13일 일본 침략 군대는 부산을 불의 침범해 야수 떼와 같이 조국 강토를 유린하기 시작했다. 당시 통치계급은 문약에 흐르고 무비武備를 소홀히 했으며, 국방의 중책을 맡은 수사, 병사, 방어사, 순찰사 및 지방 수령들은 대부분 군사 기술에 무지할 뿐더러 비겁하기 짝이 없어서 자기 진영과 인민을 버리고 도주하기에 바빴으므로 적은 이르는 곳마다 성을 강점하고 인민을 학살했는데, 경상도 해변 일대는 적이 들어오는 어구이며 집산지였던만큼 수치스러운 현상은 더욱 심했다.

20여 만의 적군이 상륙하는 첫날 부산 첨사 정발鄭撥과 동래東萊부사府使 송상현宋象賢은 소수의 병력을 가지고 용감히 싸우다가 장렬한 전사를 이루어 적의 간담을 서늘케 했으나, 적의 우세는 이것으로 조금도 저지되지 아니하고 조수처럼 내지로 밀고 들어왔었다.

해안 관방의 중임을 지고 있던 경상좌도 수사 박홍朴泓과 병사 이각李珏은 모두 적과 접전하기를 무서워하고 도주해 버렸다. 다시 말하면 박홍은 적군이 부산에 상륙했다는 것과 정발이 전사했다는 것을 듣고는 그만 병기와 군량을 소각하고 도주했으며, 이각은 적군이 온다는 소식을 듣고 동래성에 들어갔다가 부산이 함락되자 곧 크게 황겁해 송상현이 만류함을 거절하고 '나는 대장이니까 성 밖에서 적을 견제하는 것이 마땅하겠다'고 핑계하고 소산역蘇山驛[9]에 왔다가, 다시 자기 병영에 들어가서 자기 애첩과 면포 1000필을 말에 실려 보내고 성을 지키는 대신에 탈신 도주했다.

적군은 가위 무인지경에 들어서서 14일에 부산과 동래를 강점하고 18일에 김해를 강점했다. 이때 적은 부산에서 세 길로 나누어 한성을 향해 돌진했으므로 경상도 특히 우도는 불과 십수일 이내에 전폭적으로 적의 말굽 밑에 밟혀 버렸다.

이때 경상 일도의 정치 및 군사의 전 책임을 맡은 감사 김수金睟도 비겁 무능한 자로서 사전에 아무런 대책도 없었고, 적이 침입한 뒤에 진주에서 동래로 향하다가 부산이 함락되었다는 소문을 듣자 더 전진하지 아니하고 영산靈山[10]으로 도주했으며, 도내 각 고을에 명령해 군사를 파견하라고 했으나 신임이 없는 그에게 아무도 호응하는 자가 없었고 군사와 인민은 동원되지 아니했을 뿐더러 도리어 흩어져 버렸다.

이상과 같이 경상우도 일대는 적의 1차적인 침범과 강점을 받아 학살, 약탈, 분탕의 혹독한 피해가 어느 지역보다 더욱 심했다. 이와 같이 극히 불리한 환경 속에서 곽재우 장군은 누구의 명령과 방조를 기다릴

---

9   영남대로에 속한 역. 현재 부산광역시 금정구 선두구동에 위치함.
10   경상도 영산현으로 지금은 창녕군 영산면.

시간도 없이 첫고등[11]으로 의병을 조직해 성공적으로 활약했으니, 이는 더욱 높이 평가하지 아니하면 안 될 역사적 사실이었다.

---

11   맨 처음의 기회를 가리킴.

03 | 곽재우 장군의
의병 조직

이때 곽재우 장군은 의령의 농촌에 거주했는데 왜적이 침입했다는 소식을 듣자 장군의 가슴에는 조국애의 열혈이 끓어올랐다. 소위 감사, 병사, 수사의 직권과 의무와 병력을 가졌음에도 적의 앞에서 새처럼 숨고 짐승처럼 도망질하고 있는 꼴을 본 장군은 크게 통분해, 곧 그들을 적보다 더한 적으로 인정하고 인민에게 선언하기를 "관군의 장령들이 자기의 생명만 알고 조국의 존망을 돌아보지 아니한다. 그러나 우리 인민은 조국을 위하여 죽자!"라고 했다.

곽재우 장군은 4월 하순에 자기 동리 인민을 소집해 그들 앞에서 발론하기를 "왜적이 이미 우리나라를 침범해 우리 향토를 짓밟으려 하니 부모 처자가 장차 적에게 학살되거나 포로가 되거나 할 것이다. 우리 동네 가운데서 능히 적과 싸울 수 있는 소년이 수백 명이나 되니 이들이 만일 일심 합력해 정진鼎津(의령, 낙동강 지류인 남강의 나루)을 파수하면 우리 고향은 확보될 것이다. 어찌 가만히 앉아서 죽음을 기다릴 수 있겠느냐?"했다. 곽재우 장군의 발론을 들은 동리 인민은 모두 감격해 즉석에서 쾌히 동의하고 궐기했다. 이것이 장차 역사적으로 유명한 곽재우 의병부대의 첫 출발이다.

그리고 곽재우 장군은 자기 가산을 전부 헐어서 군사금으로 사용하고 병사를 모집했다. 그는 자기 옷을 벗어 전사를 입히고 자기 처자의 옷을 벗겨서 전사의 처자들을 입혔다. 그 부인은 충고하는 말로 '나라를 위해 싸우는 것은 좋지마는 지금 형편으로는 아무 보람 없는 죽음만 할 것이니 그만 피난 가는 것만 같지 못하다'고 했다. 이 말을 들은 장군은 그만 화가 벌컥 나서 차고 있는 칼을 빼어 부인을 내려치려 하니 부인은 곽재우 장군의 결심이 굳센 것을 알고 사과했다.

때마침 난데없는 말 한 필이 곽재우 장군에게로 뛰어오기에 장군은 잡아 타고 달려 본즉 과연 준마였다. 이것은 하늘이 도와주는 것이라고 하고 더욱 자신심을 가지고 활동했다고 그의 전기는 말하고 있다. 또 그의 마부 임솔련任乺連은 장사로 유명했다 한다.

곽재우 장군은 인민의 심정을 잘 이해하며 인민의 적개심을 잘 고무 격려해 군대를 조직하고 훈련하니, 심대승沈大升 등 용사 10여 명이 크게 감격해 생사를 같이하기를 맹세하고 장사 50여 명을 집결했다. 이것이 곽재우 장군의 의병부대에서 핵심단체였다.

곽재우 장군은 군량을 확보하기 위해 의령 탁계창卓溪倉의 양곡을 점령하고 기강歧江(가름강, 의령, 낙동강과 남강의 합류처)에 양선糧船들이 싣고 있는 납세미를 압수하니, 곽재우 장군을 이해하지 못하는 사람들은 모두 곽재우가 미쳤다 하고 혹자는 그가 도적질한다고 의심했으며 이웃군 합천군수 전견룡田見龍은 곽재우 장군을 토비土匪라고 상부에 보고했다.

그 후 곽재우 장군은 초계草溪의 관군을 자기 부대에 편입하며 신창新倉의 관곡官穀을 압수했다. 경상우도 병사 조대곤趙大坤이 때마침 산중에 도피해 있다가 장군에 대한 보고를 듣고 비적이라고 하여 체포령을 내리니 장군의 부하 병사들은 불안을 느껴 흩어져 가려는 자들이 있었다.

곽재우 장군은 관군 장령들이 당연히 싸워야 할 적군과는 싸우지 아니하고 도리어 민중과 의병의 활동을 방해하는 것에 크게 분개해 그만 관군의 절제를 벗어나 지리산에 들어가 근거를 잡고 시기를 보아 진퇴하려고 작정했더니, 때마침 김성일金誠一이 경상우도 초유사招諭使로 내려와서 장군의 인격과 재능이 비상한 것을 인정하고 특별히 격려하고 많은 편의를 제공하니, 이로써 곽재우 장군은 자기 사업을 활발히 개시했으며 천여 명의 병사를 획득해 그의 군대의 신망이 다시 높아졌다.

곽재우 장군이 기의한 의령 지구는 비록 적군의 주력부대가 통과하지 아니했으며 또 부산과 한성 간을 연락하는 간선도로는 아니었다고 할지라도, 적은 전진 부대의 후방을 확보하기 위해 또 식량 및 물자의 현지 조달을 위해 반드시 강점하지 않으면 안 될 지점이었으며, 그뿐만 아니라 낙동강의 유역인 만큼 강상 교통을 이용하기 위해서도 적은 반드시 쟁취할 지대였으므로, 곽재우 장군이 의령을 중심해 의병운동을 전개한 것은 지리상 중요한 의의를 가졌던 것이다.

곽재우 장군은 의병 전술에서 첫째 무장이 불충분한 민병을 용감무적한 부대로 만들기 위해 조국을 사랑하고 원수를 증오하는 충의심을 고취하기에 주력을 기울였으며, 둘째 자기가 대장임에도 일상생활과 고락을 병사들과 꼭 같이하며 규율을 엄정히 해 인민의 생명과 재산에 조금이라도 침해를 가하지 아니하며 일반 인민에게 의병을 즉 자기들의 군대로 인식하게 하고 사랑하게 했으며, 셋째 산천과 지리의 형세를 잘 이용하고 기습과 유도로 적을 곤란한 구렁에 빠지게 했으며,

넷째 '중과부적'이 너무나 현격한 조건에서 항상 '의심스러운 군사(疑兵)'[12]로 교묘히 가장해 적을 미혹케 했다.

곽재우 장군은 자기 아버지가 임종 시에 특별히 끼쳐 준 홍초紅綃 철릭(첩리帖裏, 관복의 일종)[13]을 입고 당상관堂上官의 갓과 수식을 쓰고 "하늘에서 내려온 홍의장군"이라고 자칭했다. 전투할 적에는 적병이 많고 적고 간에 곽재우 장군이 항상 선두에 나서서 지휘했으며, 자기 병사가 비록 한 사람이라도 또 여하히 엄중한 적의 포위 중에 들어 있다 하더라도 반드시 모험하고 가서 구출하므로 군사들은 크게 감복해 죽음을 아끼지 아니하고 용감했다.

곽재우 장군은 적과 교전할 때에는 말을 빨리 달려 동에 번쩍 서에 번쩍 하여 출몰이 무상해 적군이 갈피를 잡지 못하게 한 다음, 천천히 말을 돌려 북을 치면서 전진하니 적군은 아군의 다과를 알지 못하고 감히 가까이 오지 못했다.

척후대를 광범히 또는 주밀하게 조직해 주민과 긴밀하게 연결을 지어 두었으므로 곽재우 장군은 100리 밖에 있는 적의 동정을 잘 알고 있어서 항상 종용하고 여유있게 적을 조종 대응했으며, 만일 우세한 적군이 올 때에는 밤이면 적이 바라볼 수 있는 산꼭대기에서 한 사람이 다섯 갈래 횃불五枝炬 한 개 씩을 들고 밤새도록 고함을 질러 서로 호응하게 해 마치 수만 명의 군대가 진 치고 있는 것처럼 하니, 적은 크게 미

---

12 적을 속이려고 거짓으로 군사를 꾸미는 일. 이를테면 깃발을 빽빽이 꽂아 군사가 많은 것처럼 속임.
13 붉은 생초(비단의 한 종류)로 만든 철릭. 《난중잡록亂中雜錄》에는 "戰時必着紅綃帖裡 具堂上笠飾"으로 표기되어 있다. 철릭은 조선시대 왕을 비롯한 문무관이 착용하던 곧은 깃의 포로, 상의인 유와 하의인 상裳이 연결된 형태이다. 원문에는 전리로 표기되었는데 근거를 알 수 없다.

혹해 장군의 부대를 보기만 하면 문득 도주했다.

곽재우 장군은 또 호각대를 다수히 조직해 그들에게 모두 붉은 옷을 입혀 4면으로 산 위에 배치했다가 적군이 오면 일시에 호각을 불게 하고, 부근에 잠복했던 정예부대는 일제히 적을 타격해 섬멸했다. 적군도 장군을 '홍의장군'이라고 부르며 감히 접전하지 못하고 도피했다.

곽재우 장군은 자기 군대에 명령하기를 전투 중에는 사격에만 전력하고 될 수 있는 대로 적의 전투 역량을 많이 소모하는 것으로 만족할 것이고, 일반 통례와 같이 적군의 수급을 베어 공로를 표시하는 것은 나라를 위하는 성심이 아니라고 했다. 그렇기 때문에 장군의 부대는 여러 해 많은 승리를 거두었음에도 한 번도 적의 수급을 상부에 올려서 전공을 자랑한 일이 없었다.

이는 이순신 장군이 자기 군인들에게, 전투 중에 적의 수급을 베는 것은 적의 유생 역량을 살상할 시간과 정력을 분산할 뿐만 아니라 넘어졌으되 아직 생명이 끊어지지 아니한 적의 패잔병에게 우리 군사가 도리어 살상을 당할 위험이 많으므로, 수급 베기를 금지했다는 사실과 동일한 취지였다.

곽재우 장군의
기발한 전투 공적들

정진, 기강, 안언역 제 전투

곽재우 장군의 1차 전투는 정진전투였다. 적군이 상륙한 그다음 달-5
월에 적군의 몇 부대는 삼가, 합천, 의령 제 군에 침입해 농촌을 유린했
다. 곽재우 장군은 장사 10여 명을 결사대로 조직해 민활히 이동하면
서 적의 분산된 부대들을 여러 요해처에서 기습적으로 격멸하니, 적군
은 크게 당황해 도주하므로 정진까지 또 나아가 함안까지 추격 섬멸하
고 적병의 머리 50여 개를 베어 인민에게 보내니, 장군 부대의 명성은
갑자기 높아져서 곽재우 장군의 지휘 밑에 배속되어 싸우기를 지원하
는 자가 날마다 모여 들었었다.

6월에 적선 30여 척이 기강으로 올라가는 것을 곽재우 장군은 강
의 언덕에서 북 치고 고함질러 위협하니 놈들은 그만 도주했다. 적의
소위 안국사安國寺 승려[14] 모리毛利라는 자는 모리 데루모토毛利輝元[15]의

---

14 원문에는 '중'으로 기재했다.

모주謀主로 모략이 많음을 자부하던 놈이었는데, 이때 전라도를 강점하겠다고 선언하고 매일 군대를 서쪽으로 파송해 그 선봉이 쌍산역雙山驛[16]에서 정진에 도착해 곽재우 장군의 진지와 수십 리를 사이에 두고 있었다. 그 부근에 진창이 있어서 통행할 수 없으므로 적은 먼저 길잡이를 시켜 마른 지면을 골라서 나무 말뚝을 꽂아 표를 해 두고 장차 그 이튿날 새벽에 그곳을 통과할 예정이었다. 곽재우 장군은 이것을 탐지하고 밤중에 부하 장사들을 인솔하고 가서 그 말뚝을 빼어 진창에다가 옮겨 꽂아 군사가 매복해 기다렸더니, 적군은 예정 시간에 행군해 말뚝을 따라 오다가 진창에 빠져서 허덕이고 있는 것을 우리 복병이 돌출해 거의 섬멸해 버렸다.

조금 지나 적의 대부대가 왔었다. 중과부적하겠으므로 곽재우 장군은 정면 접전을 피하고 모략으로 적을 이길 것을 결정했다. 그래서 곽재우 장군은 장사 십여 명에게 모두 홍의를 입히고 백마를 타게 하고 수종자隨從者들도 그와 꼭 같이 차리게 한 다음 장사 한 사람이 북 치고 고함지르면서 적진을 향해 좌우로 달리어 적을 유인하니, 적은 아군의 대장인 줄 알고 전 군대를 몰아 추격해 10여 리쯤 가다가 산길에 들어서 곽재우 장군의 소재처를 잃어버리고 의아하던 즈음에 홀연히 본즉, 그 앞 산비탈에 수십여 명의 용사가 모두 홍의를 입고 백마를 타고 있었다.

적군은 크게 놀라 추격하다가 어느 듯 또 그들을 잃어버리고, 다

---

15   1553~1625. 임진왜란 당시 7번대 소속.
16   경상도 현풍에 위치한 역.

만 북과 호각 소리가 산을 울리고 깃발이 언덕을 휘덮었고 홍의와 백마는 동시에 출몰하니 적은 더욱 놀라서 모두 신병이라고 했으며, 또 아군의 다소를 전연 알 수 없어서 감히 더 추격하지 못하고 주저 당황했다. 이때 곽재우 장군이 미리 요해처에 매복하게 해 두었던 정예부대는 나무 밑과 풀 덩굴 속에서 맹사격을 가하니 적은 그만 허둥지둥하면서 도주했다. 이에 아군은 급히 달려 강가까지 추격했다. 적군의 시체는 강을 막아 물이 흐르지 못할 지경이었다. 안국사 승려 모리는 단신 도주했다.

이 뒤부터 곽재우 장군 부대의 명성은 더욱 떨쳐졌다. 그러나 안국사 승려부대는 계속 경상우도 지방을 침략했으며, 유격 전선 18척을 인솔하고 가야산加倻山(합천)으로 향한다고 거짓 소문을 내고 돌연히 정진으로 침입하니 곽재우 장군은 쳐서 물리쳤다. 그리하여 안국사 승려는 정진 침략을 단념하고 군사를 증가해 가지고 영산, 창녕으로 향해 기강을 건너서려 하니 강우江右 일대가 소동했다. 이에 곽재우 장군은 먼저 달려가서 기강을 지키고 창곡을 내어 군사들을 잘 먹이고 진영을 굳게 해 대기했다. 적의 부대는 기강의 동안에 와서 장군 부대의 대오가 엄숙한 것을 바라보고 놀라면서 저것이 필시 홍의장군의 부대라 하고 그만 강을 따라 내려갔다.

곽재우 장군도 강을 사이에 두고 가만히 따라가서 성주 안언역安彦驛에 이르러 돌연히 나타나서 한바탕 타격을 주고 중과부적한 관계로 추격을 중지하고 돌아왔다. 이때 곽재우 장군은 낙동강에 적의 선박을 잡아서 검사해 보니 왕궁의 보물이 만재됐으며 그중에는 이태조가 쓰던 신도 있었다. 곽재우 장군은 이것을 전부 초유사 김성일에게 보냈었다.

안국사 승려부대는 곽재우 장군에게 다시 구축을 당하고 지례知禮를 경유해 거창을 침략하매 둔장屯將 이형李亨이 전사했다. 의병장 김면金沔이 때마침 고령에 있다가 이 소식을 듣고 자기 부하들에게 말하기를 거창은 진주 이상의 두뇌이니 거창이 적에게 강점되면 낙동강 오른편의 십여 군은 보장될 수 없다 하고, 곧 달려가서 우배령牛背嶺(거창 소등이재)을 파수하고 이웃 고을의 군대들에게 원조를 호소했으며, 김성일은 또 진주에서 빨리 가서 힘을 아울러 결사적으로 싸웠다. 적은 그 부근 일대를 다시 범접할 수 없음을 알고 지례에서 바로 전라도 경계선으로 가서 금산錦山을 침습하고 충청도 적군과 연락해 무주茂州에 주둔하면서 부근 제군을 침략하고 다시 전주全州를 엿보니 방어사 곽영郭嶸이 저항치 못하고 물러섰었다.

이때 곽재우 장군의 부대가 조금만 관군의 원조를 얻고 또 자기 근거지 구역 밖으로 멀리 추격할 병력을 가졌다면 안국사 승려부대는 완전히 섬멸되어 버렸을 것인데, 형편이 그렇게 되지 못한 것은 유감한 일이었다. 그러나 곽재우 장군의 천재적인 유격 활동으로 의령을 중심한 강우 수군이 확보되었으며, 낙동강 유역에 대한 일부 제강권制江權을 우리 군대가 장악했다는 것은 전쟁 초기에 중요한 사실이었다.

곽재우 장군은 전승의 위신을 기초로 하고 병사와 마필을 널리 모집해 낙동강을 좌편으로 정진을 우편으로 한 60여 리의 지역에 7개 진을 배치하고, 자기는 중앙에 주재해 통제했으며 동서로 책응策應해 전투의 위력을 발휘하니 적군은 부근에 왔다가 모두 감히 접근도 하기 전에 퇴주했다. 주민들은 곽재우 장군을 절대적으로 지지 신뢰해 날마다 의복과 주육을 진중에 헌납했으며, 강우 하도下道 일대는 인민이 평시와 같이 농사했으므로 곽재우 장군 부대의 명성은 국내에 떨쳐졌다.

이때 영산 사람 공위겸孔撝謙이란 자는 처음부터 적의 앞잡이로 서울에 올라가서 자기 가족에게 보낸 편지 가운데 자기는 장차 경주 부윤府尹이 될 것이요 적어도 밀양 부사는 따 놓은 것이라 했고, 또 기타 반역자적 인사가 있었는데 어느 날 그 자가 자기 집에 돌아왔다는 것을 곽재우 장군은 탐지하고 체포해다가 군중 앞에서 그의 반역죄를 폭로해 사형을 내리니 인민은 모두 통쾌하게 여기었다.

이때 지방에서는 노복들이 자기 상전을 죽이고 약탈과 간음을 일삼는 일이 많았다. 곽재우 장군은 그들의 학대에 대한 보복은 동정할 수 있으나 큰 적의 앞에서 이와 같이 힘을 분산하는 것은 적에게 유리한 기회를 제공하는 행동이라 하고 엄중히 금지하며, 그들 중 적당한 자들을 선택해 자기 부대의 병사로 편입했다.

현풍, 영산 제 전투

이때 적군의 후속 부대는 현풍, 창녕, 영산 제 군에 다수히 주둔해 아래로는 김해와 통하고 위로는 성주 무계茂溪와 연락하며 진막을 별처럼 벌여 놓고, 곽재우 장군의 부대와 강을 격해 서로 버티고 있었다. 곽재우 장군은 항상 정면 교전을 피하고 '의심스러운 군사' 전술을 써서 적이 감히 핍박하지 못하게 했다.

때마침 전 목사 오운吳澐이 3000여 명의 병사를 모집해 곽재우 장군에게 배속하니 병력이 비로소 강대해졌다. 그래서 곽재우 장군은 강좌江左의 여러 고을을 회복할 계획으로 강을 건너서서 정병 수백 명을 인솔하고 바로 현풍성 밖에 가서 모략을 써서 도전했으나, 적은 홍의장군의 부대인 줄을 알고 종시 응전하지 아니했다.

곽재우 장군은 사람을 시켜서 밤에 비파산琵琶山[17]에 올라가서 북치고 고함지르고 호각을 불고 대포를 놓고 수천 개의 햇불을 들었다가 일제히 꺼 버리고 아무 소리도 없이 적적하게 했다. 한참 있다가 다시 북 치고 나팔 불고 햇불을 들어 불빛이 성중을 비추어 낮처럼 밝게 한 다음 여러 사람을 시켜 한 목소리로 '홍의장군은 명일에 성을 도륙할 테니 너희들은 후회하지 말라'고 고함을 지르고 일시에 불을 끄고 돌아왔다. 적들은 놀라고 무서워해 그 밤으로 도주했으며 창녕에 있던 적군들도 이 소문을 듣고는 또한 도주했다.

그러나 오직 영산의 적은 자기의 우세를 믿고 대부분 움직이지 아니하므로 곽재우 장군은 김성일에게 요청해 세 고을의 군대를 인솔하고 영산성에 육박했다. 별장 윤탁尹鐸은 싸우지 아니하고 퇴각해 곽재우 장군은 천천히 군대를 회수해 가지고 산에 올라가며, 비장 주몽룡朱夢龍은 말을 달려 적군을 바로 충격해 두세 번 날쌔게 드나 들이를 하니 적이 드디어 퇴각했다.

계속하여 3일간 크게 싸운 결과 적은 저항하지 못하고 밤에 도주했으며 무계의 적군도 응원을 잃고 성주로 도주했다. 이로써 적의 우로右路가 단절되어 버렸다. 김성일은 격문을 선포해 피난민들에게 고유告諭하기를, "우도 의병은 2만의 보병, 마병으로써 날마다 적을 반격해 고령 이하 여러 고을을 거의 회복하고 사기는 떨치며 정세는 유리해져 간다. 우리 인민은 피난 생활을 그만두고 다 자기 집으로 돌아와서 서로

---

17 현풍 비슬산. 지금은 대구시 달성군 유가읍 일대.

힘을 합해 우리 군대의 위력을 도우라"고 했다.

그리하여 장군의 의병 활동은 정진을 근거지로 하고 4면으로 확장해 낙동강 좌우 일대로 하여금 적의 소굴 중에서 특별한 세계를 전개하게 했으며,[18] 다만 밀양, 대구, 선산이 적의 왕래 통로로 되어 있을 뿐이었다.

이상에 논술한 여러 전투와 전공은 장군이 기의한 후 수개월 이내의 일이었다. 그때 호남 의병대장 고경명과 김천일 등이 유생 곽현郭玄, 양산숙梁山璹을 파견해 바닷길로 의주에 가서 남방의 정세와 의병 각부대 활동의 전말을 보고하니, 국왕 선조는 호남과 영남의 여러 의병장을 격려하는 교서 2통을 내어 주고 특별히 말하기를 "듣건대 곽재우는 전술이 특이해 적병을 가장 많이 살상했으되 자기 전공을 보고하지 아니하니 나는 심히 기특히 여기며 내가 그의 이름을 늦게 들은 것을 한탄한다" 하고, 곽재우 장군에게 관직을 주었다.

여기에서 우리가 한 번 다시 인식할 것은 곽재우 장군의 순결하고 고상한 인민적 성격이다. 곽재우 장군은 한 개 유생으로서 기의해 불과 수개월 내에 기발한 전공을 여러 번 세워서 수 개 고을에 걸친 공고한 의병 근거지를 적이 가장 발호하는 지대에다가 설정했음에도, 이와 같은 빛난 위훈을 한 번도 자기 손으로 상부에 보고하지 아니했다. 그 이유는 무엇이었던가? 곽재우 장군의 생각에 즉 자기의 기의가 본래 단순히[19] 조국의 독립과 인민의 생존을 보위하기 위해 시작했으며, 결코

---

18 왜군의 점령지에서 활발하게 활동했다는 뜻을 문학적으로 표현한 듯.
19 원문에는 '단수히'로 표기되었고 다음 문단에도 이 표현이 나오지만 다른 뜻을 찾기 힘들어 오자로 보고자 한다.

자신의 공명과 영달을 위하거나 또 상부 인물의 이익과 그들의 사랑을 받기 위해 생명을 바쳐 가며 싸운 것은 아니므로, 자기의 빛난 전투 공적은 조국과 인민에게 이바지할 뿐이고 임금과 상부에 보고할 필요는 조금도 느끼지 아니했던 때문이다.

　　이는 오직 곽재우 장군만이 가질 수 있는 고상한 애국 사상의 한 표현이다. 다시 말하면 이는 종래 평론가들이 흔히 오해한바 자기 공로를 자랑하지 않는 단순히 겸손한 태도에서 나온 것이 아니었고, 이보다 훨씬 더 높은 정신적 동기 즉 조국과 인민 이외 어느 것에도 복무하지 않는다는 곽재우 장군의 고결한 평민적 기개에서 저절로 표시되는 태도였다.

화왕산성 수성책의 승리

'정유재란' 당시 즉 전쟁 6년(1597)에 적의 함대가 통제사 원균元均(이순신을 무함하고 대신 통제사가 되었음)의 함대를 전멸하고 우리 해군의 한산도 대본영을 강점한 다음, 남원南原과 전주를 중심한 호남 일대를 약탈하기 위해 경상도 해안에 근거해 있던 적의 대부대들은 동년 8월에 3로로 나누어 전주로 향했는데, 그 1대 총대장 우키다 히데이에宇喜多秀家[20]와 선봉장 고니시 유키나가小西行長 이하 여러 적장은 5만의 군대를 인솔하고 경상우도의 사천, 남해에서 운봉을 노략하고 남원으로 향했으며, 2대의 주장 모리 히데모토毛利秀元와 선봉장 가토 기요마사 이하 여러 적장은 5만의 군대를 인솔하고 경주에서 출발해 밀양, 대구를

20　오카야마岡山 다이묘. 浮田秀家라고도 쓴다.

지나 전의관全義館에 나와서 만일 명나라 응원병이 한성에서 오는 경우에는 이들과 일전할 것을 각오하고 남원으로 나아갔으며, 또 3대의 주장 고바야카와 히데아키小早川秀秋는 부산에 유재하고 그의 부하 야마구치 무네나가山口宗永[21] 등은 8000명의 군대를 인솔하고 밀양, 현풍에서 충청도로 향해 우리 군대의 진주 구원의 길을 차단케 했다.

이때 도체찰사都體察使 이원익李元翼과 도원수 권율은 경상도 내의 여러 산성을 수축해 적군을 방어하라고 각 군에 명령했으나, 적의 절대 우세한 대부대가 갑자기 들이밀므로 각진 장령들은 대부분 회피 퇴각했으며 간혹 수성전을 감행하는 자들도 실패하지 아니할 수 없었다.

이와 같이 극히 불리한 환경이었다. 이때 방어사라는 군직을 가지고 있던 곽재우 장군은 적장 가토 기요마사가 호왈號曰[22] 10만이라는 절대 우세한 병력을 끌고 질풍 같이 달려온다는 소식을 듣자, 즉시 네 고을의 병사를 인솔하고 창녕의 화왕산성火旺山城에 들어가 사수할 대책을 세웠다. 대책이 완료된 뒤에는 항상 조용하고 여유 있는 태도로 부하 장병들과 성내 인민을 격려 위로했다. 급기야 적의 대군이 산을 덮고 들에 깔린 형세로 화왕산성을 포위 육박하려 하니 부하 장병들은 모두 공포에 쌓였다. 때마침 곽재우 장군은 자기 막 중에서 손님과 함께 앉아서 조용히 담화하고 있었는데, 적병이 왔다고 황겁히 보고했으나 곽재우 장군은 역시 조용한 어조로 "그대들은 다만 성을 굳게 지키기만 하라. 적도 병법을 알진대 어찌 우리 성을 경솔히 침범하랴" 하고

21　원문에는 山口玄藩으로 잘못 기재됨.
22　얼마 되지 않는 것을 과장해서 말할 때 쓴다.

조금도 변함이 없이 태연자약했다.

이때 적장 가토 기요마사는 한숨에 화왕산성을 삼킬 듯한 기세로 성 밑에 달려왔으나 쳐다보니 산성의 지세는 대단히 험준할 뿐더러 성 중은 극히 정숙하고 방비의 태세는 강해 공격에 착수하기가 곤란할 것을 깨닫고, 일주야[23]를 성하에서 지체하면서 망성거리다[24]가 할 수 없이 싸움을 피하고 그만 강을 건너가서 안음 현감 곽준郭逡(장군의 종숙)과 전 함양군수 조종도가 지키고 있는 황석산성을 함락하고, 전라도로 넘어가서 3로의 적군들과 합력해 일거에 남원을 점령해 명나라 장수 양원楊元의 부대를 섬멸하고 또 전주를 포위해 명나라 장수 진우충陳愚衷 부대를 구축한 다음, 적장 우키다 히데이에, 고니시 유키나가 등은 남원에서 다시 회환했고, 시마즈 요시히로島津義弘 등은 순창淳昌, 담양潭陽 등지로 향했고, 모리 히데모토, 가토 기요마사, 구로다 나가마사黑田長政 등은 바로 충청도를 지나 한성으로 향했다. 놈들의 잔혹 포악한 야수적 행동은 '임진란'보다 몇 배나 더했다.

전기 황석산성이 함락되자 이원익은 일찍이 화왕산성이 너무나 외로워 보전하기 어려울 것으로 생각하고 속히 퇴각하라고 명령했으나 곽재우 장군은 듣지 아니하고 다음과 같이 회보했다.

제성齊城 70에 즉묵卽墨이 홀로 보존했으며 당병唐兵 100만에 안시성이 능히 항전했다. 지금 비록 여러 고을이 풍미하나 화왕산성은 홀로 보전하

---

23   만 하루.
24   망설거리다(마음속으로 이리저리 생각만 하고 태도를 정하지 못하다)의 방언.

지 못하겠는가?

이상에서 논술한 바와 같이 정유재란 당시에 영남, 호남 수많은 성진[25]이 적에게 모두 패배했으나 화왕산성만이 초연히 보전되었으며, 또 적의 대군이 감히 총 한 방도 놓지 못하고 퇴각하게 한 것은 전쟁 역사에서 가장 드문 실례였다. 화왕산성의 수성과 곽재우 장군의 전술은 그 시기의 전국에서는 실로 거대한 시위였다.

이상에서 서술한바 창녕의 화왕산성과 함께 인동仁同 천생산성天生山城(현재 칠곡군 인동면 신동리 후산)[26]이 또한 곽재우 장군의 전투 공적과 관련되어 있다. 이 산성은 산세가 험준하며 층암 절벽이 깎아 섰으며 약 2000미터의 고지이다. 통로는 두 곳뿐이며 산 위에 넓은 암석으로 성을 쌓았다. 성내에 사용하던 우물이 지금도 남아 있다. 그곳에 세마대洗馬坮라는 넓은 암석 하나가 있는데 이 세마대의 전설은 그 지방의 인민에게 지금도 널리 알려져 있다.

어느 때 홍의장군이 천생산성에 주둔하고 있었는데, 왜적이 다수한 군사를 거느리고 와서 그 성내의 음료수가 부족하리라고 하며 성을 포위만 하고 시일을 끌었다. 과연 성내는 음료수가 부족해 곤란한 지경에 빠졌다. 그래서 곽재우 장군은 계교를 내어 바위 위에 전마를 세우고 흰 쌀로써 말 등을 씻기니 적들은 멀리 바라보고 음료수가 풍족한 줄로 오인해 진공을 개시했다. 곽재우 장군은 미리 준비했던 돌멩이와

---

25   城鎭을 가리키는 듯.
26   지금은 경북 구미시로 편입됨. 장천면 신장리에 있다.

화살로써 성 가까이 올라오는 적군을 내려쳐서 사상자를 무수히 내고 결국 이기었다. 그 뒤부터 흰 쌀로 씻기기 위해 말을 올려 세웠던 그 암석을 '홍의장군 세마대'라고 불러 왔다 한다.

06 | 곽재우 장군의 의분심에 관한 몇 가지 실례

곽재우 장군은 조국을 내 집같이 사랑하며 조국의 이익에 반대되는 모든 불의를 원수같이 미워해, 그 고상하고 순결한 감정이 격발할 때에는 자기 개인에 관한 이해와 명예와 모든 것을 돌아보지 아니하고 비록 목에 칼이 들어온다 하더라도 정의를 지지하며 불의를 배척 타마[27] 했으므로, 그를 이해 못하는 사람들에게서 가끔 미친 사람이라는 오해도 받았다.

곽재우 장군이 처음 기의한 직후 어느 날 노상에서 무관 복장을 한 남자를 만났다. 그는 가덕진加德鎭 첨사僉使 전응린田應麟이었다. 곽재우 장군은 말을 멈추고 소리 질러 말하기를 "너는 필시 도망하는 장수일 것이다. 조국을 저버리고 개인 생명만 생각하니 너 같은 놈은 마땅히 죽어야 한다" 하고 활을 잡아 당겨서 쏘려 하니, 그 사람은 성을 내어 "내가 도주하는 것이 네게 무슨 관계가 있느냐" 하고 또한 활을 잡

---

27   타매唾罵를 말하는 듯. 타매는 몹시 업신여기거나 더럽게 생각해 침을 뱉으면서 욕하는 것을 가리킴.

아 당겨서 쏘려 했다. 곽재우 장군은 그만 활을 놓고 타이르되 "너는 이미 자기 진영을 내어 버렸고 나는 시방 의병을 일으켰으니 나를 따르면 옳은 사람이 될 것이오 나를 항거하면 불의한 사람이 될 것이니, 나와 같이 협력해 적을 쳐 물리치고 조국을 보존하는 것이 어떠하냐" 했다. 그렇게 성났던 그 무관은 곧 부끄러워하며 사죄하고 "장군의 말씀이 천만지당하니 내 어찌 감히 명령에 복종하지 아니하겠는가" 하고 곧 장군의 부하가 되어 열성 있게 싸우다가 마침내 진중에서 순절했다. 함안 군수 유숭인柳崇仁도 곽재우 장군의 충의에 감복해 장군의 진중에 와서 배속되었다.

경상 감사 김수는 위인이 경솔하고 각박하며 전쟁이 일어나기 전에도 자기 직무를 옳게 실행하지 못하고 인심을 잃었을 뿐만 아니라, 왜적이 침입한 후에는 자기 관할 지역이 국방상 제일 중요한 지대임에도 한 도의 최고 책임자로서 아무런 대책도 없이 적병을 피해 전라도로 도주하니, 전라 감사 이광李洸은 역시 비겁 무능한 자였지마는 김수를 '패군지장敗軍之將'으로 규정하고 받아들이지 아니했다. 김수는 할 수 없이 3도(전라, 충청, 경상) 근왕병을 따라 경기도 용인에 가서 5만의 근왕병이 패전한 것을 보고(1592년 6월) 다시 경상도로 돌아와서 의연히 비겁하게 아무런 계획과 용기도 없이 지방에서 방황하고 있었다.

이에 곽재우 장군은 군사와 인민에게 선언하기를 "김수가 한 도의 주인으로서 적을 피해 타도인 전라도로 도망했고, 또 수도 서울을 탈환한다는 구호를 들고 서쪽으로 행진했다가 왜적을 만나 보기도 전에 다시 도망해 본도로 돌아왔으니, 적은 왜놈에게만 있지 아니하고 이런 놈들에게 더욱 있다. 이러한 놈들을 먼저 격멸해야 인민을 충의로써 격려

하고 용감히 적과 싸우게 할 수 있다" 하고 자기 군대를 이동해 김수를 공격하려 했다. 김성일은 이 소식을 듣고 급속히 곽재우 장군에게 편지를 보내 지금 큰 적을 앞에 두고 있는 이 순간에 김수의 죄상을 용서하고 힘을 합해 적을 물리치는 것이 긴급한 임무라는 것을 간곡히 설명했다. 그래서 곽재우 장군은 마지 못해 김수를 공격할 군사적 행동을 중지했다.

그러나 곽재우 장군은 김수의 절제를 받지 아니했다. 이와 동시에 김수와 그의 부하 안경로安敬老 등은 곽재우 장군을 의병이 아니고 토적土賊이라고 선포해 도저히 서로 타협할 수 없었다. 그래서 곽재우 장군은 격문 1통을 지어 김수의 7개 죄상을 열거하고 "나는 장차 너의 머리를 베어 천인공노하는 의분을 풀겠다"라고 성명했다.

이때 김수가 산음山陰(현재 경남)에 있다가 곽재우 장군의 격문을 보았으며 또 곽재우 장군이 자기 죄상을 조정에 보고하고 도내 여러 의병부대와 약속해 자기를 공격하리라는 소문을 듣고 겁이 나서 자살하려 했으나, 자기 부하가 제지했으므로 함양으로 이주해 자기 신변을 계엄하고 군관 김경노를 시켜 답격문[28]을 지어 곽재우가 의병을 가탁해 역적질을 음모한다고 했다. 때마침 곽재우 장군이 진주를 구원하러 가는 길에 김수의 격문을 보고 즉석에서 반답返答하기를 "의병과 역적의 구분은 천지가 알며 옳음과 그름의 판단은 공론이 자재自在하다"라고 했다.

---

28 곽재우의 격문에 대해 김수가 반박하는 내용을 담아 작성한 격문. 아래 문단의 답격문은 곽재우가 다시 이에 반박하여 지은 격문을 가리킨다.

이보다 먼저 경상우도 병사 조대곤은 곽재우 장군의 전투 공로를 시기해 국왕에게 올린 글 가운데서 곽재우 장군을 좋지 않게 말했으며, 김수도 곽재우 장군을 헐어 보고했으므로 곽재우 장군은 부득이 국왕에게 글을 보내어 자기 부대를 변명한 동시에 김수의 죄상을 폭로했다.

김수는 곽재우 장군의 답격문을 본 다음 더욱 공포해 곽재우가 모반한다고 보고하니 조정에서는 크게 놀라서 장차 특별한 처단을 내리려 했다. 이 소식을 들은 인민은 모두 분개했으며 삼가三嘉에 사는 진사 윤언례尹彦禮 등은 각 읍에 통문을 돌려 김수의 무고誣告와 곽재우 장군의 충의를 명백히 지적했다. 김성일은 사태가 커간 것을 보고 곧 상소해 곽재우는 비록 초야에서 생장해 성격이 소방하나 충성이 지극하고 전공이 많은 사람이며 다른 허물은 절대로 없다는 것을 상세히 논술했으므로, 조정은 비로소 오해를 풀고 안심했으니 국왕도 위로의 말을 내리었다. 그리고 김수도 할 수 없어서 김성일과 의병장 김면에게 편지를 보내어 사과하고 곽재우 장군과 자기의 사이에 화해하도록 요청한 결과 드디어 무사해졌다.

이때 오봉五峰 이호민李好閔[29]은 곽재우 장군에게 다음과 같은 시를 지어 격려했다.

들건대 우리 홍의장군은 왜놈 쫓기를 노루 쫓듯 한다(聞道紅衣將 逐倭如逐獐).
원컨대 끝까지 힘을 합하여 모름지기 곽분양처럼 되어지이다(爲言終戮力

---

29 원문에는 오산 이호민으로 잘못 기재되었다. 참고로 이순신의 순국을 애도하는 시를 쓴 차천로車天輅의 호가 오산五山이다.

須似郭汾陽).

　　곽분양郭汾陽은 당나라 곽자의郭子儀인데 안녹산安祿山의 난을 평
정한 큰 공신이다.

곽재우 장군은 의분심이 타는 불같이 열렬한 반면에 침착하고 냉철한 견식을 가졌으므로, 정세를 정확히 판단하고 적과 싸워서 한 번도 실패한 일이 없었다. 이는 군략가로서 완미한 자격을 구비했던 것이다.

임진년 가을에 적장 하시바 도오겐로羽柴藤元郎[30]는 김산金山에 주둔해 강대한 병력을 가지고 있으며 우로로 수군을 지휘해 웅천雄川 해항을 점령해 우리 호남 수군을 방비하고 있었는데, 경상우도 병사 유숭인은 적병과 창원에서 싸워 불리하여 산졸散卒을 수습해 다시 싸우다가 크게 패전했다.

동년 10월에 하시바 도오겐로는 승세를 타서 함안에 침입하니 우리 6읍의 군대가 모두 패주하고 죽은 자가 천여 명이나 되었다. 적은 동래, 김해의 주둔병을 합해 3만여 명의 대군을 인솔하고 3로로 나누어 진주를 바로 진격하려 했고 선봉 기병 천여 명은 이미 진주성의 동쪽

---

30   도요토미 히데요시의 조카.

산봉우리 위에 도착했다.

　이때 진주 판관 김시민金時敏은 영용 무쌍한 장수로서 고성孤城을 사수하기 위해 만반의 태세를 준비하고 있던 중이었는데, 전기 창원에서 패전한 유숭인은 필마단신으로 진주 성하에 와서 빨리 성문을 열어 달라고 재촉했다. 김시민은 생각하기를 유숭인은 본도의 병사요 자기는 진주 판관으로 그의 부하인즉 그의 명령에 복종할 것이나, 그를 성내에 받아들이는 것은 즉 이 긴급한 수성전에 대한 지휘관을 바꾸는 것이며 따라서 지휘와 전술에 착오와 불통일이 생기면 전투는 반드시 실패하고 말 것이므로 큰 일을 위해서는 그를 받아들일 수 없다 하고, 성문 위에서 대답하기를 지금 적군이 절박했기에 성문을 열 수 없으니 병사는 외부에서 응원하는 것이 좋을 것이라 하고 그의 입성을 거절해 버렸다.

　곽재우 장군은 김시민이 이와 같이 유숭인의 입성을 거절했다는 소문을 듣고 무릎을 치며 크게 탐복하고, 김시민의 이 한 가지 대책으로써도 능히 성을 지키고도 남음이 있을 것이니 이는 진주 인민의 행복이라고 했다. 김시민 장군의 수성전은 과연 곽재우 장군의 군사적 논평과 같이, 그의 영용하고 기적적인 지휘로 수천의 소수 병력을 가지고 수만의 대적을 상대로 해 미증유의 대승리를 거두었다.

　곽재우 장군은 김시민의 수성 전술을 높이 평가하고 외부에서 응원하기 위해, 그의 부하 심대승에게 용사 200명을 영솔하고 밤중에 성의 북쪽 산 위에 가서 호각을 불며 횃불을 들어 성중과 서로 호응해 외부 응원이 강력한 것을 표시하게 하고, 사람을 시켜 적진을 향해 크게 외치기를 지금 홍의장군이 남방의 무수한 병사들과 연락해 너희들을 향해 진격하리라 하니, 압도적인 우세를 가지고 바야흐로 진주 고성을 포위 분쇄하려는 적군은 다수한 우리 응원 부대가 곧 도착하는 줄로 알고 크게 놀라 사기가 저상되었다.

곽재우 장군의 군사적 예견성에 관한 또 한 가지 실례는 임진년 이듬해 6월의 일이었다. 적은 우리 내지에서 전부 철퇴해 동래, 부산 부근의 해안에 집결했던 것인데, 적의 괴수 도요토미 히데요시는 전기 김시민 장군에게 자기의 거대한 병력이 수치스러운 패배를 당한 것을 일본 '사무라이'의 체면을 손상한 것이라고 해 해안에 집결한 적군 전체에 복수전을 명령했다(내용으로는 적이 진주를 도륙하고 전라도로 침입하려는 계획이었음). 그리하여 적군 10여 만은 동해에서 진주로 직향하니 그 형세는 급격한 조수 같았다.

도원수 김명원金命元과 순찰사 이빈李贇과 병사 선거이宣居怡는 호남으로 퇴각하려 했으며, 전라 감사 권율은 기강을 건너 전진하려 하니 곽재우 장군은 고언백高彦伯과 함께 충고하기를 '적군은 전 병력을 통합했는데 우리 군대는 소수이며 그중에도 오합지졸이 많은데 또 양식이 없으니 경솔히 전진할 수 없다고 했'으나, 권율은 듣지 아니하고 이빈, 선거이 등을 데리고 비어 있는 함안성咸安城에 들어가서 식량이 없어서 익지 아니한 감을 따 먹고 군사들은 모두 싸울 용기가 없었다. 급기야 적군이 김해, 창원에서 수륙 양 방면으로 땅을 덮어 온다는 소식을 듣자 곧 흩어져 달아났으며 함안은 마침내 적의 분탕焚蕩한 바가 되었다.

이때 순찰사 이빈은 의령에 와서 '진주 성내에 우리 병력이 약하니 마땅히 의병부대를 파견해 원조해야 한다' 하고 곽재우 장군을 진주성으로 가라고 명령했다. 그러나 곽재우 장군은 이의를 제출하기를 '권모權謀

있는 자는 능히 군사를 지휘하며 지혜 있는 사람은 적을 잘 요량한다. 이제 적병이 강성하고 정예하며 천하 무적의 기세를 가지고 있는데 크기가 3리 밖에 안 되는 고성을 어찌 지킬 수 있겠는가? 하물며 여러 부대가 전부 성내에 들어가면 이는 내외 상응의 태세를 잃어버릴 것이다. 나는 밖에 있어서 응원을 할지언정 성내에 들어가지 않겠다'고 했다.

경상우도 감사 김륵金玏이 곽재우 장군의 말을 듣고는 성을 내면서 '그대가 대장의 명령을 복종하지 아니하니 군법에 저촉되지 아니하느냐'고 한즉, 곽재우 장군도 성을 내면서 '내 일신이 죽고 사는 것은 족히 아낄 것 없지마는 백전 노련한 병사들을 어찌 죽을 땅에다가 내어버릴 것인가' 했다.

그래서 이빈은 곽재우 장군에게 정진 파수把守를 명령했다. 6월 18일에 적병은 함안에서 정진으로 바로 건너왔으나 곽재우 장군은 너무나 '중과부적'하므로 저항치 아니하고 퇴각했다.

이때 창의사倡義使 김천일과 경상우도 병사 최경회와 충청도 병사 황진黃進이 모두 진주성을 사수하기를 맹세하고 성내로 들어가려 했다. 곽재우 장군은 때마침 창원에서 황진을 보고 말하기를 "진주성은 들 가운데서 강물을 끼고 있으니 적이 만일 그 배후부를 점령하고 외부의 응원을 차단하면 성은 반드시 위태할 것이며, 또 그대는 충청도의 병사로서 조정의 명령도 없으니 진주로 가지 아니해도 책임상 아무런 허물이 없을 것이다. 지금 조국을 위해 적을 격멸할 것을 자기 임무로 삼고 국가의 아성牙城이 되어 있는 장군으로서는 저와 같은 위험한 곳에 가서 죽는다는 것은 국가의 이익이 아니다" 하고 자중하기를 요청했다. 황진은 자기가 "이미 창의사 김천일과 서로 약속한 이상 어찌 위기를 당해 구차하게 살겠는가? 비록 죽는다 하더라도 신의를 저버릴 수 없다" 하니, 곽재우 장군은 그의 결심을 존중해 더 다시 권고하지 아니하고 술잔을 들어 비장하게 작별했다.

그러나 얼마 지나지 않아 진주 수성전은 곽재우 장군의 예견과 같이 실패로 마치었으며, 관군과 의병의 다수한 장령 및 병사의 거대한 희생으로 뒷날 전국 수습에 많은 지장을 주었다.

또 한 실례는 전쟁 제2년의 일이었다. 체찰사 이원익은 명나라 응원 부대 장령인 부총병副總兵 양원이 호서(충청도)에서 영남(경상도)으로 이주하기를 요청했더니, 이 말을 들은 곽재우 장군은 이원익에게 다음과 같은 서한을 보내었다.

범은 산에 있으면 그 위엄이 스스로 무거워지며 용은 못에 있으면 그 신령 神靈을 측량할 수 없다. 그러나 만일 범이 산을 나오면 아이들도 쫓을 수 있으며 용이 못을 나오면 수탉도 웃을 것이다. 명나라군대가 호서에 있는 것은 마치 범이 산에 있고 용이 못에 있는 것과 같으나 만일 영남에 오면 산을 나온 범과 못을 나온 용에 같을 것이다….

이 글의 의미는 무엇인가 하면 당시 명나라 장병들이 상상보다는 허겁해 적과 싸워 이길 용기가 박약하니, 전선에 두는 것보다는 차라리 후방에 두어서 위신을 보존하게 하는 것이 적을 제압하는 한 개 전술이라는 것이다. 이원익은 곽재우 장군의 서한을 보고 장군의 높은 관점을 탄복해 '우리나라가 장군과 같은 장군을 가지고 있으니 무슨 걱정이 있겠는가' 했다.

또 한 가지는 곽재우 장군의 김덕령에 대한 예견이었다. 전쟁 제3
년 가을에 대신 윤두수尹斗壽는 도체찰사가 되어 거제巨濟 주둔의 적군
을 먼저 격멸할 것을 요청하니, 국왕은 허락하고 의병대장 김덕령을 독
촉해 적을 치게 했다. 윤두수는 남원에 내려와서 자기 부하 병사 수천
명을 선거이에게 주어 고성固城에 주둔케 하고, 도원수 권율과 통제사
이순신에게 김덕령과 함께 거제의 적병을 진공하라고 명령하니, 권율
은 또 곽재우 장군과 홍계남洪季男에게 김덕령을 도와 싸우라고 명령했
다. 그리하여 그들은 동년 9월 26일에 이순신 해군의 본영인 한산도에
도착했다.

이에 곽재우 장군은 김덕령에게 비밀히 묻기를 "듣건대 이번 진공
은 그대가 통수부統帥府에 자청한 일이라고 하니 과연 그러한가?" 하니
김덕령은 대답하기를 "그런 일이 없었다" 했다. "그러면 그대가 바다
를 제압하고 흉적을 소탕할 방법은 강구했는가?" "강구치 못했다." 곽
재우 장군은 계속해 묻기를 "지금 조정에서 이번 진공을 명령한 것과
우리 장병들을 용감히 동원한 것은 모두 그대를 믿고 하는데 그대의 대
답이 이와 같음은 무슨 까닭인가?" 하니, 김덕령은 솔직하고 조금 수줍
어하는 어조로 "나는 이번 진공 계획에 관한 전말을 도무지 모르며 또
소굴 속에 깊이 박혀 있는 적병을 어떻게 소탕하겠는가" 했다. 곽재우
장군은 한숨을 쉬며 말하기를 "그대의 용맹한 명성이 적진을 진동하므
로 적이 퇴축退縮하고 있는데 그대가 만일 경솔히 진공해 약점을 보이
면 이는 국가의 위신을 손상하는 실책이다" 하고, 즉시 도원수 권율에
게 정세가 불리하니 그만 회군해 다음 기회를 기다리는 것이 적당하다
는 것을 편지로 세 번이나 권고했으나, 권율은 응종치 아니하므로 그들

은 부득이 배에 올라 거제도로 진군했다.

동년 10월 초에 선거이가 김덕령더러 '오늘 그대는 한 번 절세의 용맹을 시위하라'고 하니 김덕령은 배 위에서 자기의 '충용忠勇', '익호翼虎' 두 기旗를 꽂고 군악을 잡히고[31] 전진했다. 이것을 바라본 적들은 급히 성문을 닫고 나오지 않으며 성 위에서 군대를 다수히 배열해 대기할 뿐이었다. 김덕령은 홍계남과 함께 해안에 올라가서 말을 달리고 칼춤을 추며 도전했으나 적은 종시 출동하지 아니하고 다만 총포를 난사하므로 우리 병사는 모두 피해 퇴각했다. 여러 장군은 진공하기 곤란함을 알고 각기 회군했다. 김덕령은 이것으로 군중의 신망을 잃고 도체찰사에게 미움을 받아 뒷날 피화被禍의 장본張本[32]을 만들었다.

이때 곽재우 장군의 생각에는 김덕령의 용맹이 비록 절세하다 하나 개인의 체력이 전 군대의 승리를 조직하는 데 중요한 요소가 아니고 승리는 결국 장병의 충의심과 지휘자의 우수한 전술에 기인하는데, 김덕령을 한개 씨름꾼으로 적의 포화 앞에 내세우는 것은 극히 유치하고 무모한 일로 인정했으며 따라서 윤두수, 권율 등이 군사적 방법에 어두운 것을 비소[33]했던 것이다.

이때 곽재우 장군은 김덕령, 홍계남 등 여러 장군과 함께 적에게 접근했더니 적의 포탄이 장군이 타고 있는 배 판자를 뚫고 떨어져서 바닷물이 부글부글 끓어오르므로 여러 장병이 놀라 당황했으나 곽재우 장군은 담소 자약했다고 한다.

---

31 (군악을) 연주하게 하고.
32 어떤 일이 크게 벌어지는 근원.
33 코웃음(鼻笑)으로 보인다.

08 | 곽재우 장군의
공성신퇴功成身退와 그에 나타난
평민 성격 및 애국 사상

곽재우 장군은 순결한 애국정신과 우수한 군사적 지식을 양대 요소로 해 의병운동을 일으킨 이래로 항상 소수의 병력을 가지고 기발한 진공을 이루었다. 그러나 곽재우 장군은 자기 재능을 전폭적으로 발휘할 수 있는 지위와 기회를 얻지 못했을 뿐 아니라, 설사 적당한 직권과 지위를 얻는다 하더라도 당시 정국의 형편으로써는 자기의 포부와 지망을 자유로이 실현하기가 불가능했다.

왜 그러냐 하면 첫째 최고 통수부에 앉아 있는 자들은 대개 군사 지식에 어두워서 명령과 지휘가 옳지 못하고 하부의 기능 있는 활동을 무리하게 견제 구속하는 까닭이었으며, 둘째 당시 조정에서는 무원칙한 당파 투쟁이 격렬해 인재를 공정하게 대우하지 아니하고 상벌을 공평하게 실시하지 아니한 반면에, 서로 시기하며 중상하며 유용한 인사들이 도리어 무익한 희생물로 전화되는 까닭이었다.

이와 같이 악착하고 혼란한 시국을 통찰한 곽재우 장군은 전쟁이 끝나자 곧 정치 장면에 하루라도 머물러 있기를 싫어했다. 다시 말하면 그에게는 조국의 보위를 위해 자기 생사를 돌아보지 않고 자기 힘대로 적과 싸우는 것이 원래 면제할 수 없는 절대적인 임무로 되어 있었지만, 그 반면에 자기의 기질을 굽히고 성격을 말살하며 한갖 인민에게 해독을 끼칠 수 있는 정계 생활은 조금이라도 탐구할 필요가 없다는 것이었다.

전쟁 제4년에 이몽학李夢鶴 등이 충청도에서 반란을 일으키면서 군중을 속여 선포하기를 김덕령, 곽재우, 기타 병사, 수사도 모두 우리와 통모했다 했으며, 나중 관군의 토벌로 진정된 다음 체포된 그 도당의 구술에 또한 김덕령과 곽재우 장군의 이름이 나오므로, 김덕령은 이 때문에 원통하게 고문 치사되었고 곽재우 장군도 검속되었다가 석방되었다. 곽재우 장군은 이 사건에서 더욱이 시국이 험란하다는 것을 깨닫고 조만간에 은퇴하기로 결심했다.

전기 창녕 화왕산성의 수성 직책을 완수한 다음 자기 계모상을 당해 울진蔚珍(강원도)에 가서 거상居喪하면서 자기 자질과 함께 폐양자蔽陽子(속칭 평양립)³⁴를 만들어 팔아서 생활비를 보탰으며, 국왕이 여러 번 기복起復(상중에 출사하는 것)하라고 명령했으나 종시 응하지 않았다.

그 후 찰리사察里使로 남방을 순찰했으며, 선조 33년 즉 7년 조국 전쟁이 끝난 3년에 경상도 좌병사가 되어 울산의 도산성島山城(적장 가토 기요마사가 주둔하던 곳)을 반드시 지켜야 할 요새라 하고 크게 수축할 것과 육상 군비에 관한 몇 가지 방책을 건의했으나 조정은 채용하지 아니하므로, 곽재우 장군은 글을 올리어 퇴직하기를 청구하고 향리로 돌아

---

34   대나무를 쪼개어 엮어 만든 갓의 하나를 이르던 말. 역졸, 천민, 상제喪制 등이 썼다.

왔었다. 이번에 올린 글을 본편의 말단에 역재한다. 이 글을 보고 대사헌大司憲 홍여순洪汝諄(대북 당파의 두목의 한 사람)은 불경죄로 탄핵하므로 국왕은 곽재우 장군을 영암靈岩으로 유배했다가 얼마 되지 않아 소환했다.

전쟁이 끝나매 곽재우 장군은 자기 친한 사람들에게 말하기를 "고양이를 기르는 것은 쥐를 잡으려는 것인데 쥐가 없어지면 고양이도 필요없다. 지금 적이 물러갔고 나는 아무 일이 없으니 집으로 돌아갈 수밖에 없다" 했다. 그러다가 이번 영암 유배를 치른 뒤에는 현풍 비슬산에 들어가서 쌀밥 대신에 송화松花와 솔잎(松葉)을 먹되 신체는 건강했다.

그 후 광해주光海主 때에 또 역적 사건에 관련했다는 혐의로 일시 검속되었다가 석방되어 추산鷲山의 창암滄岩[35]에 거주하면서 당호堂號를 망우당이라 하고 은거했다. 이때 선산 사람 박수홍朴守弘이 과거 보러 가는 길에 곽재우 장군을 방문하니 장군은 이 시국에 과거 보아 무엇하겠는가 하고 술을 대접하며 만류했다 한다.

광해주가 북인당의 유혹을 받아 자기 배다른 동생 영창대군永昌大君을 죽이려 한다는 소식을 듣고 곽재우 장군은 글을 올려 말하기를, "대군은 지금 겨우 8세의 소아인데 어찌 역모를 알 수 있겠습니까? 대군은 털끝만치도 죽일 만한 죄가 없다는 것은 비단 일국 인민이 다 알 뿐만 아니라 천지와 귀신도 반드시 알 것입니다. 만일 대군을 죽이면 자전慈殿(선조 계비 김 씨, 대군의 소생모)이 반드시 참아 견디지 못할 것이니 자전이 이것으로 병이 나서 돌아가신다면 전하는 장차 천하와 후세에

---

35   현재 창녕군 도천면 우강리 창암.

무슨 답변을 하겠습니까?" 했다.

　1617년(이조 광해주 9. 정사) 4월 10일[36]에 곽재우 장군은 현풍 비슬산 중에서 66세로 서거했다. 그의 묘지는 동군 신당리新塘里 뒷산 자기 부친 무덤 아래에 있다. 곽재우 장군이 생존 시에 기적을 많이 행했고 또 신선이 되어 갔다고 하나 이는 물론 전설에 지나지 않으며, 그가 노년에 벽곡辟穀(곡식을 먹지 아니하는 것)한 것은 신선을 배운다는 구실로써 벼슬을 사절하고 부귀영화에 뜻이 없다는 것을 당시 집권자들에게 표시하려는 방법이었다.

　곽재우 장군은 기의하던 1년 9월[37]에 절충장군 조방장이 되었고 2년 4월[38]에 통정 대부 성주 목사가 되었고 5년 2월[39]에 판결사判決事로 경상도 방어사가 되었고 그 후 찰리사 경상우도 병사를 지냈으며, 영암 해배解配 후에 선조는 다시 찰리사를 삼았고 선산, 안동 등 도호부사로 임명했으나 다 취임치 아니했으며, 조금 지나 용양위 상호군으로 올리고 다시 찰리사 동중추同中樞 한성漢城 우윤右尹의 임명이 있었으나 취임치 아니했다. 광해주 원년에 경상우도 병사, 2년에 수군통제사의 임명이 있었으나 취임치 아니했으며, 그 후 부총관副摠管으로 한성부 좌윤左尹에 옮기고 조금 지나 함경 감사로 임명했으나 역시 취임치 아니했다.

36　원문에는 "6월 일"로 기재됐는데,《망우집》연보에 따라 수정했다. 최익한은 아마도《조선왕조실록》광해군 9년 6월 4일자에 부고 기사가 실려 있어서 '6월 일'로 표기한 것이 아닐까 한다.

37　연보에는 10월로 나온다.《조선왕조실록》에는 조방장의 기록은 없고, 6월 유곡찰방, 8월 형조정랑, 10월 정3품 통정대부에 가자된 것으로 나온다(《선조실록》27권, 선조 25년 6월 29일, 8월 18일, 10월 25일)

38　원문에는 8월로 기재되었으나《조선왕조실록》의 기록에 따라 수정했다(《선조실록》37권, 선조 26년 4월 15일).

39　원문에는 5년 겨울로 기재되었으나《조선왕조실록》의 기록에 따라 수정했다(《선조실록》72권, 선조 29년 2월 15일).

이와 같이 곽재우 장군이 줄곧 벼슬에 취임하지 아니한 것은 한운 야학을 벗하는 은일사상隱逸思想 또는 염세사상에서 나온 행동이 아니었다. 그는 자기 조국과 인민을 위해 복무했고 개인 영달과 정권 쟁취를 일삼는 지배계급을 위해 복무하지 않겠다는 고결한 사상이었다.

곽재우 장군의 사후에 조정에서는 병조판서를 증직贈職하고 '충익忠翼'이라 시호했다. 이보다도 가장 영광스러운 것은 홍의장군이란 별명이 인민의 입에 광범히 전파되어 애국 영웅의 상징으로 되고 있는 것이다.

곽재우 장군의 부대가 일찍이 확보해 준 낙동강 우편(江右) 일대의 인민은 곽재우 장군의 전승지인 가름강의 부근(현재 의령군 지정면芝正面[40] 성산리城山里)에다가 '조선국朝鮮國 홍의장군紅衣將軍 곽재우郭再祐 보덕불망비報德不忘碑'를 세워서 영원히 그의 위훈을 기념하고 있다.

그의 유집은 부록과 함께 5권이 인행되었다.

경상우도慶尙右道 병사시兵使時 상소上疏 략略

… 지극히 어리석은 신의 견해로서 오늘날 국가의 형세를 보건대 쓸어질 듯이 위태합니다. 종묘와 사직이 잿더미로 화했고 인민이 사망해 열에 한둘이 남지 아니했습니다. 이때에 중흥의 사업을 수립하는 것은 대체로 어려운 일이니 전하는 마땅히 뉘우치고 깨닫고 분발해 어진 신하를 가까이 하고 간악한 신하를 멀리해 회복을 도모해야만 될 것이며, 신하들도 동심협력해 중흥을 계획해야만 할 것이어늘 지금 조정의 붕당에 동서남북의 명목이 있어서 대소 관료가 모두 분당 대립해 자기편에 가입하는 자는 추

---

40 원문에는 지성면芝城面으로 잘못 기재되었음.

켜세우고 탈퇴하는 자는 배척해 서로 옳으니 그르니 하며 날마다 비방과 고발로 일삼고, 국세國勢의 위태와 인민의 이해와 국가의 존망을 염두에 두지 아니해 장차 나라를 위망에 이르게 하고야 말 것인즉 참으로 통곡하고 눈물 흘리고 긴 한숨 할 일입니다.

신은 신이 조정에서 물러가지 아니할 수 없는 두어 가지 이유를 진술하려 합니다.

안시 한 성을 능히 지켰으므로 고구려가 망하지 아니했으며 즉묵 한 고을이 홀로 보전했으므로 제齊나라가 부흥했습니다. 지금 수군에만 전력하고 육상의 수성은 폐기할 것을 조정의 유일한 국방 대책으로 인정하고 있으니, 수군은 물론 등한히 할 수 없는 것이나 수군에 전력을 들여 적군이 상륙하지 못하게 한다는 것은 신으로서는 믿지 못할 일입니다. 만일 적군이 상륙한 후에는 장차 무엇으로 방어할 것입니까? 이 점에 대해 의견이 상합하지 못하니 이것이 신이 물러가려는 첫째 이유입니다.

옛날 송나라가 망한 것은 화의가 나라를 그르친 까닭이었습니다. 그때 진회秦檜, 왕륜王倫의 무리는 죄가 하늘에 관통했던 것입니다. 만일 종택宗澤, 악비岳飛에게 그들의 마음과 힘을 그대로 펴게 했다면 송나라의 융성을 결정적으로 기대할 수 있었을 것인데, 다만 화의의 잘못으로 마침내 망하는 데 이르렀으니 어찌 통탄할 일이 아니겠습니까? 지금의 왜적은 송나라의 금병金兵(금인의 군대)이며 그 화의를 말하는 자는 송나라의 진회입니다. 그러나 제갈량諸葛亮은 말하기를 '군사상에서는 거짓을 싫어하지 아니한다'(兵不厭詐)고 했습니다. … 시기에 맞는 권모는 진실로 폐지할 수 없습니다. 무릇 화의란 것이 명칭은 비록 동일하나 화의의 내용은 동일하지 아니하니, 화의를 믿고 방비를 잊는 자는 망할 것이며 화의를 말하면서 자기 일을 다하는 자는 보존할 것입니다. 무릇 적국을 견제하는 데는 화의만 한 것이 없으며, 분忿을 펴고 화禍를 늦추는 데는 화의만 한 것이 없으며, 적을 태만으로 유도하기는 화의만 한 것이 없으니, 화의를 전연 사용하지 아니하면 이는 고집불통한 일입니다. 안으로 화의를 반대하는 마음을 굳게 지키고 겉으로 화의하려는 언사를 표시하는 것이 의리에 무슨 부당할 것이 있겠습니까? 듣건대 일본의 사자가 억류되어 있다고 하니 신은 이것이 강적의 원한하는 마음을 도발하고 화란의 단서를 스스로 초래할까 걱정합니다. 이에 대해 한 사람도 전하를 위해 말씀 드리는 자가 없으니 신은 홀로 통탄하나 이는 다만 마음뿐이요 국가에 아무런 도움이 되지 못합니다. 이것이 신이 물러가려 하는 둘째 이유입니다.

현량한 상신은 국가에 관계된 바가 심히 큰 것입니다. 요전에 이원익을 수상으로 임명하신 데 대해 일국 인민이 모두 전하가 인재를 얻었다고 탄복했습니다. 그러나 얼마 되지 않아 그를 수상의 지위에서 방축해 버리셨으니 신은 현량한 상신이 시국에 용납되지 못함을 그윽히 한탄합니다. 신은 이원익의 언론을 듣고 그의 행동을 보니 나라를 걱정하고 인민을 사랑하는 마음은 지성에서 나오며 공평염근公平廉謹한 조행은 천성에서 나온 것입니다. 참으로 나라를 다스릴 만한 대신이어늘 전하가 그를 신임하지 아니하시어 그가 조정에 편히 있게 아니하시니 신은 그윽히 민망히 여깁니다. 이것이 신이 물러가려 하는 셋째 이유입니다.

원컨대 신을 관직으로 얽어매고 직위로써 붙들어 매어 두지 마시고 강호에 방임해 두시면 비록 국가에 유조[41]함이 없는 듯하나, 저 당파를 만들어

---

41 有助인 듯. 도움 됨이 있다는 뜻.

서로 졸아들기를 일삼으며 국가의 존망을 잊어버리고 제 한 몸의 이익만을 위하는 자들에 비교해서는 오히려 나을 것입니다.

신은 본래 어리석고 변변치 못한 사람으로 세상과 교제를 끊고 있다가 불행히 전란을 만나 나라의 은혜를 입고 감격해 변성邊城을 지켜 만분지 일이라도 보답하려 했으나, 어리석은 계획이 허공으로 돌아가고 다시 할 수 없게 되었습니다. 빈손만 부비고 벼슬자리에 가만히 앉아 있다가 적이 오면 그만 물러가는 것은 신이 절실히 부끄러워하는 바이니, 차라리 강호에 물러가 있다가 만일 국가의 위급한 사변을 만나게 될 때는 감히 개인의 생명을 위해 구차하게 살려고 하지 아니하겠습니다…

이 상소 1편은 7년 조국 전쟁 직후 군사적, 정치적 복구 대책에 관한 몇 가지 의견을 포함한 글이다. 즉 거대한 상처를 입은 전쟁을 겪고 난 뒤에 정치 당국은 마땅히 일심협력해 국가 부흥 사업을 수행해야 할 것인데, 관료 계급은 권력 쟁탈에만 눈을 붉히고 나라와 인민의 이익을 돌아보지 아니한다는 것을 지적했으며, 그다음 국방 대책에서 수군 강화에만 전력할 것이 아니라 육군 강화와 성곽 설비에도 균형적으로 주력해야만 된다는 것, 일본의 국교 재개 요청에 대해 그 사절을 억류하고 그 복수심을 도발할 필요가 없이 그 요청을 접수하는 것이 정당하다는 것, 북인당北人黨의 음모와 간신들의 참소로 현명 정직한 이원익을 수상의 자리에서 방축한 것은 옳지 아니하다는 것―이 몇 가지를 바로 지적했으며, 끝으로 자기의 의견과 주장이 하나도 채용되지 않는 정치계에 일신의 영달을 위해 벼슬자리에 얽매여 앉아 있을 수 없다는 자기의 평민적 기개를 표시했다.

이 글에서도 곽재우 장군은 일시 우연히 전투 공적을 이룬 유격대장이 아니고 군사상 및 정치상 우수한 소양과 견식을 가진 인민적 영웅이었던 것을 우리는 넉넉히 인정할 수 있다. 그리고 장군이 한 개 평민으로서 반생半生을 인민의 속에서 지내다가 의병대장으로 세상에 나타난 것은 순전히 조국과 인민을 위해 일어선 것이며, 군주나 당파나 공명을 위해서가 아니라는 자기의 고상한 평민적 및 애국적인 사상을 충분히 표시했다.

1897년(1세)	3월 7일 강원도(현재 경상북도) 울진군 북면 나곡2리(속칭 골마) 471번지에서 아버지 강릉 최씨 대순大淳(1869~1925)과 어머니 동래 정씨(1865~1928)의 둘째 아들로 태어났다.
1901년(5세)	종조부 현일鉉一에게 《천자문》,《동몽선습》,《소학》,《격몽요결》 등을 배웠고, 다음 해에는 《십구사략》,《삼국사기》,《삼국유사》 등을 배웠다.
1903년(7세)	부친에게 《논어》,《맹자》,《대학》,《중용》 등 사서四書를 배웠고, 다음 해에는 《시경》,《서경》,《역경》,《예기》,《춘추》 등 오경五經 을 배우고 시부詩賦를 짓기 시작하였다. 그 다음 해에는 《제자백 가》를 배워 고을에서 '천재 운거雲擧(최익한의 자字)'라고 소문이 났다.
1906년(10세)	영남의 만초晩樵 이걸李杰 선생을 초빙하여 1년간 수학했다.
1907년(11세)	이때 이미 학문이 뛰어나 이걸 선생의 권유로 영남의 홍기일洪起 一 선생을 새롭게 초빙하여 3년간 본격적으로 사서오경의 논지, 비판 등과 성현의 문집을 독파하였다.
1909년(13세)	이걸, 홍기일 두 선생의 후원으로 봉화군 법전면 법전리 퇴계 선생의 후손인 유학자 이교정李敎正의 장녀 이종李鍾과 결혼하 였다.

1913년(17세)	경남 거창에서 면우俛宇 곽종석郭鍾錫(1846~1919)에게 1916년까지 3년간 수학하였다. 곽종석은 한말의 거유며 1919년 파리장서사건에 앞장섰던 인물이다.
1914년(18세)	장남 재소在詔가 태어났다.
1916년(20세)	차남 학소學詔가 태어났다.
1917년(21세)	3월에 당시 부안 계화도桂花島에 머무르고 있던 호남의 대학자 간재艮齋 전우田愚 선생을 찾아가 성리학에 대해 질의 문답하였다. 그 뒤 6월 14일 간재 선생에게 장문의 질의서를 올렸다(〈최익한상전간재崔益翰上田艮齋〉).
1918년(22세)	YMCA(조선중앙기독교청년회)에서 영어를 배우다.
1919년(23세)	3·1운동 직후에 파리장서사건이 일제에 탄로나 스승인 면우 선생이 주모자로 대구 감옥에 수감되었다(4월, 곽종석은 그 뒤 병 보석되었으나 1919년 7월 24일 타계하였다). 스승이 송치된 대구에 내려갔다가 구례 화엄사로 공부하러 가서 잠깐 머물다가 6월에 신학문을 배우러 서울로 올라갔다. 한족회韓族會에 가입하여 윤7월 경북 영주에서 부호들에게 독립운동 군자금 모금 1600원을 빼앗아 상해임시정부에 보내고자 하였다. 장녀 분경粉景(나중에 경제학자 이청원李淸源과 결혼)이 태어났다. 9월에 중동학교에 입학했다.
1920년(24세)	10월경 추수 매각 대금 400원으로 계모와 동생 익채, 익래와 함께 서울 안국동 51번지에서 하숙을 운영하며 학교를 다녔다.
1921년(25세)	군자금 모금 사건으로 체포되어(3월) 경성지방법원에서 8년 구형에 6년을 선고받았으며, 복심법원에서 4년형을 받았다.
1923년(27세)	복역 중 감형으로 3월 21일 가출옥하였다. 그 뒤 일본으로 건너

가 와세다대학 정경학부에 입학하였다.

1924년(28세)　삼남 건소建韶가 태어났다.

1925년(29세)　2월 일본으로 건너가 와세다대학을 다녔다. 그 뒤《대중신문大衆
　　　　　　　新聞》,《사상운동思想運動》,《이론투쟁理論鬪爭》등에서 주간을
　　　　　　　맡으면서 글도 썼다.

　　　　　　　부친 대순이 졸하였다(5월 31일).

1926년(30세)　신흥과학연구회에서 발간한《신흥과학新興科學》(1926.11)에
　　　　　　　〈파벌주의비판에 대한 방법론〉를 싣다. 12월 재일본 일월회, 삼
　　　　　　　월회, 노동총동맹, 조선무산청년동맹 등 동경4단체의 '파벌주의
　　　　　　　박멸'에 대한 성명서 발표에 관여하였다.

1927년(31세)　4월에 동경에서 조선공산당 일본부에 가입하여 조직부장으로
　　　　　　　선출되었다.
　　　　　　　5월에는 조선사회단체 중앙협의회(5월 16일)에 재일본조선노동
　　　　　　　총동맹 대의원 자격으로 참여하여 중앙협의회를 상설기관으로
　　　　　　　하자는 주장을 비판하는 발언을 하여 지지를 받았다. 또한 의안
　　　　　　　제작위원으로 활동하였다.
　　　　　　　7월에는 조선에서 제1차, 제2차 조선공산당 탄압으로 검속된 사
　　　　　　　람들에 대한 재판이 시작되자 재일노총, 신간회 동경지부가 대
　　　　　　　책을 협의하기 위한 공동위원회를 1927년 7월에 설치하였으며,
　　　　　　　이에 일본 노농당에서 변호사 후루야 사다오와 자유법조단 변호
　　　　　　　사 후세 다쓰지, 공판방청대표로서 대중신문사에서는 최익한,
　　　　　　　안광천安光泉을 파견하여 이들과 함께 활동하였다. 차녀 연희蓮
　　　　　　　姬가 태어났다.
　　　　　　　8월에는 재일본조선노동총동맹 명의로〈중국노동자대중에게 한
　　　　　　　메시지〉를 보냈는데(8월 24일) 여기에서 "중국민중의 해방을 위
　　　　　　　한 일본제국주의 타도는 우리들과 굳게 단결하면 능히 이를 달

성할 수 있다"라고 주장하였다.

9월에는 국제청년의 날을 기념하여 동경에서 조선청년동맹과 일본무산청년동맹이 연합 주최하는 조선, 일본, 중국, 대만의 재동경 청년들로 구성된 동방무산청년연합대회를 개최하였는데(9월 4일) 개회 직후에 해산 당하였으며 최익한은 바로 체포되었다. '제3차 조선공산당'의 김준연 책임비서 시기인 9월 20일경 최익한은 조직부장, 11월 김세연 책임비서 시기에는 선전부장이 되었다.

11월 코민테른에서 파견한 존 페퍼John Pepper을 만나 자금과 함께 코민테른 지령을 전달받았다.

한 해 동안 〈사상단체해체론思想團體解體論〉(《이론투쟁理論鬪爭》1권 2호, 1927. 4.25), 〈재일본在日本 조선노동운동朝鮮勞動運動의 최초最初의 발전發展〉(《노동자勞動者》 2권 9호, 1927.9) 등 중요한 글을 썼다.

1928년(32세)　　1월 《조선일보》에 1927년 사회운동의 전개과정을 담은 〈조선사회운동朝鮮社會運動의 빛〉을 9회에 걸쳐 연재하였다(《조선일보》 1928년 1월 26일~2월 13일).

2월에 제3차 조선공산당 사건('ML당사건')으로 안광천, 하필원 등 여러 간부들과 함께 종로경찰서에 검거되었다.

1930년(34세)　　8월 30일 서울지법에서 제3차 조선공산당사건 판결에서 징역 6년을 받았다. 그 뒤 36세(1932년) 7월 9일까지 서대문형무소에서 복역하였다.

1932년(36세)　　7월 9일 대전형무소로 이감 도중 대전역 등지에서 조선독립만세를 외치다가 기소되어 1933년 1월 25일 서울복심법원에서 1년의 형을 더 받았다.

1934년(38세)　　두 아들 재소와 학소는 각각 21세와 19세의 나이에 조선독립공

작당사건으로 함흥형무소에서 2년 반 형을 받고 복역하였다.

1935년(39세)   12월 8일 대전에서 만기 출옥하여 서울로 올라갔다. 이해 정약
용 서거 100주년을 맞이하여《신조선》의 요청으로〈다산의 일사
逸事와 일화逸話〉,〈다산의 저서총목〉을 작성하였다.

1937년(40세)   장남 재소가 옥중에서 죽었다(3월 6일). 재소는 2000년 8월 15일
제55주년 광복절에 건국훈장 애족장을 받고 그 뒤 국립대전현충
원 애국지사묘역에 입사했다. 최익한은 아들을 잃은 슬픔을《조
선일보》(1937.4.23~25)에〈곡아이십오절시哭兒二十五絶詩〉로
실었다.〈우리말과 정음의 운명〉(《정음》21호(11월 26일)을 썼다.
삼녀 한경漢景이 태어났다.

1938년(42세)   이즈음에 활발히 일어난 국학운동에 참여해 신문, 잡지에 많은
글을 발표하였다. 주로《조선일보》에 1938년 말까지 한문학, 역
사, 향토문화 등에 관하여 많은 글을 실었으며,〈조선어기술문
제좌담회朝鮮語記述問題座談會〉(1월 4일)는 횡서橫書와 종서縱
書의 시비是非, 외래어표음문제外來語表音問題 등 여러 주제를
가지고 김광섭金光燮, 이극로李克魯, 유치진柳致眞, 송석하宋錫
夏, 조윤제趙潤濟, 최현배崔鉉培 등 당대 최고의 국어학자들과
대담을 한 것이다.

1939년(43세)   1938년부터 다시《동아일보》에 들어가 조사부장을 하면서《《여
유당전서與猶堂全書》를 독讀함》(1938년 12월 9일~1939년 6월 4
일)을 비롯하여 유물 및 문헌고증, 민속 등 다방면에 걸쳐 글을
실었다.

1940년(44세)   연초〈재해災害와 구제救濟의 사적단편관史的斷片觀〉(1월 1일
~3월 1일까지 27회 연재)를 시작으로 8월《동아일보》가 폐간될 때
까지 실학, 역사인물, 구제제도 등 다양한 글을 실었다. 특히〈사
상명인史上名人의 이십세二十歲〉는 최치원, 정약용 등 역사에서

이름 있는 인물의 20세 때 행적을 담은 흥미로운 기획물이었다.

1941년(45세) 《동아일보》 기자 양재하가 중심이 되어 창간(1941년 2월)한 《춘추》에 과거제도, 후생정책 등 역사 문화에 관한 글을 여러 차례 실었다. 생활난으로 동대문 밖 창신동 자택에서 주류 소매점을 하였다(1944년까지).

1943년(47세) 1월 만주 건국 10주년을 기념하여 간행된 《반도사화半島史話와 낙토만주樂土滿洲》라는 책에 이미 작성한 〈조선朝鮮의 후생정책고찰厚生政策考察〉, 〈조선과거교육제도소사朝鮮過去敎育制度小史〉를 제목만 고쳐서 〈반도후생정책약사半島厚生政策略史〉와 〈반도과거교육제도半島過去敎育制度〉로 실었다.
10월에는 〈충의忠義의 도道 - 유교儒敎의 충忠에 대하여〉(《춘추》 10월호)를 실었다. 이 글에 대해서는 친일의 글이 아닌가 문제 제기가 있었지만(임종국, 《친일문학론》) 이 무렵 《춘추》의 잡지 성격 때문으로 그렇게 평가한 것으로 보이며 글 내용으로 봐서는 추정하기 어렵다.

1945년(49세) 8월 15일 해방 직후 ML계 인사들과 함께 조선공산당 서울시당부의 간판을 걸었고, 서울계, 화요계, 상해계 등과 함께 장안파長安派 공산당으로 합류했다.
9월 8일 서울 계동에서 열린 장안파 조선공산당 열성자대회에 이영, 정백 등과 참석했다. 건국준비위원회에서도 활동을 하였다. 건준이 조선인민공화국을 만들면서 최익한은 법제국장을 맡았으며 12월에는 반파쇼위원회 부위원장을 맡았다.

1946년(50세) 1월 민주주의 민족전선 결성준비위원(24인)의 1인으로 선출되었다. 이후 민전 기획부장을 맡았다.
3월 22일 조선인민공화국 중앙인민위원회의 긴급회의에서 3상회의 결정에 대한 태도 표명을 위한 성명 작성위원으로 최익한,

이강국, 김오성 3인이 선출되었다. 좌우합작이 일어나면서 3월 31일 회의에서 4월 23일~24일 전국인민대표자대회 개최에 따른 대회준비위원으로 선출되었다.

4월 18일 한국독립당 중앙상무위원으로 선출되었다.

9월 7일 공산당 간부체포령으로 일시 체포되었다가 석방되었다.

1947년(51세) 4월 26일 사회로동당(사로당) 탈당 성명서 발표에 참여하였다. 여운형이 중심이 된 근로인민당이 창당되면서(5월 24일) 상임위원으로 선출되었다.

6월에 《조선 사회 정책사》 간행했다. 일제시기에 쓴 〈재해와 구제의 사적 단편관〉, 〈조선의 후생정책고찰〉 등을 모아서 만들었다.

1948년(52세) 평양에서 열린 남북연석회의에 참석차 월북하였다. 그 뒤 정치적인 활동은 거의 드러나지 않으며, 국학연구에 몰두하면서 김일성대학 등에서 진행한 강연활동 정도를 알 수 있다.

1954년(58세) 《조선봉건말기의 선진학자들》(최익한, 홍기문, 김하명 공저)을 집필하였으며, 《연암 작품선집》을 번역 간행하였다.

1955년(59세) 《실학파와 정다산》, 《강감찬 장군》 등을 간행하였다. 특히 《실학파와 정다산》은 그의 실학연구를 집대성한 작품으로 손꼽히며, 《강감찬 장군》은 아동용으로 썼다.

1956년(60세) 《조선명장전》, 《연암박지원선집》과 임제의 '서옥설鼠獄說'을 번역한 《재판받는 쥐》를 간행하였다.

1957년(61세) 《정약용 다산선집》을 번역 간행하였다. 그 밖에도 최익한은 북한에서 1949년부터 1957년 사이에 《력사과학》, 《력사제문제》, 《조선문학》, 《조선어문》 등 여러 잡지에 논문을 실었다.

1957년 이후 최익한에 관한 정보는 알 수 없다.

참
고
문
헌

각 읍지邑誌

《고려도경高麗圖經》

《고려사高麗史》

《구당서舊唐書》

《국조인물지國朝人物志》

《권충장공비문權忠莊公碑文》

《남사南史》

《남제서南齊書》〈동남이열전東南夷列傳〉

《눌재집訥齋集》

《당서唐書》

《대동기년大東紀年》

《대동시선大東詩選》

《대동야승大東野乘》

《대동여지도大東輿地圖》

《대전회통大典會通》

《동국병감東國兵鑑》

《동국통감東國通鑑》

《동문선東文選》

《동사강목東史綱目》

《동사연표東史年表》

《동의록同義錄》〈충무공전서최신부록忠

武公全書最新本附錄〉

《만기요람萬機要覽》

《망해대기望海臺記》

《명사明史》

《무경칠서武經七書》

《무예도보武藝圖譜》

《백사집白沙集》

《북사北史》

《사기史記》〈조선전朝鮮傳〉

《삼국사기三國史記》

《삼국유사三國遺事》

《삼국지三國志》〈위서동이전魏書東夷傳〉

《서애집西厓集》

《성호사설星湖僿說》

《소련 명장론》

《송서宋書》〈이만전夷蠻傳〉 동이東夷

《수서隋書》

《신단재동사초申丹齋東史草》

《신종실록神宗實錄》

《양서梁書》〈제이전諸夷傳〉 동이東夷

《연려실기술燃藜室記述》

《요사遼史》

《위서魏書》〈고구려高句麗 백제전百濟傳〉

《이조실록李朝實錄》

《일월록日月錄》

《임진록》(국문본)

《자치통감資治通鑑》

《조야기문朝野記聞》

《주서周書》〈이역전異域傳〉

《증보동국여지승람增補東國輿地勝覽》

《증보문헌비고增補文獻備考》

《지봉유설芝峯類說》

《진서晉書 지리지地理志》〈사이전四夷傳〉
　　　동이東夷

《진주서사晉州敍事》

《징비록懲毖錄》

《책부원구冊府元龜》

《청구영언青丘永言》

《청산진도독비문青山陳都督碑文》

《충무공전서신구본忠武公全書新舊本》

《택리지擇里志》

《한서漢書 지리지地理志》〈조선전朝鮮傳〉

《해동명장전海東名將傳》

《해동역사海東繹史》

《해동제국기海東諸國記》

《해행총재海行總載》

《후한서後漢書 군국지郡國志》〈동이전東
　　　夷傳〉

엮은이 참고

《역주 고려사》전 30권, 동아대학교 석당학술원

강인구 외,《역주 삼국유사》전 5권, 한국정신문화연구원, 2002

남명학연구원,《망우당 곽재우》, 예문서원, 2014

노태돈,《삼국통일전쟁사》, 서울대학교출판부, 2009

단재신채호선생기념사업회 편,《단재신채호전집》상·중·하, 형설출판사, 1995

신라사학회,《흥무대왕 김유신 연구》, 경인문화사, 2011

안주섭,《고려거란전쟁》, 경인문화사, 2003

이강래,《삼국사기》1·2, 한길사, 1998

정구복 외,《역주 삼국사기》전 5권, 한국정신문화연구원, 1997

최광식·박대제,《삼국유사》전 3권, 고려대학교출판부, 2014

최익한,〈조선명장론〉1~6,《력사제문제》3~8, 1948~1949